Goldberg • von Nitzsc

Behavioral Finance

Joachim Goldberg
Rüdiger von Nitzsch

# Behavioral Finance

## Gewinnen mit Kompetenz

FBV

**Bibliografische Information der Deutschen Nationalbibliothek**
Die Deutsche Nationalbibliothek verzeichnet diese Publikation in der Deutschen Nationalbibliografie. Detaillierte bibliografische Daten sind im Internet über http://dnb.d-nb.de abrufbar.

Für Fragen und Anregungen:
info@finanzbuchverlag.de

6. Auflage 2015

Nymphenburger Straße 86
D-80636 München
Tel.: 089 651285-0
Fax: 089 652096



Gesamtbearbeitung und Gestaltung: Stephanie Villinger
Druck: Books on Demand GmbH, Norderstedt
Printed in Germany

ISBN Print 978-3-89879-430-5
ISBN E-Book (PDF) 978-3-86248-747-9
ISBN E-Book (EPUB, Mobi) 978-3-86248-748-6

# Inhaltsverzeichnis

## Vorwort

*„Die Menschen nehmen nicht gern das Los Nummer 1 in einer Lotterie. Nimm's, ruft die Vernunft laut, es kann so gut die 12.000 Taler gewinnen als irgendein anderes; nimm's um aller Welt willen nicht, wispert ein* ***Je ne sais quoi***[1]*, man hat kein Exempel, daß solch kleine Zahlen vor großen Gewinnen stehen; und es wird auch nicht genommen."*

Mit bewundernswerter Hellsichtigkeit hat Georg Chr. Lichtenberg (1742-1799) mit diesem Aphorismus die klassische Situation einer Entscheidung unter Unsicherheit beschrieben: Nicht immer dringt die Stimme der Vernunft in diesen Momenten durch, auch wenn man sich mit Wahrscheinlichkeitsrechnung auskennt und weiß, dass in der Tat Los Nummer 1 „so gut gewinnen kann als irgendein anderes". Aber gleichzeitig meldet sich auch eine andere, leisere Stimme zu Wort, die kaum zu verstehen ist und die an unsere geheimsten Ängste und Sehnsüchte appelliert. Und meist folgen wir ihrem Rat.

Worum handelt es sich bei diesem anscheinend sehr mächtigen „Je ne sais quoi", von dem Lichtenberg sprach? Jahrhunderte lang hat es niemand unternommen, eine Antwort auf diese Frage zu finden, denn worüber wir nicht sprechen konnten, dessen Existenz haben wir lieber verschwiegen. Vor allem die Finanzwelt galt stets als Ort der reinen Rationalität, in dem nur einer Gottheit gehuldigt wird: dem Profit.

Woher kamen dann die Masseneuphorien, die geplatzten Spekulationsblasen und, als ihre Folge, die Panikverkäufe? Warum zeigten sich die Märkte immer wieder unberechenbar und warum verliefen die Kurse anders als erwartet? Diese Frage hat einen der beiden Autoren irgendwann nicht mehr in Ruhe gelassen. Ursprünglich ein typischer Händler, begann er, sich der Chartanalyse, einem Zweig der Technischen Analyse, zu verschreiben. Das war vor mehr als fünfzehn Jahren. Am Anfang versuchte er lediglich, aus dem Wirrwarr von Linien und Figuren, wie sie die Chart abbildet, das unmittelbare Kursgeschehen zu erahnen. Immerhin –

[1] Dies bedeutet so viel wie „ich weiß nicht was".

so besagt es die Theorie der Technischen Analyse – sollten diese Muster das Verhalten der Akteure widerspiegeln und somit Aufschluss über das künftige Verhalten von Anbietern und Nachfragern geben. „Alles nur subjektiv, eine bessere Kaffeesatz-Leserei", meinten jedoch die einen, „reine self-fulfilling prophecy", kritisierten die anderen Wissenschaftler.

Auch der Händler merkte bald, dass ihm die Technische Analyse keine befriedigende Antwort auf seine Frage bieten konnte: Zu unsicher, zu vage erschien ihm die wissenschaftliche Basis, auf der diese Methode beruhte. Also beschäftigte er sich zunächst auf eigene Faust mit dem, was seiner täglichen Beobachtung zufolge die Märkte in ihrem Innersten anzutreiben schien: die Gedanken und Emotionen der Menschen, die an ihnen partizipierten. Und so meinte er, im menschlichen Gehirn ließe sich die Quelle allen Erfolges und Misserfolges finden. Eine gewagte Schlussfolgerung. Doch verdankt er seinen intensiven Studien der Hirnphysiologie und Verhaltensbiologie die Lehre von den drei Grundtypen, denen man mehr oder weniger alle Menschen zuordnen kann; die Märkte ließen sich allerdings mit diesen Erkenntnissen immer noch nicht prognostizieren.

Erst ein Vortrag, den er selbst vor Studenten der Rheinisch-Westfälischen Technischen Hochschule Aachen gehalten hatte, brachte den Durchbruch, genauer gesagt war es das Geschenk, mit dem eine Zuhörerin sich bei ihm dafür erkenntlich zeigen wollte. Denn als Anregung für seine weiteren Recherchen bekam er nach seiner Vorlesung eine Diplomarbeit über die Prospect Theorie von Kahneman und Tversky überreicht, und was die beiden amerikanischen Wissenschaftler in zahlreichen Experimenten über das Entscheidungsverhalten von Menschen herausgefunden hatten, faszinierte ihn über alle Maßen. Seine bisherige Arbeit wurde in ein neues Licht gerückt; nun endlich schien er den Schlüssel gefunden zu haben, der ihm den Zugang zu den Geheimnissen der Märkte eröffnete.

Kurze Zeit später begegnete er dann auch dem Professor, der diese Diplomarbeit betreut hatte. Dieser Wissenschaftler beschäftigte sich eigentlich schon eine geraume Zeit mit Fragen der Entscheidungslehre. Insbesondere interessierte ihn damals, wie es Menschen schaffen können, vernünftige (rationale) Entscheidungen zu fällen, selbst wenn das Problemumfeld sehr komplex und facettenreich ist. Hierbei war es für ihn durchaus anregend, Modelle und Instrumente zu konzipieren, mit denen eine entsprechende Hilfestellung ermöglicht werden konnte. Doch dann wurde diesem Entscheidungstheoretiker bewusst, dass mathematisch ausgereifte Modelle und Rationalitätsaxiome weniger weiterhelfen, Entscheidungen besser zu machen, als Einblicke in die Psychologie des Menschen. Denn letztlich sind es nicht nur fehlende technische Unterstützungen, sondern ganz bestimmte psychisch verursachte Verhaltensmuster, die unvernünftige Entscheidungen bedingen. Durch diese Erkenntnis gedrängt, hatte er sich zuletzt intensiv mit der Prospect Theory auseinandergesetzt und war von deren Gehalt und Eleganz beeindruckt.

Ob eine Entscheidung vernünftig ist oder nicht, kann ganz besonders deutlich in allen Fragestellungen rund ums Geld erkannt werden. Vor diesem Hintergrund war das Treffen mit einem gleichgesinnten, höchst interessierten und erfahrenen Insider aus der Finanzpraxis auch für den Wissenschaftler ein glückliches Ereignis, zumal sich beide von Beginn an sehr gut verstanden. Es folgten viele weitere Gespräche. Und da, wie Kant festgestellt hatte, Begriffe ohne Anschauung ebenso leer bleiben wie die Anschauung ohne Begriffe blind, erwies sich diese Begegnung von Theorie (Begriff) und Praxis (Anschauung) als äußerst produktiv. Vieles von dem, was sich bis dahin nur intuitiv erfassen oder lediglich schemenhaft erkennen ließ, wurde mit einem Male deutlich und durchschaubar – genau wie die graue Theorie plötzlich Farbe bekam und zum Leben erweckt wurde – eine aufregende Erfahrung.

Unter dem Namen „Behavioral Finance" ist vor wenigen Jahren in den USA ein neuer Zweig der Kapitalmarktanalyse im Spannungsfeld zwischen Ökonomie und Psychologie entstanden. Erkenntnisse und Ideen schwappen mehr und mehr auch nach Europa über. Inzwischen erfreut sich dieses Thema in unserem Lande einer enormen Beliebtheit. Wir sind der Auffassung, dass wir nicht zuletzt durch unseren intensiven Austausch zwischen Theorie und Praxis etwas von dem manchmal dicht erscheinenden Nebel um diese neue wissenschaftliche wie praktische Disziplin lichten konnten. Deshalb beschlossen wir, unsere Gedanken zu Papier zu bringen, und so entstand dieses Buch.

Wie viele andere Publikationen erhebt auch dieses Buch nicht den Anspruch auf Vollständigkeit. Die Behavioral Finance ist ein junges und wachsendes Forschungsfeld, auf dem sich stets neue Aspekte ergeben, die aber am Ende immer wieder zu den ursprünglichen Ansätzen führen. Drei Jahre sind eine lange Zeit, und irgendwann mussten wir einfach einen Schlusspunkt setzen, wohl wissend, dass wir nicht alle Seiten menschlichen Verhaltens, aber vermutlich die wichtigsten beleuchtet haben. Zumindest hoffen wir, die Finanzmärkte aus einer Perspektive gezeigt zu haben, die sie weniger mystisch und dafür menschlicher erscheinen lässt.

Denn letztendlich ist ein Markt nichts anderes als ein Treffpunkt für Menschen, die etwas oder sich über etwas austauschen möchten.

An dieser Stelle möchten wir es nicht versäumen, uns für die mannigfache Unterstützung, die wir erfahren haben, zu bedanken. Großer Dank geht an Herrn Christian Friedrich, der uns bei der gesamten Erstellung dieses Buchs intensiv begleitet hat, es nicht nur mit zündenden Einfällen bereichert hat, sondern auch immer dann mit konstruktiver Kritik zur Stelle war, wenn wir einmal über das Ziel hinausgeschossen waren. Großer Dank geht auch an unsere Frauen, die es mit Humor nahmen, dass mitunter via e-mail zwischen Aachen und Frankfurt intensiver kommuniziert wurde als mit ihnen persönlich. Insbesondere möchten wir Barbara Goldberg dafür danken, dass sie, die gelernte Journalistin, unserem Text den letzten Schliff verliehen hat. Auch der Freundin von Christian Friedrich, Kristina Janssen, gilt unser Dank. Denn sie hat die oben erwähnte Diplomarbeit geschrieben, die uns letztlich zusammengebracht hat.

Danken möchten wir auch Paul D. MacLean, von dem das Modell des drei-einigen Gehirns stammt und der uns bereitwillig eine Sammlung seiner wichtigsten Aufsätze und Schriften zur Verfügung stellte. Nicht zuletzt bedanken wir uns bei Guido Kiell von der Universität Köln für die vielen Anregungen.

Im September 1999
Joachim Goldberg
Rüdiger von Nitzsch

# I. PROGNOSEN: Fundamentals, Technische Analyse und Behavioral Finance

In die Zukunft zu blicken und über die Geschehnisse von morgen informiert zu sein, ist der geheime Wunsch vieler Menschen. Sie möchten weder vom Schicksal noch von ihren Mitmenschen überrumpelt werden, sondern ihre eigenen, manchmal auch die Geschicke anderer selbst in die Hand nehmen. Vor allen Dingen, wenn es um weitreichende und schwierige Entscheidungen geht, sind Prognosen aller Art seit dem Anbeginn menschlicher Kultur gefragt. Man denke nur an die Propheten des Alten Testaments. Oder an das Orakel von Delphi, an die sybillinischen Sprüche oder an die Jahrtausende alte Astrologie. Instanzen, die häufig dann befragt wurden, wenn das Schicksal ungewiss schien.

Beschäftigt man sich heutzutage mit den Finanzmärkten, sind vor allem Prognosen über den zukünftigen Kursverlauf von Wertpapieren, Devisen, Commodities etc. gefragt, um mit entsprechenden Positionierungen innerhalb kürzester Zeit möglichst viel Geld zu verdienen. Prognosen sind mithin das A und O an den Finanzmärkten. Gäbe es sie nicht, würde manchem Akteur die Phantasie für künftige Entwicklungen und Engagements an den Märkten, aber auch eine notwendige Sicherheit fehlen: Die vermeintliche Gewähr, zumindest einen Teil der eigenen Zukunft selbständig gestalten zu können.

Fundierte Prognosen sind schwierig zu erstellen, und manch einer behauptet, es sei sogar unmöglich, auf Dauer gute Vorhersagen zu treffen. Und trotzdem handelt weltweit ein ganzes Heer von Analysten mit dem Produkt „Zukunft". Es ist ihre Profession, Prognosen zu erstellen. Wer mit seiner Vorhersage richtig liegt, meint außerdem, besser als andere zu sein. Denn er glaubt, somit indirekt auch das Geschehen an den Märkten kontrollieren zu können. Eine Illusion, wie sich manchmal herausstellt.

Das Motiv, Prognosen zu befolgen, liegt nicht allein im Streben nach möglichst hohen Gewinnen oder in der Versicherung gegen ungünstige Marktentwicklungen. Man möchte sich vielmehr der Ungewissheit entledigen, ob eine anstehende Entscheidung tatsächlich zum Erfolg führen wird. Dabei zählt unterm Strich nicht allein ein positives materielles Ergebnis. Gut dazustehen bedeutet vielen Menschen mindestens soviel wie ein kleiner Gewinn.

Fragt man allerdings nach dem Erfolg von Prognosen, so ist dieser oftmals nur schwer messbar. Die populäre Vorhersage, der Dollar werde in zwölf Monaten am Punkt X stehen, mag zwar eintreffen, entscheidend für den Marktteilnehmer ist aber, auf welchem Wege die Währung zu diesem Punkt X gelangt. Dies wird man in der Regel nur erfahren, wenn man die entsprechende Voraussage selbst „gehandelt" hat, also ein Engagement eingegangen ist. Man wird dann zwangsläufig feststellen, dass der Kurs vom Ausgang bis zum Zielpunkt meist nicht geradlinig, sondern unregelmäßig verlaufen ist. Kurzfristige Kursverluste können die Psyche der Marktteilnehmer hierbei soweit belasten, dass sie sich auf halbem Wege gezwungen sehen, aufzugeben, das heißt ihr Engagement glattzustellen. Wie eine schallende Ohrfeige muss man dann ein Jahr später den in vielen Börsenbriefen gern geäußerten Satz empfinden, „... und haben wir nicht schon vor 12 Monaten gesagt, der Dollar werde in Jahresfrist am Punkt X sein?" Die Prognose ist eingetroffen. Werden Vorhersagen indes nicht erfüllt, so geraten sie schnell in Vergessenheit. Niemand schmückt sich gerne damit, einer falschen Prognose aufgesessen zu sein; lieber hüllt man sich in Schweigen.

Anerkannte Analysten neigen überdies dazu, ihre Vorhersagen einander anzugleichen oder gar aufeinander abzustimmen. Somit wird es relativ unwahrscheinlich, dass einer von ihnen bei der Schar seiner Anhänger in Ungnade fällt - schließlich stört niemand die allgemeine Harmonie durch eine abweichende Meinung. Mehr Aufsehen erregt hingegen der „Outsider Tipp", eine Strategie, der sich noch unbekannte Analysten gerne bedienen: Trifft der Tipp zu, so hat man sich, vor allem als Anfänger, einen Namen gemacht, tut er es nicht, ist dies nicht tragisch, da die Prognose aufgrund ihrer ohnehin nicht gerade realistischen Annahmen sowieso nur eine geringe Chance auf Erfolg hatte.

Auch eine reine Richtungsprognose (steigt/fällt) ist wertlos, wenn man nicht weiß, um welchen Betrag sich der Preis des betreffenden Gutes etwa verändern wird. Wird dann auch noch ein relativ geringer Wert angegeben, ist die Wahrscheinlichkeit eines Treffers verhältnismäßig hoch. Was geschieht aber, wenn die Richtung nicht stimmt? Gerade wenn es sich abzeichnet, dass eine Vorhersage nicht eintreffen wird, werden Marktteilnehmer allein gelassen - sie wissen oft nicht, welche Marktfaktoren die Aussagekraft einer Prognose zunichte machen. Schmerzhaft erfahren wird dies aber nur derjenige, welcher auf diese Prognose Kapital gesetzt hat und somit einen Verlust erleidet.

Analysten stehen also unter Erfolgsdruck, das heißt, sie müssen möglichst oft richtig liegen, die Prognosen müssen eine hohe Trefferquote aufweisen. Vor allen Dingen aber müssen sich Vorhersagen gut verkaufen können. Deswegen greift man gerne auf sogenannte unscharfe Prognosen zurück. So wird die Voraussage eines Ereignisses gerne mit einem Wahrscheinlichkeitswert versehen. Die Aussage beispielsweise, die Zentralbank werde mit 70-prozentiger Wahrscheinlichkeit bei ihrer nächsten Sitzung die Leitzinsen erhöhen, ist, wenn sie auch optisch gut aussieht, immer noch mit hoher Unsicherheit behaftet, sofern man bedenkt, dass eine 50:50-Schätzung praktisch nichtssagend ist. Werte von 90 oder 10 Prozent wird man aber in den entsprechenden Briefen der Analysten nur selten antreffen.

Auch ein Vorschlag, die Aktie X im Bereich zwischen 40 und 45 Euro mit Kursziel 110 Euro zu kaufen, gehört zu den eher unscharfen Empfehlungen. War das Wertpapier nur mit 45 Euro und womöglich auch nur in geringer Menge zu bekommen, wird der Verfasser dieser Prognose in der Regel dennoch irrigerweise davon ausgehen, dass alle Kaufaufträge zu 45 Euro abgewickelt werden konnten. Dies ist besonders dann der Fall, wenn der Analyst – dies kommt leider nicht allzu selten vor – keine Handelserfahrung oder kaum Marktnähe besitzt. Natürlich ist es schön, wenn die Aktie danach wie vorhergesagt auf 110 Euro steigt. Allein, wem – außer dem Analysten, der gut aussieht – nützt diese schöne Empfehlung, wenn sie nicht handelbar war?

Noch vor weniger als 20 Jahren war die Beobachtung der Märkte und ihrer verschiedenen Einflussfaktoren besonders in Europa allein einem Zweig der Wirtschaftswissenschaften vorbehalten, der sogenannten Fundamentalanalyse, die den Einfluss ökonomischer Gegebenheiten und Trends auf die Entwicklung der Märkte untersucht. Zu ihrem Aufgabenbereich gehört im weiteren Sinne auch die Untersuchung und Bewertung von politischen Ereignissen, sofern diese eine Auswirkung auf das Kursgeschehen von Aktien, Devisen, Zinsen oder eines anderen Gutes haben. Wesentliche Prämisse für das Funktionieren der Fundamentalanalyse ist jedoch, dass die Teilnehmer an den Märkten deren Daten und Erkenntnisse vernünftig bewerten und konsequent umsetzen.

Kritiker der Fundamentalanalyse kreiden dieser jedoch an, dass sie nicht flexibel genug sei, um unerwarteten Veränderungen im ökonomischen Umfeld der Märkte rechtzeitig Rechnung zu tragen, da die Auswirkungen von wirtschaftlichen und politischen Daten oftmals mit einer nicht im Voraus berechenbaren Verzögerung eintreten. Somit ergeben sich für die Akteure an den Märkten häufig Timing-Probleme beim Eingehen von Engagements (Goldberg 1990).

Die Auswertung volkswirtschaftlicher Daten erfordert außerdem meist ein beträchtliches Wissen, das nicht bei jedem Marktteilnehmer in gleichem Maße vorausgesetzt werden kann. Daneben führt die Konkurrenz verschiedener volkswirtschaftlicher Schulen manchmal zu zwei- und mehrdeutigen Ergebnissen in der Analyse beziehungsweise Prognose eines Marktes. Trotzdem erfreut sich die Fundamentalanalyse im mittel- und langfristigen Prognosebereich (sechs Monate bis mehr als ein Jahr) einer großen Beliebtheit, denn sie zeigt die Gründe auf, warum sich Märkte in eine bestimmte Richtung entwickelt haben, und wird gerne als Begründung, wenn nicht gar als Rechtfertigung dafür verwandt, warum bestimmte Handelsentscheidungen getroffen wurden. Die Kenntnis ökonomischer Gesetzmäßigkeiten ist jedoch für die Akteure unerlässlich, weil Ereignisse im Wirtschaftsleben manchmal Auslöser für wichtige Kursentwicklungen an den Märkten sein können. Mit anderen Worten: Die Fundamentalanalyse kann, sofern man langfristig denkt, durchaus ihren Sinn haben.

Problematisch wird es hingegen erst, wenn künftige Entwicklungen quantifiziert werden müssen. Welchen Nutzen hat beispielsweise die Prognose, dass der US-Dollar gegenüber dem Euro binnen eines Jahres 3% höher als heute notieren werde, wenn er zunächst um 10% fällt und sich erst später in Richtung des ursprünglichen Prognosewertes entwickelt? Der entscheidende Nachteil solcher Vorhersagen liegt darin, dass die Kurse, selbst bei einer langfristig hohen Trefferquote, zwischenzeitlich nicht kontrollierbar sind, sondern mitunter stark von der vorgegebenen Richtung abweichen können. Dies bedeutet, dass man beim Befolgen fundamentaler Prognosen viel Geduld aufbringen muss, doch widerspricht das oft dem Bestreben der Marktteilnehmer, in möglichst kurzer Zeit möglichst hohe Gewinne zu erzielen. Überdies besteht selbst bei einer hohen Prognosegüte immer noch ein gut Teil Unsicherheit, dass die Vorhersage nicht in Erfüllung gehen könnte.

Andererseits nutzen Marktteilnehmer, die große Handelsvolumina zu bewegen haben, häufig die Kursbewegungen, die kurz nach Veröffentlichung fundamentaler Daten einsetzen, um möglichst unbemerkt ihre Positionen zu verändern. Auf diesem Wege versorgen sie den Markt auf der Seite mit Liquidität, wo sie normalerweise nicht erwartet wird. Wenn beispielsweise der Kurs des Dollar gegenüber dem Euro nach Publizierung eines für den Dollar überraschend günstigen Fundamentaldatums zu einem Höhenflug ansetzen müsste, wird dieser demnach häufig durch Anbieter großer Handelsvolumina gebremst. Denn nur in einer derartigen Konstellation können diese auf genügend Nachfrage treffen. Wäre die Nachfrage indes nicht vorhanden, so würde ihr großes Angebot den Kurs nach unten drücken, das heißt, sie müssten dem Markt hinterherrennen. Ähnliches geschieht, wenn der Kurs einer Währung nach Veröffentlichung von Daten, die erheblich schlechter als von den Akteuren erwartet ausfallen, deutlich sinken müsste. Stattdessen wird manchmal das neu entstandene Angebot unauffällig durch die Nachfrage „großer" Marktteilnehmer aufgesogen. Wen wundert es da noch, dass sich Märkte nicht „fundamental" oder „rational" verhalten?

Um die Schwächen der Fundamentalanalyse im kurzfristigen Analysebereich auszugleichen, bedienten sich die Teilnehmer an den verschiedenen Märkten im Laufe der vergangenen zehn Jahre zunehmend der Technischen Analyse, da diese über ein gutes Instrumentarium zur Früherkennung von Trends verfügt und es außerdem ermöglicht, flexibel auf neue Marktgeschehnisse zu reagieren. Einzige zwingende Bedingung für das Gelingen der Technischen Analyse: Angebot und Nachfrage eines Marktes müssen sich weitgehend frei entfalten können. Ohne diese Voraussetzung lassen sich Preisentwicklungen nicht sinnvoll interpretieren, da sie in diesem Fall Informationen und Meinungen nur unvollständig widerspiegeln würden. Je stärker Preise in Korsetts geringer Bandbreiten gezwungen werden, wie dies beispielsweise bei den Währungen des Europäischen Währungsverbundes der Fall war, desto weniger stellen sie das Resultat von Informations- und Meinungsauslegungen dar. Fehlendes Angebot beziehungsweise mangelnde Nachfrage werden in solchen Fällen durch Interventionen oder Subventionen ausgeglichen. Als Extrembeispiel seien hier von staatlicher Seite festgesetzte Preise, wie zum Beispiel starre Wechselkurse, genannt. Darüber hinaus gründet sich die Philosophie der Technischen Analyse im Wesentlichen auf drei Prämissen:

Der Marktpreis als Resultat von Angebot und Nachfrage beinhaltet alle verfügbaren Informationen und Meinungen, seien sie rational begründet oder nicht. Somit müsste ein Preis auch alle bis zu seiner Entstehung verfügbaren volkswirtschaftlichen Erkenntnisse und politischen Ereignisse berücksichtigen. Die Technische Analyse hat daher gegenüber der Fundamentalanalyse einen wesentlichen Vorteil: Sie kann auch auf offensichtlich „falsch" interpretierte Daten und Informationen reagieren, während die fundamental orientierten Marktteilnehmer erwarten, dass der Marktpreis strikt der Logik volkswirtschaftlicher Daten gehorcht, was sie des öfteren dazu verleitet, zu lange an das Eintreten bestimmter Szenarien zu glauben, auch wenn der Kursverlauf längst in eine andere Richtung weist und bereits Verluste aufgelaufen sind. Die Technische Analyse ist hingegen in der Lage, frühzeitig zu erkennen, wann ein Markt aus dem Gleichgewicht gerät. Dies ist regelmäßig dann der Fall, wenn die Grenzen von Konsolidierungsbereichen deutlich durchbrochen werden. Entscheidend ist in dieser Situation lediglich die Tatsache, dass ein oder mehrere Anbieter oder Nachfrager offensichtlich – möglicherweise aufgrund neuer Informationen – reagiert haben. Die Frage nach dem Warum wird nicht gestellt. Letztlich versucht die Technische Analyse aus der Historie – auf der Grundlage vergangener Transaktionen und deren Einstandspreisen – die Geschichte fortzuschreiben. Sie versucht außerdem, von den Konsolidierungszonen, wie sie etwa an den Devisenmärkten zu 70% der Zeit vorherrschen, auf die Stärke künftiger Trends zu schließen.

Die zweite Prämisse besagt, dass Preise dazu tendieren, sich in Trends zu bewegen. Trends zu identifizieren und auszunutzen ist das Hauptziel der Technischen Analyse. So sind die meisten der erfolgreich verwandten technischen Handelsmodelle trendfolgend orientiert.

Die dritte Prämisse der Technischen Analyse, dass sich die (Markt)-geschichte wiederholt, mag aus philosophischer Sicht frag- oder zumindest diskussionswürdig scheinen. Sie gründet sich jedoch im Wesentlichen auf der Annahme, dass Preise und deren Bewegungsabläufe nicht nur die Interpretation von Informationen und Meinungen widerspiegeln, sondern auch das Verhalten der an der Preisbildung beteiligten Akteure. Und dass sich die menschlichen Antriebe und Leidenschaften, allem Fortschrittsglauben zum Trotz, in den vergangenen Jahrhunderten kaum verändert haben, kann wohl niemand ernsthaft bestreiten. Die Technische Analyse macht sich die Konstanz menschlichen Verhaltens zunutze, indem sie von Kursentwicklungen graphische Aufzeichnungen, sogenannte

„Charts", erstellt und auf wiederkehrende Muster hin untersucht. In den Formationen, die sich auf der Chart entdecken lassen, spiegelt sich die jeweilige Stärke der Angebots- und Nachfragekräfte wider. Diese Formationen werden also letzten Endes von Marktteilnehmern durch die Preisbildung geschaffen und haben die Tendenz, sich im Laufe der Zeit zu wiederholen - genauso wie das Verhalten von Akteuren unter bestimmten Lebens- und Marktgegebenheiten, das nicht nur der Logik, sondern in weit höherem Maße psychologischen Mechanismen unterworfen ist. Alle Menschen, und somit auch die Marktteilnehmer, reagieren in bestimmten Situationen beziehungsweise Marktgegebenheiten (z. B. Stress) ähnlich. Solange sich daher die psychische Verfassung der Menschen nicht wesentlich ändert, werden sich auch die Handlungsweisen der Marktteilnehmer bei gewissen Preisentwicklungen nicht signifikant verändern (Goldberg 1990).

Gerade im Laufe der vergangenen fünf bis zehn Jahre hat die Technische Analyse als Instrument zur Beurteilung von kurzfristigen Marktentwicklungen (Zeithorizont bis zu drei Monaten) rege Beachtung und Anerkennung gefunden, während den volkswirtschaftlich orientierten Analysten nunmehr der langfristige Prognosezeitraum vorbehalten blieb. Eine Ursache für diese Differenzierung dürfte in der wachsenden Transparenz der Märkte liegen. Dank der modernen Medien werden Informationen mittlerweile mit einer solchen Schnelligkeit übermittelt, dass deren Inhalt bei der Preisbildung kaum noch eine Rolle spielen kann, da niemand in der Lage ist, die über ihn hereinbrechende Nachrichtenflut in angemessener Zeit zu verarbeiten. Versuche, unter den oft sekündlich eintreffenden Meldungen die Spreu vom Weizen zu trennen, müssen zwangsläufig scheitern, da die Verarbeitung von Neuigkeiten unter dem Zeitdruck sich ständig und schnell ändernder Marktverhältnisse oft nur noch oberflächlich, wenn nicht gar mehr oder weniger unbewusst, reflexhaft erfolgen kann.

Die Technische Analyse hat davon profitiert, dass die Marktteilnehmer von der Informationsdichte überfordert sind. Denn sie beschäftigt sich ja nur mit der Beobachtung von Preisen und deren Ableitung, weshalb viele glauben, sie sei ein einfach zu erlernendes und zu nutzendes Instrument. Auch wenn der Preis eines Gutes nur noch einen Teil aller verfügbaren Informationen widerspiegelt, bildet er doch die Meinungen von Anbietern und Nachfragern ab, die nunmehr auch „technisch" sein können. Chartpunkte, die aus der Beobachtung von Formationen abgeleitet werden, stellen heutzutage eine genauso wichtige Information wie Fundamentaldaten dar. Das geht sogar soweit, dass einige Fundamentalanalysten technisch wichtige Preisniveaus in ihre Analyse einarbeiten, „weil man ohne sie nicht auskommen kann“. Doch führt dies zu einer Fehlbewertung der Märkte, da sich Fundamentaldaten – sofern bekannt - und alle Erwartungen und Meinungen, seien sie richtig oder nicht, bereits in den Marktpreisen niedergeschlagen haben. Somit dreht sich die Analyse im Kreis (Goldberg 1997).

Marktgerüchte, die sich früher langsam verbreiteten und den Akteuren das Gefühl vermittelten, den Mitkonkurrenten voraus zu sein, können mittlerweile so schnell in Umlauf gebracht werden, dass die Ausnutzung eines etwaigen Informationsvorsprungs (wenn man einmal von Insiderwissen absieht) daran scheitert, dass viele Marktteilnehmer exakt zum gleichen Zeitpunkt über diese neuen Nachrichten verfügen. Deshalb wird das Chartbild des Technikers immer seltener langsam gewachsene Formationen aufweisen, sondern vielmehr von kurzen, schockartigen Preisentwicklungen gekennzeichnet sein: Wenn eine Mehrheit von gut Informierten zum gleichen Zeitpunkt handeln möchte, werden sie zwangsläufig auf der anderen Seite nicht genügend Kontrahenten finden.

Wenn hingegen ein gut geschnittenes Chartbild auftaucht, ist dies nicht mehr das Geheimnis einer kleinen verschworenen Gemeinschaft, von der Mehrheit belächelt, sondern eine mittlerweile jedem professionellen Marktteilnehmer zugängliche Information. Das Resultat davon ist jedoch keine „self-fulfilling prophecy“, wie Kritiker der Technischen Analyse meinen, sondern eine „self-fulfilling destruction“, so dass sich an den nunmehr allseits bekannten gefährlichen Chartpunkten (vergleichbar mit einer politischen oder ökonomischen Marktinformation) nur wenige Kontrahenten für die Handelswilligen finden werden. Es kommt zu Preissprüngen, die in der Regel so groß sind, dass sich der Vorteil eines technisch orientierten Marktteilnehmers gegenüber den übrigen Akteuren dramatisch verringern und aus einem ursprünglich profitablen Geschäft leicht ein Verlust werden kann. Man stelle sich vor, der Dollar erreicht ein wichtiges Chartniveau, das schon von renommierten Informationsdiensten seit Tagen als Kaufempfehlung angezeigt wurde. Wen wundert es da noch, wenn die Masse der Käufer an diesem Punkt nicht genügend Verkaufsbereitschaft findet, um ihr Vorhaben in die Tat umzusetzen?

Es kann mittlerweile aber auch vorkommen, dass Marktteilnehmer, die große Handelsvolumina zu bewegen haben, (ähnlich wie nach Veröffentlichung wichtiger Fundamentaldaten) ganz gezielt wichtige technische Niveaus abwarten, um nach deren Versagen ihre Positionen zu verändern. Sie halten beispielsweise gegen eine größere Zahl von Marktteilnehmern, die aufgrund eines Kaufsignals Dollars erwerben möchten, das heißt, sie treten als Anbieter auf, obwohl gerade dies nach einem eindeutigen technischen Kaufsignal nicht zu erwarten gewesen wäre. Und die Nachfrager wundern sich, warum sich der Kurs nicht bewegt oder gar gegen ihr Engagement entwickelt.

Ist die Technische Analyse also ausgereizt? Mitnichten. Aber ihr Instrumentarium ist teilweise Jahrzehnte alt. Vor allem aber haben sich verschiedene Schulen für die (chart)technische Deutung von Marktentwicklungen ausgebildet. Und viele Analysten haben für die Bestimmung und Auslegung von Formationen eigene Regeln entwickelt. Immer noch folgt die Mehrheit der Analysten irgendwelchen Indikatoren (z. B. Momentumlinien, RSI, Stochastics etc.), die nachweislich keinerlei Prognosekraft besitzen, aber dem Akteur vorgaukeln, er könne damit die Märkte kontrollieren. Chartformationen, wie sie von den Technischen Analysten als Spiegel für das Verhalten der Marktteilnehmer angesehen werden, können jedoch meist fast schon zwangsläufig wegen ihres Bekanntheitsgrades nicht in Erfüllung gehen. Die Fehlentwicklung, der „false break", ist beinahe zur Regel geworden. Aber viele Technische Analysten sehen das, was sie erwarten - das, was sie sehen wollen.

Gerade die Technische Analyse, die sich mit der Aufzeichnung von Marktpreisen und somit von den Einstandspreisen der Käufer und Verkäufer beschäftigt, eignete sich eigentlich für eine gute Kapitalmarktanalyse. Denn ihre dritte Prämisse, dass sich die Marktgeschichte wiederholt, ist immerhin ein kleiner Schritt in die richtige Richtung. Trotzdem bleiben die Erkenntnisse der Technischen Analyse oberflächlich, denn sie beschäftigt sich nicht eingehender mit der menschlichen Psyche – obgleich diese das Handeln an den Märkten in Verbindung mit den Einstandspreisen wesentlich mitbestimmt. Warum verkaufen denn die Akteure so ungern eine Aktie mit Verlust? Warum hat man es denn bei der Realisierung von Gewinnen wesentlich eiliger? Dem, was die Menschen tatsächlich bewegt, wird in den klugen Analysen viel zu wenig Rechnung getragen – viele Wissenschaftler halten die Psyche für noch zu wenig erforscht, einige befassen sich vorsichtshalber gar nicht erst mit ihr, da sie fürchten, dies käme einer Öffnung von Pandoras Büchse gleich.

Auch die meisten Fundamentalanalysten und Ökonomen lehnen es ab, sich mit der Psychologie der Marktteilnehmer zu befassen. Gerade aber die Techniker müssen sich ganz besonders mit dem menschlichen Verhalten befassen, um Marktbewegungen nicht nur berechnen, sondern auch verstehen zu können. Eine rein numerische Betrachtung von Kursen, Chartpunkten und Trendlinien reicht bei weitem nicht aus, um Märkte zu begreifen. Ein Analyst, der psychische Faktoren vernachlässigt, kann Preisentwicklungen und die ihnen zugrunde liegenden Handlungsmotive und -muster nicht verstehen und sie somit auch nicht ordentlich analysieren, geschweige denn prognostizieren.

Teilnehmer an den Finanzmärkten verhalten sich unterschiedlich. Ihre Motive, Mentalität und Denkungsart, ihre Risikobereitschaft und ihre Handelshorizonte können vollkommen verschieden sein. Obgleich man meinen sollte, die Akteure würden zumindest bei ihren Operationen an den Märkten rational agieren, zeigt die Wirklichkeit ein anderes Bild: Menschen handeln beileibe nicht immer vernünftig. Denn aus ökonomischer Sicht beinhaltet Rationalität zwei wesentliche Eigenschaften (Schwartz 1998): Die Handlungsweisen der Marktteilnehmer müssen zum einen logisch schlüssig sein. Andererseits muss ihr Tun zur Mehrung des wirtschaftlichen Wohls führen. Gerade letzteres ist häufig nicht gegeben. Denn das Motiv der Menschen, überhaupt an Märkten teilzunehmen, ist nicht immer die Maximierung von Gewinnen. Solches Trachten wird von einigen (meist von Unbeteiligten oder Verlierern) gar als unmoralisch bezeichnet. Es sind oftmals ganz banale Beweggründe wie die Suche nach Spannung und Unterhaltung, die manch einen an die Börse führen. Oder der Wunsch nach Kommunikation. Vielleicht aber auch nur ganz gewöhnlicher Neid. Motive beeinflussen und verzerren jedoch zwangsläufig die Sichtweise der Menschen.

Trotz der Absicht vieler Marktteilnehmer, sich rational verhalten zu wollen, bleiben die Ergebnisse ihrer Entscheidungen häufig hinter dem zurück, was man als optimal betrachten würde. Sie geben zwar ihr Bestes, machen aber, wie jeder andere auch, Fehler. Und diese Fehler wiederholen sich. Dann gibt es Emotionen, die sinnvolle Entscheidungen verhindern können. Denn heftige Gefühlsregungen können das rationale Denken und Handeln stark beeinflussen. Dessen ungeachtet gehen die Anhänger der modernen Kapitalmarkttheorie immer noch davon aus, dass sich Marktteilnehmer streng rational verhalten. Obwohl viele Akteure davon überzeugt sind, dass ihre Transaktionen von psychischen Faktoren beeinflusst werden, glauben sie indes nicht daran, dass diese Elemente quantifizierbar sein und systematisch auftreten können.

Glücklicherweise hat sich in den vergangenen Jahren in den USA eine verhaltenswissenschaftlich orientierte Finanzmarkttheorie, die sogenannte Behavioral Finance, als neuer Forschungszweig etabliert. Diese Lehre geht davon aus, dass sich Menschen nur beschränkt rational verhalten können (DeBondt, Thaler 1995, Rapp 1997). Sie berücksichtigt im Gegensatz zur modernen Kapitalmarkttheorie, die den Teilnehmern an den Finanzmärkten Gewinnerzielung als einziges Handelsmotiv unterstellt, dass die Akteure auch andere Beweggründe haben können. Sie geht auch nicht davon aus, dass Marktteilnehmer vollständig informiert sind. Die Akteure besitzen unter Umständen keinen Zugang zu wichtigen Informationen, die ihre Entscheidungen vielleicht beeinflussen könnten. Möglicherweise sind bestimmte Informationen sogar überhaupt nicht erhältlich oder werden schlicht und einfach nicht oder nicht richtig wahrgenommen.

Denn es gilt als gesichert, dass Menschen Informationen nur in beschränktem Umfang aufnehmen können (Felser 1997). Diese Begrenzung führt dazu, dass Informationen ausgewählt und entsprechend ihrer Bedeutung gewichtet werden müssen. Oft liegen diesem Auswahlprozess jedoch nicht nur rationale Kriterien zugrunde. Es können sich Fehler einschleichen. Ferner ist zu beobachten, dass Menschen dieselbe Information in verschiedenartigen Situationen jeweils völlig anders bewerten und daher zu anderen, manchmal gar gegensätzlichen Schlussfolgerungen gelangen. Studien und Experimente der Sozialpsychologie belegen, dass den Menschen bei der Informationswahrnehmung und -verarbeitung immer wieder Missverständnisse und Trugschlüsse unterlaufen. Es handelt sich dabei nicht um gelegentliche Ausrutscher, die von den anderen „rationalen" Marktteilnehmern wettgemacht werden. Im Gegenteil: Die Anomalien und Verzerrungen treten systematisch auf. Und diese Systematik ermöglicht durchaus Rückschlüsse auf zukünftige Verhaltensweisen der Marktteilnehmer.

Für Urteilsverzerrungen gibt es zahlreiche Beispiele. Dennoch gehen immer noch viele Wirtschaftswissenschaftler von einer rationalen Verhaltensweise der Marktteilnehmer aus. Man denke beispielsweise auch an Zeiten großer Spekulationsblasen wie den „South Sea Bubble" im Jahre 1711 (Neal 1990). Was hat die Investoren seinerzeit dazu veranlasst, Aktien von Gesellschaften zu zeichnen, deren Zielsetzung gemäß Satzung „etwas Großartiges zu schaffen" war, ein Unternehmen, von dem also niemand wusste, was es eigentlich produzierte. Offenbar haben die Marktteilnehmer seit der Tulpeneuphorie (Tulipmania) in Holland 1634 nicht genügend hinzugelernt, als dass die Börsencrashes von 1929 und 1987 hätten verhindert werden können (Garber 1990) – trotz einer erheblich breiteren Palette von Marktinstrumenten, einer wesentlich höheren Markttransparenz und einer sekundenschnellen Übermittlung von Informationen. Der Ökonom Richard Thaler, einer der „Väter" der Behavioral Finance, fasst es mit den Worten zusammen: „If most individuals tend to err in the same direction, then a theorie which assumes that they are rational also makes mistakes in predicting their behaviour" (vgl. Thaler 1994, S. 5).

Die Behavioral Finance befasst sich jedoch nicht nur mit der Aufnahme und Verarbeitung von Informationen. Sie geht noch einen Schritt weiter und untersucht das Entscheidungsverhalten der Teilnehmer an den Märkten. Selbst wenn manchmal die Handlungsalternativen vollkommen klar erscheinen, kann allein schon die Art ihrer Darstellung die Entscheidung beeinflussen. Was aber geschieht erst, wenn die Wahlmöglichkeiten nicht so deutlich zu unterscheiden sind, wenn ihr Eintreten von Wahrscheinlichkeiten abhängt? Wahrscheinlichkeiten, die meist gar nicht so leicht zu quantifizieren sind. Deswegen ist die Behavioral Finance darauf ausgelegt, das tatsächliche, oft intuitive Verhalten der Entscheider – mag es plausibel oder unvernünftig erscheinen – zu beschreiben und darauf basierend das Verhalten vor, während und nach einer Entscheidung vorherzusagen. Dies ist vor allem für die Beurteilung des Verhaltens der Teilnehmer an den Kapitalmärkten von wesentlicher Bedeutung, denn wenn sich Entscheidungsverhalten prognostizieren lässt, wird es für Dritte wiederum ökonomisch nutzbar. Aber auch ein Akteur, der sich dieser Verhaltensweisen bewusst ist, kann in Kenntnis dieser Zusammenhänge eigene Fehler entdecken und vermeiden lernen.

Versucht man daher, Handlungsweisen von Marktteilnehmern abzubilden und darauf basierend zukünftiges Verhalten zu prognostizieren, so wird man nicht umhin kommen, dem kalten Herz des Homo Oeconomicus (über ihn wird später noch eingehend zu sprechen sein) Leben einzuhauchen. Folglich gehören zur Behavioral Finance auch psychologische Erklärungsansätze. Letztere stützen sich vor allem auf empirische Untersuchungen und Experimente zum Verhalten von Entscheidern. In diesem Zusammenhang stellt die bereits Anfang der achtziger Jahre entwickelte Prospect Theorie der Psychologen Daniel Kahneman und Amos Tversky einen wichtigen Meilenstein dar. In zahlreichen Versuchen wiesen sie nämlich nach, dass die alltägliche Realität des Entscheiders offensichtlich eine andere ist, als bislang von Ökonomen angenommen wurde.

Mit Hilfe der Prospect Theorie wurden Verhaltensmuster transparent gemacht, die bis dahin von den Verfechtern rationaler Entscheidungen ignoriert wurden. Diese Verhaltensmuster entstehen, weil die für das rationale Handeln erforderliche Disziplin und Selbstkontrolle häufig von Gefühlen überlagert und außer Kraft gesetzt werden. Außerdem überblicken Menschen das, was sie tun, nicht in seiner ganzen Tragweite (Bernstein 1996). Die Prospect Theorie und ihre Erkenntnisse – sie hat sich mittlerweile als wichtigste Alternative zur klassischen Erwartungsnutzentheorie etabliert (Levy 1997) – lassen sich problemlos auf das Verhalten der Teilnehmer an den Finanzmärkten übertragen. Mit ihrer Hilfe wird verständlich, warum Akteure in vielen Entscheidungssituationen bestenfalls „begrenzt rational" (Simon, 1955, 1997) handeln.

Mit der Analyse von Handelsentscheidungen alleine ist es jedoch noch nicht getan. Der Erfolg oder Misserfolg einer Entscheidung beeinflusst, wie später noch gezeigt werden wird, auch zukünftige Entscheidungen. Und nicht nur dies. Informationen werden im Lichte eines Gewinnes (bzw. im Schatten eines Verlustes) ganz anders wahrgenommen und bewertet als dies vor der Handelsentscheidung der Fall gewesen wäre. Die Theorie der kognitiven Dissonanz (nach Festinger) beschäftigt sich mit diesen Phänomenen und muss (obgleich darauf in der Fachliteratur bislang kaum eingegangen wurde) somit zur Behavioral Finance hinzugerechnet werden.

Die Behavioral Finance befasst sich also zum einen mit der Aufnahme, Auswahl und Verarbeitung von Information und konsequenterweise mit den daraus resultierenden Entscheidungen. Auf der anderen Seite beschäftigt sie sich mit den Anomalien im menschlichen Verhalten. Diese Abweichungen vom rationalen Handeln sind jedoch nicht auf Einzelfälle wie Masseneuphorien oder Paniken, wie sie vielleicht einmal in zehn Jahren vorkommen mögen, beschränkt, sondern Bestandteil des täglichen Lebens und Handelns. Diese oft nicht von Vernunft gekennzeichneten Handlungsweisen beeinflussen natürlich auch andere Menschen, so dass letztlich auch die Interaktion der Marktteilnehmer untersucht werden muss. So zeigt sich: Auch wenn mehrere an der Meinungsbildung beteiligt sind, können Fehleinschätzungen und -entscheidungen auftreten. Denn nicht immer wirken das Team oder die Kollegen als Korrektiv. Für die Untersuchung des Gruppenverhaltens empfiehlt es sich, auf Methoden und Erkenntnisse der Sozialpsychologie zurückzugreifen.

Die Ergebnisse der Behavioral Finance müssen zwangsläufig auch die Arbeit der Technischen Analyse beeinflussen. Nach wie vor sehen Marktteilnehmer in ihr nur eine Art „Hilfswissenschaft", mit der die Ergebnisse der Fundamentalanalyse quantifiziert, das heißt in handelbare Chartpunkte übersetzt werden können. Gleichwohl billigen sie der Technischen Analyse nicht den Rang einer wissenschaftlichen Analysemethode zu, sondern halten sie vielmehr für eine Art Kunstfertigkeit im frühzeitigen Aufspüren von Trends und Trendwechseln. Aber genau das macht sie so angreifbar. Tatsächlich sehen viele ihrer Jünger Formationen („Muster"), die von anderen nicht unbedingt wahrgenommen werden. Die Technische Analyse ist oftmals nur erfolgreich, wenn oder gerade weil ihre Prognosen unscharf waren.

Deshalb muss sich die Technische Analyse, wenn sie glaubwürdig bleiben will, einer strengen Revision unterziehen, wobei einige „Prognoseverfahren" vermutlich auf der Strecke bleiben werden. Die Technische Analyse hat im Grunde nur dann eine Chance, langfristig zu überleben, wenn sie psychologisch, das heißt anhand der Erkenntnisse der Behavioral Finance begründet werden kann. Denn gerade darin liegt ihre Stärke. Dieser Wandel wird sicherlich einige Zeit in Anspruch nehmen, weil die Behavioral Finance selbst noch nicht in allen Bereichen vollständig entwickelt ist. Letztlich stellt die Technische Analyse ein ideales Werkzeug dar, um die verhaltensorientierte Kapitalmarktanalyse für den täglichen Handel nutzbar zu machen.

Behavioral Finance soll deshalb nicht nur das eigene Entscheidungsverhalten verbessern helfen, sondern zu einem umfassenderen Verständnis des tatsächlichen Verhaltens von Marktteilnehmern beitragen. Bislang haben Volkswirte wie Techniker dieses nur unzureichend berücksichtigt. Der Leser wird in den folgenden Kapiteln erfahren, warum er sich vielleicht mitunter nicht so verhält, wie es ökonomisch am sinnvollsten wäre. Wer jedoch über die menschliche Psyche Bescheid weiß, dürfte gegenüber den anderen Akteuren einen deutlichen Vorsprung erlangen, weil er absehen kann, wie das Gros in bestimmten Situationen reagieren wird. Da bestimmte Verhaltensmuster immer wiederkehren, werden sie für Dritte auch prognostizierbar. Und nicht nur das: Wer sich dieser Mechanismen bewusst ist, dem müsste es mit etwas Disziplin gelingen, den eigenen Handelserfolg an den Märkten deutlich zu steigern. Schon das Orakel zu

Delphi lehrte, dass der Schlüssel zur Weisheit nicht in der Vorhersage der Zukunft liegt, oder – in der Sprache des Marktes – der Erfolg eines Engagements sich nicht allein klugen Prognosen verdankt. Vielmehr gilt für den modernen Marktteilnehmer wie für den Menschen der Antike: „Erkenne Dich selbst!"

# II. ANATOMIE EINES ENGAGEMENTS: Wunsch und Wirklichkeit

Um sich mit der Psyche der Marktteilnehmer und ihrem Einfluss auf deren Verhalten auseinandersetzen zu können, erscheint zunächst eine Bestandsaufnahme dessen notwendig, was an den Märkten alltäglich vorgeht. Dabei geht es in erster Linie nicht um das, was man landläufig unter dem Stichwort „Psychologie der Massen“ kennt, sondern um eine reine Beschreibung von Verhaltensweisen, wie sie jedem einzelnen von uns immer wieder und jederzeit begegnen können. Also um einen Erlebnisbericht, in dem sich vermutlich jeder mindestens an einer Stelle wiedererkennen dürfte. Und alleine diese Beschreibung dürfte bereits als Indiz dafür ausreichen, dass beileibe nicht alles, was an den Finanzmärkten geschieht, mit Rationalität zu tun hat.

Diese erste Momentaufnahme zeigt das Geschehen, wie es sich in jedem Devisenhandelsbüro auf der Welt zutragen könnte. Gleichwohl wäre diese Story analog auch im Wertpapier-, beim Commodity-Handel oder an vielen anderen Märkten vorstellbar. Gezeigt wird das Verhalten eines relativ kurzfristig orientierten Händlers, in der Regel bei einer Bank angestellt, der immer wieder vor die Aufgabe gestellt wird, den Handelstag erfolgreich beenden zu müssen, das heißt aus den Bewegungen des Marktes Gewinne zu erwirtschaften. Nicht für jeden wird der Druck des Gewinnen-Müssens so hoch sein wie für einen solchen Trader. Aber jeder mag sich zumindest bei der folgenden Darstellung in irgendeiner Phase wiederfinden. Denn letztlich will jeder möglichst keine Verluste machen und möglichst hohe Gewinne erzielen, wenn er sich dazu entschlossen hat, an den Finanzmärkten zu agieren.

# 1 Zwischen Hoffnung und Angst: Ein Erlebnisbericht

Schon bei Tagesanbruch spürt der Händler den permanenten Zwang des Gewinnen-Müssens. In der Regel verfügt er über ein kleines Informationsinstrument, den sogenannten Piepser, auf dem er via Satellit die aktuellen Devisenkurse abfragen und deren weiteren Verlauf verfolgen kann, um ein „Gefühl" für den Markt zu bekommen. Idealerweise hat er den Wirtschaftsteil seiner Tageszeitung bereits eingehend studiert, wenn er morgens sein Büro betritt, und ist somit über die fundamentalen und politisch marktrelevanten Ereignisse sowie deren Interpretation informiert. Gespräche mit Kollegen und befreundeten Händlern runden schließlich das Bild ab, das zu einer Meinungsbildung über die nächste Entwicklung einer Währung, zum Beispiel des Euro gegenüber dem US-Dollar, führen soll. Nach eingehenden Beratungen, manchmal aber auch einfach aus einem unbestimmten Gefühl heraus, kauft der Händler fünf Millionen Euro (eine gängige Handelsgröße im Devisenmarkt), in der Hoffnung, dass der Kurs – möglichst schnell – steigen werde, damit er sie später wieder gewinnbringend veräußern kann. Mit Abschluss dieser Transaktion ist eine Idee des Händlers in die Realität umgesetzt worden.

Entwickelt sich der Kurs erwartungsgemäß, verwandelt sich die Hoffnung relativ schnell in Freude, die sich, je nach Temperament des Händlers, gar zu Ausgelassenheit und Übermut steigern kann. Und um diese Stimmung zu erhalten, wird die offene Position alsbald glattgestellt, das heißt, der entstandene Gewinn wird realisiert, da man diesen nicht mehr verlieren und sich später schon gar nicht Angstgefühlen aussetzen möchte, falls das Engagement schlimmstenfalls in die Verlustzone abrutschen sollte. Zudem hat man sich und anderen (vor allem den Zweiflern) bewiesen, wie recht man doch hatte, diese Position einzugehen. Neben der psychischen Genugtuung, richtig gelegen zu haben, ist außerdem noch ein materieller Gewinn entstanden.

Mit dem Erfolg wächst der Mut. Das nächste Engagement kann mit einem kleinen Polster eingegangen werden, das beruhigende Wirkung hat. Die Informationsphase des Händlers fällt beim zweiten Mal in der Regel etwas flüchtiger und kürzer aus, da er ja eigentlich schon weiß, was er will – auch der Informationsaustausch mit Kollegen dient eigentlich eher der Bestätigung der persönlichen Ansicht über die nächste Kursentwicklung als einer kritischen Auseinandersetzung mit dem Marktumfeld. Im Gegenteil: Man ist als Ratgeber anderer gefragt, so dass diese in der Regel keine besonderen Einwände gegen die eigene Meinung hegen werden.

Auch der zweite Trade gelingt – die Zufriedenheit wächst. Der Händler hat das Gefühl, derzeit einen guten Riecher zu haben. Anderen bleibt der Erfolg natürlich nicht verborgen, da auch sie Gewinne machen wollen und müssen. So ist der Händler gefragter denn je. Leider werden objektive Informationen und Interpretationen (sofern es diese überhaupt gibt) nicht mehr verlangt, sondern man handelt nur noch „aus dem Bauch" heraus. Man könnte meinen, der Erfolgverwöhnte versuche zwanghaft, das Gefühl von Freude und Anerkennung möglichst häufig zu wiederholen. Das gesteigerte Selbstbewusstsein verführt dazu, nunmehr größere Positionen im Vergleich zu früher einzugehen, da entsprechende Gewinne vorhanden sind, die möglichst schnell vermehrt werden sollen. Man rechnet schon einmal im Geiste den Profit für den laufenden Monat hoch – Verluste gibt es nicht, und wenn, hält man sie sowieso klein. Das hat man sich zumindest vorgenommen. Man wird gierig. Nach höheren Gewinnen und nach Anerkennung.

Drei Engagements – drei Treffer. Die Woche hat gut begonnen. Die Handelsvolumina werden abermals gesteigert, denn eine derartige „Serie" hat man nicht oft. Auch wenn es bei diesem Mal nicht gleich so gut läuft – „der Euro wollte am Anfang gar nicht in meine Richtung" – unter dem Strich bleibt ein Gewinn, der vielleicht genauso hoch wie der letzte war – allerdings wurde der erste Gewinn noch mit einem niedrigeren Handelsvolumen, also mit weniger Risiko, erreicht. Dieser kleine Schönheitsfehler wird allerdings tunlichst verschwiegen, wenn nicht verdrängt, denn es zählt einzig und allein der Erfolg. Es beginnt eine Phase des Wohlbefindens und der gesteigerten Lebensfreude, die man als Euphorie bezeichnet.

Ja, fast können einem die ständigen Anrufe von Freunden und Kollegen auf die Nerven gehen, denn die Geschichte von der eigenen „goldenen Hand" spricht sich schnell herum. Mitunter, sofern man zur Selbstdarstellung neigt, sorgt man sogar selbst dafür, dass der eigene Name bekannt wird. Eine Legende entsteht und hält sich mitunter hartnäckig, obwohl wir alle wissen, dass eine derartige Glückssträhne nicht ewig währt.

Die Gefühlsstadien Hoffnung, Freude, Gier und Euphorie, wie sie bei vielen erfolgreichen Marktteilnehmern vorkommen, verzerren, je nach erlebter Intensität, den Blick für die Realität. Die für das Engagement positiven Informationen werden oft stark vergrößert wahrgenommen, während bedrohliche Marktveränderungen kaum das Bewusstsein des Händlers erreichen. Im besten Falle führen unerwartete, für die Position des Händlers negative Ereignisse zu einer Glattstellung, sprich: Gewinnmitnahme. Dafür hat jeder Verständnis, denn „am Gewinnmitnehmen ist noch niemand gestorben".

Sich positiv entwickelnde Engagements sind mitnichten ein Problem. Anders sieht die Sache allerdings aus – und dies ist weit häufiger der Fall – wenn sich Positionen nicht gleich so entwickeln, wie sie eigentlich sollten. Auch hier steht am Anfang die Hoffnung. Und der Glaube an die Richtigkeit der gefällten Entscheidung. So wird der Händler auf kleinere Kursverluste zunächst nicht reagieren. Geringe Zweifel werden alsbald durch Rücksprache beim Kollegen, der häufig allein schon aus Rücksichtnahme nicht widersprechen mag, fortgewischt.

Die Kurse entwickeln sich schrittweise, aber stetig in die falsche Richtung. Die Hoffnung schwindet, und stattdessen machen sich erste Anzeichen von Angst bemerkbar, ein „...Lebensgefühl, dessen besonderes Kennzeichen die Aufhebung der willensmäßigen und verstandesmäßigen 'Steuerung' der Persönlichkeit ist..." (vgl. Dorsch 1994, S. 35). Man fängt an, nochmals die fundamentale Situation der gehandelten Währung genauestens zu untersuchen; auch die Technische Analyse hat keine verdächtigen Signale gegeben. In Gesprächen mit Freunden versichert man einander wechselweise, was jeder ohnehin schon wusste. Nur der Markt denkt offensichtlich anders. Zumindest verhält er sich so. Die Gespräche gleichen zunehmend Monologen, da man nicht bereit ist, gerade jetzt, wo der Verlust am größten ist, diesen zu realisieren. Mit der Glattstellung der Position lässt man sich Zeit, denn wer möchte schon sein Gesicht verlieren?

Vor allem bei Marktteilnehmern, die aufgrund einer vorausgegangenen Erfolgsserie eine recht hohe Position eingegangen sind, wirkt sich die Angstphase fatal aus. Man begreift in einem Zustand von Gier oder gar Euphorie überhaupt nicht, was vor sich geht. Die Überzeugung, auch dieses Mal recht zu behalten, vernebelt vollends den Sinn für die tatsächlichen Marktgeschehnisse. Natürlich schiebt sich auch hier langsam die Angst in den Vordergrund. Eine lähmende Angst.

Während der Angstphase verändert sich die Wahrnehmung des Händlers. So verdrängt er alle ungünstigen Nachrichten und Informationen, während er gleichzeitig die Bedeutung positiver Meldungen überbewertet. Wenn dann tatsächlich die Kurse zu einer leichten Gegenbewegung ansetzen, die den drohenden Verlust vorübergehend zu verringern scheint, schlägt die Angst sofort wieder in Hoffnung um. Manchmal wird dieser Gefühlszustand als derart ermutigend empfunden, dass man geneigt ist, den Einstandspreis durch Hinzukaufen zu den nun günstigeren Kursen zu „verbilligen". Die Angst, an die man sich im Laufe der Zeit schon gewöhnt hat, wird gar nicht mehr wahrgenommen, da die menschliche Psyche dazu neigt, dauerhafte Reize zu überspielen. Es ist sogar möglich, dass Angst kompensiert wird und sich in ihr Gegenteil verkehrt: in (Über)mut.

Meist verläuft vor allem das zuletzt genannte „Hinzumischen" nicht vorteilhaft, da der Markt tatsächlich nur eine kleine Korrektur der vorherigen, vielleicht etwas überzogenen Bewegung vorgenommen hat. Trotzdem soll es bisweilen vorgekommen sein, dass derartige Positionen einen glimpflichen Verlauf genommen haben, sofern die Kursentwicklung tatsächlich noch einmal den nunmehr „verbesserten" Einstandspreis des Händlers erreicht, der dann froh ist, mit blauem Auge davongekommen zu sein. Auf der psychischen Ebene ist zumindest eines vermieden worden: der (Gesichts)verlust.

Objektiv betrachtet ist das Hinzumischen eines neuen Engagements nichts anderes als das Eingehen einer neuen Position neben einer bereits bestehenden, deren Verlust durch diese Verhaltensweise keineswegs verringert wird. Auch für die menschliche Psyche entsteht nur vordergründig eine Erleichterung – im Gegenteil: Entwickeln sich die Kurse erneut gegen das Engagement, erhöhen sich Druck und Stress des Händlers, da er nunmehr noch mehr unter Erfolgszwang steht – er hat gewissermaßen bei doppelter Positionshöhe die doppelte Belastung und wird erleben müssen, wie sich Angst schnell in Panik verwandeln kann, einen Zustand des plötzlichen heftigen Erschreckens und der Kopflosigkeit.

Während sich ein Akteur mit kleinerer Position vermutlich während der Angstphase schon von dieser, wenn auch meist zu spät, getrennt hat, wird ein Marktteilnehmer mit hohem Einsatz während der Panikphase zunächst kaum reagieren können; dies gilt besonders für den Akteur, der zuvor besonders erfolgreich und womöglich entsprechend euphorisch war. Er ist paralysiert und kann den Markt nicht verstehen, ja, er ist fast still geworden. Auch zu den Freunden und Kollegen besteht kaum mehr Kontakt, da diese ihn nicht anzusprechen wagen. Die Augen sind nur noch auf den Kursmonitor fixiert. Der Punkt, an dem es keinerlei Hoffnung mehr gibt, ist erreicht.

Plötzlich ist es dann soweit: Das gesamte Engagement wird mit einem Schlag glattgestellt – der psychische Druck beziehungsweise der Schmerz des möglichen Scheiterns und der Ausweglosigkeit ist zu groß geworden, so stark, dass er eine Verzweiflungstat ausgelöst hat.

Innerhalb der nächsten Stunden wird sich der Betreffende erst einmal „erholen" müssen. Die Fehler werden sorgfältig analysiert, oft werden Schuldige gesucht und auch gefunden. Meist ist es dann eine Information oder ein Gerücht oder die falsche Meinung eines anderen, welche einen in die Irre geführt haben. Natürlich wird man sich das nächste Mal besser informieren und auf bestimmte Leute nicht mehr hören. Vor allem aber: Zunächst ist erst einmal eine „Auszeit" vonnöten. Später wird man dann zunächst mit einer kleinen Position vorsichtig wieder zu handeln anfangen und erst nach wiedergewonnener Sicherheit zu größeren „Taten" schreiten. Ein neuer Zyklus kann beginnen.

Gelangt man zu einer abschließenden Bewertung der verschiedenen emotionalen Stadien, die während Gewinn- und Verlustzyklen entstehen können, so sind die jeweiligen Extremzustände, selbst auf der positiven Seite, nicht ungefährlich. Bereits direkt nach Eingehen einer Position findet eine veränderte Informationsverarbeitung statt. War sie vorher vielleicht noch einigermaßen „objektiv", so wird sie mit stärkeren Emotionen zu einer verzerrten Sicht der neuen Daten und Meldungen führen. Der Akteur erblindet zunehmend gegenüber allen dem Engagement zuwiderlaufenden Nachrichten und Gerüchten, während positive Informationen zunächst stark vergrößert wahrgenommen werden. Dies trifft bereits für die Hoffnungsphase zu.

Sind Freude oder Angst im Spiel, findet eine stärkere Filterung der Informationen statt. Bei „Freude" liegen die Dinge grundsätzlich besser, da man sich im Zweifel immer noch mit einem Gewinn aus dem Markt zurückziehen kann. Selbst wenn man bei weitem vielleicht nicht das erreicht hat, was man hätte erlangen können, bleibt immer noch der Trost, gewonnen zu haben, wenn auch nicht immer genug, um mögliche spätere Verluste besser abfedern zu können. Das Fatale an der Angst ist hingegen, dass sich die eigentliche Dauer der Angstphase mit jedem Intermezzo von Hoffnung verlängern wird, da kleine Hoffnungsschimmer oft genauso stark wie die ganze davor erlebte Angst wirken, manchmal werden sie sogar noch intensiver erlebt.

In einer Stimmung, die von Gier oder Panik beherrscht wird, haben Informationen kaum mehr eine Bedeutung. Denn zum einen bildet man sich ein, dass man sowieso recht behalten wird – komme was wolle (Gier), oder aber man ist durch die Panik vollends paralysiert. Bei den Extremzuständen Euphorie und Verzweiflung spielen Informationen überhaupt keine Rolle mehr, da man sich entweder für unbesiegbar hält oder schlicht am Ende ist.

~~~

Es muss noch einmal betont werden, dass es sich bei der bisherigen Geschichte um eine reine Beschreibung von Emotionen handelt, wie sie von jedem Marktteilnehmer, ja, von jedem Menschen, der täglich mit Geld arbeitet, einmal erlebt worden sein könnte. Manch einer wird sagen: „Das habe ich ja immer schon gewusst“ oder „Das ist ja schön und gut mit den Emotionen, aber sie sind ja überhaupt nicht messbar – jeder Mensch ist anders...“

Nun gut, jeder Mensch mag anders sein. Dies soll nicht bestritten werden und es ist auch gut so. Dennoch gibt es eine Vielzahl von ganz typischen und immer wieder zu beobachtenden Verhaltensmustern, die zumindest in der Tendenz bei allen Marktteilnehmern zu beobachten sind. Ein Marktteilnehmer mag zum Beispiel durch seine ausgeprägte Angst schneller in Panikreaktionen verfallen als einer mit starken Nerven. Aber auch ein starkes Nervengerüst ist keine 100-prozentige Garantie, dass es nicht doch einmal zu einer Panikreaktion kommt. Der Gefahr, in bestimmten Situationen durch Stress nicht mehr rational zu entscheiden, unterliegt im Grunde jeder. Dies gilt in gleicher Weise für die vielen anderen Verhaltensweisen, die in diesem Buch systematisch behandelt werden. Es gibt immer bestimmte Abweichungen von rationalem Verhalten, die für jeden relevant sein können, einmal mehr, einmal weniger.

Die systematische Analyse aller Verhaltensweisen, die man als nicht rational einstufen kann, beginnt mit dem Kapitel 3 in diesem Buch. Wenn man jedoch systematische Abirrungen vom vernünftigen Verhalten darstellen und untersuchen will, muss vorher klargestellt sein, was denn überhaupt rationales Verhalten genau ist. Worin zeigt sich denn Rationalität? Wie kann man Vernunft definieren? Hierauf soll zunächst im nächsten Abschnitt eingegangen werden, in dem wir das Vorgehen eines bis ins letzte kühlen und rationalen Marktteilnehmers beschreiben.
~~~

# 2 Die Maximierung des Erwartungsnutzens – Kopfrechnen mit Ernst Kaltherz

In der ökonomischen Forschung und Lehre gibt es das Bild des „homo oeconomicus". Hierbei handelt es sich um das Idealbild eines durch und durch rational (= vernünftig) denkenden und handelnden Individuums, das wir im Folgenden Ernst Kaltherz nennen wollen. Viele Theorien bauen auf diesem Idealbild auf, aber auch einige praktische Empfehlungen, zum Beispiel für optimale Portefeuille-Zusammensetzungen, unterstellen die Rationalität eines Ernst Kaltherz, und zwar nicht nur für einzelne Marktteilnehmer, sondern streng genommen für alle (Markowitz 1952, 1959; Sharpe 1970).

Was genau steckt jedoch hinter der Rationalität des Ernst Kaltherz? Eine eindeutige Beantwortung dieser Frage ist sehr schwierig, zumal ein Blick auf die einschlägige Literatur schnell deutlich werden lässt, dass zu dieser Fragestellung allein ein ganzes Buch geschrieben werden könnte (z. B. Kirchgässner 1991; Rescher 1993). Im ökonomischen Kontext – und nur in diesem Zusammenhang soll Ernst Kaltherz hier betrachtet werden – geht Rationalität unmittelbar einher mit einem ganz bestimmten Prinzip der Bewertung, und zwar mit der Maximierung des „Erwartungsnutzens". Dieses Prinzip gilt es im Folgenden erst einmal ganz allgemein zu erläutern.

## 2.1 Zur Rationalität gehört die „Maximierung des Erwartungsnutzens"

Ernst Kaltherz arbeitet stetig daran, seine ökonomische Lage zu verbessern. Bei jeder Entscheidung, die ansteht, wählt er die Alternative, die ihm den höchsten Vorteil bringt. Nahezu alle Entscheidungssituationen bergen jedoch Unsicherheiten in sich. Dies gilt natürlich insbesondere in Finanzmärkten, denn hier werden gerade diese Unsicherheiten gehandelt. Die Frage, wer welches Risiko und die damit verbundene Chance übernimmt, ist letztlich genau die Frage, wer welches Wertpapier kauft. Eine

Konsequenz dieser zwangsläufigen Unsicherheit ist die, dass Herr Kaltherz regelmäßig nicht den genauen Vorteil abschätzen kann, der sich als Folge einer Entscheidung ergibt. Um zu einer rationalen Entscheidung zu gelangen, ist er somit gezwungen, sich Gedanken über Wahrscheinlichkeiten zu machen und diese in seine Überlegungen ganz konkret einfließen zu lassen.

Wie aber berücksichtigt man Wahrscheinlichkeiten auf eine vernünftige Weise? Ein allgemein anerkanntes Prinzip der Berücksichtigung von Wahrscheinlichkeiten bietet die Berechnung des Erwartungswertes. Der Erwartungswert einer Alternative ergibt sich, wenn man alle möglichen Konsequenzen dieser Alternative mit ihren Wahrscheinlichkeiten multipliziert und dann alles addiert. Es ist dann vernünftig, die Alternative mit dem höchsten Erwartungswert zu wählen. Dieses Vorgehen soll zunächst an einem Beispiel verdeutlicht werden.

Angenommen, Ernst Kaltherz könnte zwischen zwei Alternativen wählen. Die erste Wahlmöglichkeit ist ein Münzwurfspiel, in dem er bei Kopf 500 DM erhält und bei Zahl 200 DM bezahlen muss. Die zweite Alternative beschreibt eine Wette, bei der er 200 DM erhält, wenn sein Fußballclub am nächsten Sonntag gewinnt, und 100 DM verliert, wenn es nur zum Unentschieden oder gar zur Niederlage kommt. Um sich rational entscheiden zu können, schätzt er zunächst die Wahrscheinlichkeiten ab.

Beim Münzwurf ist die Sache klar, hier gewinnt er mit 50-prozentiger Wahrscheinlichkeit. Wie wahrscheinlich der Sieg seines Fußballvereins ist, ist dagegen nicht offensichtlich. Da er großes Vertrauen in die Mannschaft hat und der Gegner in der Vergangenheit nicht gerade glänzte, kommt er nach einigen Überlegungen auf einen Wert von 80% Wahrscheinlichkeit für den Sieg. Er rechnet nun die Erwartungswerte wie folgt:

| | |
|---|---|
| Glücksspiel mit Münzwurf: | 50% • 500 DM + 50% • (-200 DM) = 150 DM |
| Wette auf Sieg der Fußballmannschaft: | 80% • 200 DM + 20% • (-100 DM) = 140 DM |

Demnach hat das Glücksspiel mit dem Münzwurf einen höheren Erwartungswert als die Wette auf den Sieg der Fußballmannschaft und wird als rationale Entscheidung gewählt.

Dieses Beispiel veranschaulicht das Grundprinzip der Maximierung des Erwartungswertes, aber noch nicht das Erwartungsnutzenprinzip, wie es in der Überschrift angekündigt wurde. Zwischen diesen beiden Prinzipien besteht nämlich noch ein kleiner aber feiner Unterschied, der im Folgenden anhand des sogenannten St. Petersburger Spiels (Bernoulli 1738, 1954) verdeutlicht werden soll.

Beim St. Petersburger Spiel wird eine Münze geworfen. Falls Zahl erscheint, hat der Teilnehmer 2 DM gewonnen, und das Spiel ist zu Ende. Falls Kopf erscheint, wird erneut geworfen. Kommt es in diesem zweiten Münzwurf zu Zahl, erhält der Teilnehmer schon das Doppelte, nämlich 4 DM, und das Spiel ist zu Ende. Für den Fall aber, dass wieder Kopf erscheint, wird ein drittes Mal geworfen. Bei Zahl in diesem dritten Wurf wird der Gewinn erneut verdoppelt, das heißt, er beträgt nun schon 8 DM. Bei Kopf wird das Spiel wie beschrieben mit weiteren Verdoppelungen entsprechend fortgeführt. Das Spiel ist zu Ende, wenn Zahl erscheint. In diesem Spiel gewinnt der Teilnehmer also immer, lediglich die Gewinnhöhe ist unsicher. Die Wahrscheinlichkeit für einen Gewinn von 2 DM beträgt 50%, 4 DM gewinnt er mit einer Wahrscheinlichkeit von 25%, 8 DM mit 12,5% etc. Für den Erwartungswert dieses Spiels gilt somit:

$$\tfrac{1}{2} \cdot 2\ \text{DM} + \tfrac{1}{4} \cdot 4\ \text{DM} + \tfrac{1}{8} \cdot 8\ \text{DM} + \tfrac{1}{16} \cdot 16\ \text{DM} + \ldots =$$

$$1 + 1 + 1 + 1 + \ldots = \text{unendlich}$$

In logischer Konsequenz müsste der rationale Ernst Kaltherz, wenn er sich nach dem Erwartungswert in seinen Entscheidungen richtete, das St. Petersburger Spiel aufgrund seines unendlich großen Wertes jedem sicheren Geldgeschenk in beliebiger Höhe vorziehen. Herr Kaltherz würde somit zum Beispiel auf 1 Million DM oder sogar 1 Milliarde DM verzichten, nur um an diesem Spiel teilzunehmen. Niemand wird behaupten, dass eine solche Entscheidung auch bei noch so kaltem Herzen und kühlem Kopf vernünftig ist.

Diese alles andere als einleuchtende Überbewertung des St. Petersburger Spiels, wie sie aus der Erwartungswertberechnnung folgt, beruht im Wesentlichen auf der Vernachlässigung der Tatsache, dass der Nutzen, den man bei Erhalt zusätzlichen Geldes bekommt, immer geringer wird, je mehr Geld man erhält. Sicherlich würde man sich um einiges mehr freuen, wenn man 200 statt 100 DM gewänne. Bedeutet es auf der anderen Seite aber einen wirklich so großen Unterschied, ob man 100 Millionen oder 100 Millionen plus 100 DM gewinnt? Sicherlich nicht. Der Nutzen der zusätzlichen 100 DM ist beim zweiten Beispiel also weitaus niedriger als beim ersten. Genau hierin liegt nun die Ursache dafür, dass es vernünftiger ist, sich bei der Errechnung des Erwartungswertes nicht auf die Geldbeträge zu beziehen, sondern auf den Nutzen. Für Ernst Kaltherz bedeutet dies: Er wählt die Alternative, die für ihn den höchsten erwarteten Nutzen mit sich bringt. Dies ist das Prinzip der Maximierung des Erwartungsnutzens.

Ein weiterer Aspekt in der Bewertung des St. Petersburger Spiels, also auch in der Bewertung aller unsicheren Entscheidungsalternativen, liegt in der persönlichen Risikoeinstellung. Manche Menschen scheuen Risiken sehr stark, in einer unsicheren Situation fühlen sie sich unwohl, sie schlafen dann möglicherweise sehr schlecht oder gar nicht mehr. Andere freuen sich hingegen über ein bestimmtes Maß an Unsicherheit. Dies bringt etwas Reiz und Spannung in den ansonsten vielleicht eher langweiligen Alltag. Zum Teil ist die Risikofreude sogar so groß, dass Menschen in ein Spielkasino gehen und hierfür sogar bezahlen, obwohl sie statistisch immer zu den Verlierern gehören.

In der ökonomischen Fachliteratur wird Risikoscheu als rationale Eigenschaft angesehen, Risikofreude hingegen grundsätzlich nicht. Es wird also argumentiert, dass es als vernünftig einzustufen ist, Risiko in gewissem Maße immer negativ zu bewerten. Diese Auffassung ist nicht ganz unproblematisch. Wir werden hierauf jedoch erst im Kapitel 5 näher eingehen können, wenn ein gewisses Verständnis einiger bis jetzt noch nicht angesprochener Sachverhalte vorliegt.

Fassen wir zusammen: Ernst Kaltherz maximiert mit jeder Entscheidung den Erwartungswert seines persönlichen Nutzens. Gleichwohl nimmt der Nutzen der Geldbeträge mit zunehmender Höhe ab. Daneben muss gegebenenfalls auch noch eine bestimmte Risikoeinstellung des Ernst Kaltherz berücksichtigt werden. Wie schafft er es, dies alles in seinem Entscheidungskalkül zu berücksichtigen? Wie geht er vor?

Ganz einfach: Ernst Kaltherz ermittelt eine sogenannte Nutzenfunktion, die jedem Geldbetrag einen bestimmten „Nutzenwert“ zuweist, der wiederum auf einer abstrakten normierten Skala zwischen 0 und 1 liegt.

Ein Beispiel für eine solche Nutzenfunktion, die im Folgenden mit u (vom englischen Begriff „utility“) bezeichnet wird, für Vermögensänderungen zwischen -200 DM und +500 DM zeigt die Abbildung 2-1.

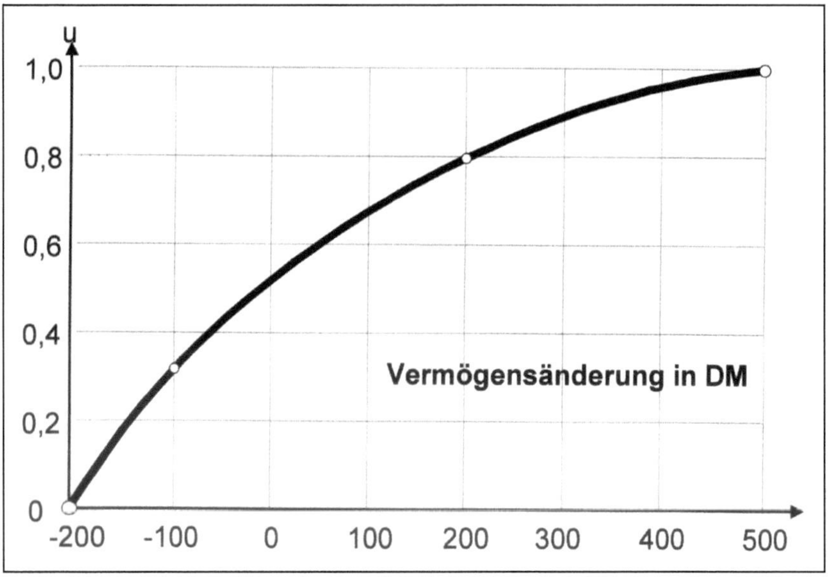


Abbildung 2-1: Beispiel einer Nutzenfunktion

Mit den in der Abbildung gegebenen Werten ergeben sich folgende Nutzenerwartungswerte für die beiden oben genannten Alternativen:

| | |
|---|---|
| Glücksspiel mit Münzwurf: | 50% • u(500 DM) + 50% • u(–200 DM) = |
| | 50% • 1 + 50% • 0 = 0,5 |
| Wette auf Sieg der Fußballmannschaft: | 80% • u(200 DM) + 20% • u(–100 DM) = |
| | 80% • 0,8 + 20% • 0,3 = 0,7 |

Man sieht, dass mit dieser Nutzenbetrachtung plötzlich die Fußball-Wette höher bewertet wird. Die zu beobachtende Rangumkehr kann in einem abnehmenden Grenznutzen und/oder in der Risikoeinstellung des Ernst Kaltherz begründet sein. Dies soll an dieser Stelle ebenso wenig interessieren wie die Frage, wie Ernst Kaltherz genau an diese Nutzenfunktion kommt. Zum Verständnis genügt es, wenn man sich vorstellt, dass die Rationalität des Ernst Kaltherz ihn befähigt, eine solche Funktion zu spezifizieren, mit der er problematische Entscheidungssituationen bewältigen kann.

## 2.2 Was bedeutet Rationalität darüber hinaus?

Ernst Kaltherz ermittelt also Wahrscheinlichkeiten, berechnet für jede Alternative den erwarteten Nutzen und wählt die Alternative, die den höchsten Nutzenerwartungswert hat. Ist dies jedoch alles? Nein, zu einer absoluten Rationalität im Sinne des homo oeconomicus zählen noch drei zusätzliche Bedingungen: Vollständige und ausgewogene Informiertheit, keine emotional begründeten Bewertungsverzerrungen und Stabilität der Nutzenfunktion. Auf diese drei Bedingungen soll im Folgenden etwas genauer eingegangen werden.

Vollständige und ausgewogene Informiertheit: Ernst Kaltherz zeigt ein unbegrenztes Interesse an allen, für seine Entscheidung relevanten Informationen. Schließlich benötigt er diese, um verlässlich die Wahrscheinlichkeiten für den finanziellen Erfolg seiner Entscheidung ermitteln zu können. Schon ein einziger vernachlässigter Aspekt könnte seinen späteren Nutzen reduzieren. Er blockt also keine Informationen ab und nimmt – im Gegensatz zu dem Devisenhändler aus dem letzten Abschnitt – alles, was er wissen muss, unverzerrt und vollständig auf. Hierbei vernachlässigt er beispielsweise auch keine Neuigkeiten, die ihm nicht „in den Kram“ passen. Diese Informationen sind nämlich genauso wichtig wie die anderen, günstigeren, und das weiß Ernst Kaltherz genau. Er verhält sich bei der Auswertung der Informationen so exakt, sorgfältig und logisch wie ein leistungsfähiger Computer.

Keine emotionalen Bewertungsverzerrungen: Herr Kaltherz hat seinen Namen nicht umsonst. In der kühlen und sorgfältigen Weise, wie er sich Informationen verschafft und verarbeitet, nimmt er auch seine Bewertungen und Entscheidungen vor. Ihm ist klar, dass das Handeln von Menschen allzu häufig von Motiven geleitet wird, die sich nur psychologisch erklären lassen und die ökonomischem Handeln entgegenstehen. Deshalb hat er es geschafft, sich von solchen Beweggründen wie Freude, Gier, Angst, Panik, Kontrollwünschen und Selbstbestätigung etc. nicht länger leiten zu lassen. Ernst Kaltherz ist gefühllos.

Stabilität der Nutzenfunktion: Zur Erklärung dieser letzten Rationalitätsbedingung muss etwas weiter ausgeholt werden. Im letzten Abschnitt wurde dargestellt, dass Ernst Kaltherz in jeder Situation auf seine Nutzenfunktion zurückgreift und die Nutzenerwartungswerte für alle Alternativen berechnet, wobei er sich auf die Vermögensänderungen relativ zu seinem aktuellen Vermögen bezieht. Nach einer Entscheidung verändert sich jedoch regelmäßig sein Vermögen. Häufig wird das Vermögen steigen, denn Ernst Kaltherz hat sich ja eingehend und sorgfältig informiert und anschließend stets vernünftige Entscheidungen getroffen. Aber selbst Ernst Kaltherz kann mit einer rationalen Entscheidung auch einmal Pech haben. Denn Rationalität bedeutet nicht, dass sich immer ein Gewinn ergibt.

Um es noch einmal zusammenzufassen: In der Art und Weise, wie bisher das Konzept der Nutzenfunktion erläutert wurde, bezieht sie sich immer auf Veränderungen zum aktuellen Vermögen. Ist es aber möglich, in der Berechnung von Nutzenerwartungswerten immer auf ein und dieselbe Nutzenfunktion zurückzugreifen, unabhängig von der Vermögensposition, in der man sich befindet? Dies geht aus folgendem Grunde nicht: Mit der Vermögensposition ändert sich nämlich auch die Bewertung des Nutzens von Vermögensänderungen. So wurde weiter oben schon dargestellt, dass der Nutzen aus einem bestimmten Vermögenszuwachs bei einem aktuell niedrigen Vermögen größer ist als bei einem sehr hohen. Auch mag die Risikoeinstellung jedes einzelnen davon abhängen, ob ein geringes oder hohes Vermögen vorhanden ist. Ernst Kaltherz muss dies bei seinem Vorgehen berücksichtigen, indem er eine zur aktuellen Vermögensanlage entsprechend passende Nutzenfunktion wählt.

Dies macht er wie folgt: Er wird, sobald seine erste ökonomische Entscheidung ansteht, zunächst seine Nutzenfunktion über ein so großes Intervall ermitteln, dass alle theoretisch erreichbaren, zukünftigen Vermögenspositionen enthalten sind. Hierbei wird er sich im Voraus alle möglichen Situationen mit viel beziehungsweise wenig Vermögen vorstellen, damit er klare Präferenzaussagen treffen kann, die für die Folgezeit Gültigkeit behalten. Seine Präferenzen sind zeitstabil, insbesondere ändert er auch dann nicht die Bewertung des späteren absoluten Vermögens, wenn er zwischenzeitlich schon einmal ein sehr hohes Vermögen erwirtschaftet hatte oder absolut verarmt war.

Hat er seine Nutzenfunktion festgelegt, so kann er sich in beliebigen Entscheidungssituationen immer das betreffende Segment der Nutzenfunktion in der Umgebung seines gerade aktuellen Vermögens herausnehmen und die Entscheidungssituationen damit analysieren. Abbildung 2-2 veranschaulicht diesen Sachverhalt.

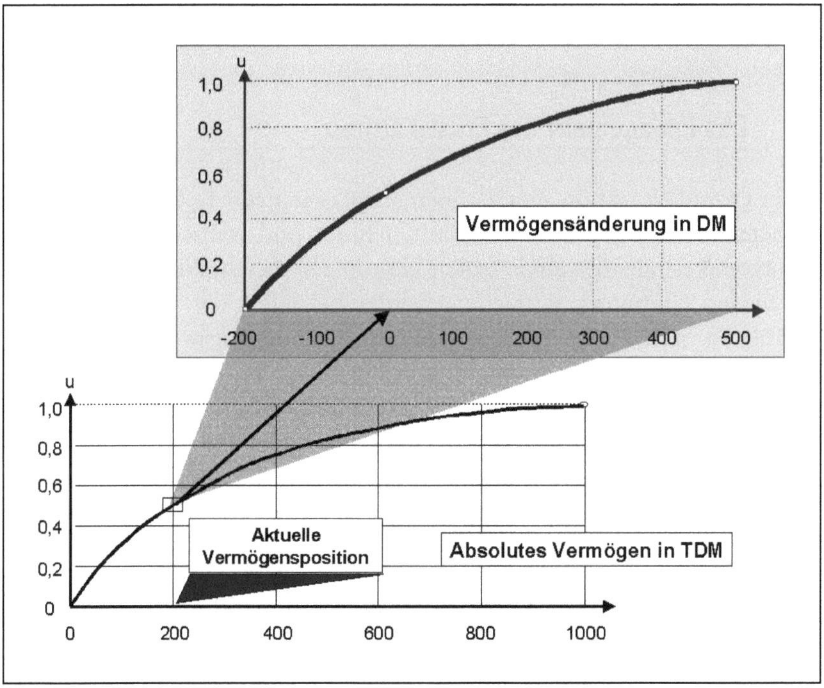


Abbildung 2-2: Ableitung einer situationsbezogenen Nutzenfunktion

In der Abbildung ist unten die Nutzenfunktion hinsichtlich des absoluten Vermögens von Kaltherz dargestellt. Geht man davon aus, dass das aktuelle Vermögen 200.000 DM beträgt und er sich in der oben dargestellten Entscheidungssituation befindet, also Geldbeträge zwischen -200 DM und 500 DM bewerten muss, kann er sich ausschließlich auf das entsprechende Segment der Nutzenfunktion beziehen.[1]

Ernst Kaltherz kann aber auch anders vorgehen, ohne auf ein anderes Ergebnis zu kommen. Er muss lediglich alle Alternativen derart formulieren, dass die Konsequenzen dieser Alternativen genau sein absolutes Gesamtvermögen darstellen. Er müsste sich also bei einem Vermögen von 200.000 DM ein Spiel, das mit 50% Wahrscheinlichkeit zu einem Gewinn von 500 DM und mit 50% Wahrscheinlichkeit zu einem Verlust von 200 DM führt, als Alternative definieren, die mit 50% zu einem Gesamtvermögen von 200.500 DM führt und mit 50% zu 199.800 DM. In dieser Sichtweise könnte er dann auf seine Nutzenfunktion zurückgreifen, die über das gesamte Intervall aller möglichen Vermögenspositionen geht.

## 2.3 Das Engagement des Ernst Kaltherz

Im Grunde ist schon alles darüber gesagt, wie Ernst Kaltherz bei seinen Engagements vorgeht. Er informiert sich vor und während des Engagements, wie es nur irgendwie gehen könnte. Hierbei arbeitet er so sorgfältig wie ein Computer. Permanent werden bezüglich der im Moment zur Verfügung stehenden Alternativen Nutzenerwartungswerte berechnet. Hierzu wird Ernst Kaltherz vermutlich tatsächlich einen Computer zur Unterstützung heranziehen, der mit seiner Nutzenfunktion programmiert ist. Errechnet der Computer, dass eine bestimmte Alternative den höchsten Nutzenerwartungswert bringt, setzt Kaltherz sie sofort in die Tat um. Schon analysiert der Computer wieder neue Alternativen mit den

[1] In der Abbildung ist das kleine Segment ebenso wie die Nutzenfunktion über das absolute Vermögen trotz des viel kleineren Intervalls auf Nutzenwerte zwischen 0 und 1 normiert. Dies ist möglich, weil immer nur interessiert, ob eine Alternative einen höheren (erwarteten) Nutzen als eine andere hat. Hierbei wird noch einmal klar: Die Werte einer Nutzenfunktion lassen sich in ihrer absoluten Höhe nicht interpretieren. Bei der Nutzenskala handelt es sich also um eine völlig abstrakte Skala, die beliebig positiv linear transformiert werden kann, ohne dass sich etwas an ihrer Interpretation ändert.

Informationen, die sich Ernst Kaltherz in der Zwischenzeit neu besorgt hat. Dieser Prozess läuft den ganzen Tag. Hierbei zeigt Ernst Kaltherz keine Freude oder Angst, egal ob er gewonnen oder verloren hat.

Diese Tätigkeit des Ernst Kaltherz erscheint für einen Beobachter sehr trist und einförmig. Da er sich aber zu keiner Zeit auch nur die geringste Unvernünftigkeit erlaubt, wird er damit zu einem höheren Gewinn kommen als der Devisenhändler aus dem letzten Abschnitt, der nicht immer so rational handelte. Gleichwohl ist auch Ernst Kaltherz zufälligen Einflüssen ausgeliefert. Sein Gewinn ist nicht sicher, sondern wie der des Devisenhändlers mit Risiko behaftet. Um es deshalb korrekt zu formulieren: Ernst Kaltherz wird zwar nicht in jeder Situation, jedoch im statistischen Durchschnitt zu einem höheren Gewinn kommen als der Devisenhändler.

Es ist jedoch fast überflüssig zu erwähnen, dass ein Mensch aus Fleisch und Blut sich nie so verhalten kann, wie Ernst Kaltherz in dieser Beschreibung. Allein die beschränkte Kapazität, mit der Menschen auf sie einströmende Informationen verarbeiten können, führt bereits dazu, dass sie stark vereinfacht denken und Entscheidungen vorbereiten können. Man weiß zum Beispiel, dass das menschliche Gehirn nur etwa sieben Informationseinheiten gleichzeitig bewältigen kann (Miller 1956). Wie soll es dann möglich sein, alle relevanten Informationen zu erfassen und korrekt zu verarbeiten? Menschen sind nun einmal keine Computer, vielmehr hat man sie als „kognitive Geizhälse“[2] zu betrachten (Fiske & Taylor 1991), die mit ihren beschränkten Kapazitäten, Informationen zu verarbeiten, sehr effizient umgehen müssen. Deshalb verwenden Menschen zur Bewältigung einer so hohen Komplexität, wie sie ihre Umwelt an sie heranträgt, vereinfachende Heuristiken. Als Heuristik bezeichnet man einen Mechanismus der Informationsverarbeitung, der mit geringem Aufwand zu einem schnellen Ergebnis kommt (z. B. Strack 1998 oder Anderson, J. R. 1996). Dass diese Methode nicht immer ein optimales Ergebnis garantiert, ist klar. Im folgenden Kapitel 3 werden einige dieser Heuristiken und die damit einhergehenden Probleme vorgestellt.

Im Kapitel 4 wird darauf eingegangen, warum Menschen nicht mit einer stabilen Nutzenfunktion kalkulieren. Denn ein entsprechendes Vorgehen würde bedeuten, dass sie ihre Situation auch tatsächlich absolut

---

[2] Unter Kognitionen werden Meinungen, Glaubensweisen, Wissenseinheiten bzw. etwas allgemeiner ausgedrückt Bewusstseinsprozesse verstanden (Frey & Gaska 1998).

bewerten und zwischenzeitliche Entwicklungen für sie irrelevant wären. Tatsächlich aber bewerten Menschen immer relativ, nie absolut. So freut man sich über ein zukünftiges Vermögen von 1 Million DM, wenn man vorher weniger hatte, und man ärgert sich darüber, wenn man vorher mehr hatte. Im Kapitel 4 wird gezeigt, welche Probleme sich aus dieser relativen Wahrnehmung und Bewertung ergeben können.

Wie bereits festgestellt, gibt es eine Reihe von rein psychisch bedingten Motiven, die einer vernünftigen Entscheidung entgegen stehen können. Menschen haben, solange sie nicht depressiv veranlagt sind, ein positives Selbstbild, dass sie in vielfältiger Form bestätigt sehen wollen. Beispielsweise ist es ihnen ein grundlegendes Bedürfnis, eine Situation unter Kontrolle zu haben und stets die richtigen Entscheidungen zu treffen. Ist dies einmal nicht gegeben, was durchaus vorkommen kann, bestimmen diese, jetzt unbefriedigt bleibenden Bedürfnisse das weitere Handeln. So verfallen bei einem sogenannten Kontrollverlust Menschen nicht selten in Panikaktionen, die jeglicher Vernunft widerstreiten. Sind hingegen falsche Entscheidungen getroffen worden, versuchen die meisten, diese dennoch in jedem Fall zu rechtfertigen, selbst wenn sie dafür hohe Kosten in Kauf nehmen müssen. Es ist leicht einzusehen, dass daraus schnell unvernünftige Verhaltensmuster resultieren können, wie im Kapitel 5 zu zeigen sein wird.

# III. DÄMME GEGEN DIE INFORMATIONSFLUT: Strategien zur Bewältigung schwieriger Sachverhalte

Selbst wenn der Mensch sich größte Mühe gäbe und ausreichend Zeit hätte, könnte er – vielleicht bis auf wenige Ausnahmen – reale Entscheidungssituationen aufgrund ihrer Komplexität nicht vollständig erfassen. Meist gibt es eine Vielzahl von Einflussfaktoren, die überdies einander auch noch wechselseitig bedingen und somit eine isolierte Betrachtung unmöglich erscheinen lassen. Auch bleiben Unsicherheiten im Hinblick auf die relevanten Einflussgrößen, deren Abhängigkeiten und Wirkungen. Wie wird ein Marktteilnehmer letztlich mit der permanent auf ihn einwirkenden Informationsflut fertig? Wie zieht er aus all diesen neuen Nachrichten und Ereignissen die richtigen Schlüsse und Urteile, die schließlich zu gewinnbringenden Engagements führen sollen, wenn man zudem berücksichtigt, dass kaum eine Entscheidungssituation zeitstabil ist? Was heute noch gilt, kann morgen schon längst überholt sein. Insbesondere in Devisen- und Aktienmärkten ist dies zu beobachten, wenn manchmal in Sekundenschnelle auf Informationen reagiert werden muss, also auch noch unter Zeitdruck. Er wird versuchen, die Informationsinhalte und ihren möglichen Einfluss auf das Handelsgeschehen so weit wie möglich zu vereinfachen.

Menschen müssen demnach mit ihren Ressourcen, die sie während eines Entscheidungsprozesses benötigen, effizient umgehen. Bereits im vorangehenden Kapitel war vom „kognitiven Geizhals“ die Rede, der zur Bewältigung der hohen Komplexität regelmäßig Heuristiken anwenden muss. Unter Heuristiken versteht man Regeln oder Strategien der Informationsverarbeitung, die mit geringem Aufwand zu einem schnellen, aber nicht garantiert optimalen Ergebnis kommen, kurz: Faustregeln. Heuristiken werden dann benutzt, wenn Menschen mit Informationen überflutet werden oder keine Zeit haben, diese eingehend zu verarbeiten, zumal man davon ausgehen muss, dass der Mensch bestenfalls sieben Informationseinheiten parallel verarbeiten kann. Heuristiken werden aber auch gerne verwandt, wenn ein Problem nicht besonders wichtig erscheint oder man bisher noch keine Erfahrung mit der Lösung einer bestimmten Problemstellung hatte (Aronson 1994). All dies trifft an den Finanzmärkten ganz besonders auf die kurzfristig orientierten Händler zu, die von allen Marktteilnehmern unter dem größten Zeit- und Leistungsdruck stehen. Sie sind meist nicht in der Lage, die Masse der ihnen zur Verfügung stehenden Informationen zu verarbeiten.

Heuristiken können bewusst und unbewusst angewendet werden. Der typische Fall einer bewussten Heuristik findet sich etwa bei einem Devisenhändler, der schnell auf neue Informationen reagieren muss. So übermitteln die Nachrichtenagenturen beispielsweise die amerikanischen Arbeitsmarktdaten immer in zwei Teilen, der Arbeitslosenquote und der sogenannten Nonfarm Payroll, womit die Zahl der neugeschaffenen Stellen im Nicht-Agrarbereich angegeben wird. Da überwiegend Konsens darüber besteht, dass von den beiden US-Arbeitsmarktdaten die Nonfarm Payroll die wichtigere ist, wird der Händler im Augenblick der Bekanntgabe lediglich dieses Datum berücksichtigen und möglicherweise entsprechende Positionen eingehen. Demnach wird im Sinne einer bewussten Heuristik die Arbeitslosenquote zunächst aus Zeitdruck vernachlässigt. Denn nach einer sorgfältigen Analyse beider Zahlen, wie sie eine fundierte Prognose eigentlich erforderte, wäre „der Zug schon abgefahren".

Dass bewusste Heuristiken Gefahren bergen und mitunter zu nicht hundertprozentig richtigen Erkenntnissen führen, ist dem Entscheider allerdings meist bekannt. So kann der Devisenhändler das Dilemma erleben, dass die Nonfarm Payroll deutlich andere Signale beinhaltet als die Arbeitslosenquote, so dass er möglicherweise in einen unangenehmen Zwiespalt wenn nicht gar eine Schieflage gerät. Demgegenüber sind die Folgen unbewusst ablaufender Heuristiken natürlich weit weniger transparent und bergen daher Risiken in sich, die sich durch eine nicht willentlich verzerrte Informationswahrnehmung und -verarbeitung ergeben. Demzufolge beziehen sich die folgenden Ausführungen auf die unbewusst ablaufenden (gefährlichen) Heuristiken.[1]

---

[1] Die wichtigsten Forschungsergebnisse finden sich in einem von Kahneman, Slovic & Tversky 1982 herausgegebenen Sammelband; einen guten Überblick verschafft auch Strack 1998.

Es lässt sich jedoch wohl kaum ein klarer Trennstrich zwischen bewussten und unbewussten Heuristiken ziehen. So können die Autoren aus eigener Erfahrung berichten, dass durch die zunehmende Beschäftigung mit dieser Materie die zuerst noch (für sie) unbewusst ablaufenden Prozesse mehr und mehr transparent wurden, bis sie letztlich schon fast bewusst wahrgenommen wurden. Und genau diesen Lernerfolg soll auch die Lektüre dieses Buchs vermitteln. Nur wer die Heuristiken, denen er unterliegt, erkennt, vermag auch die damit einhergehenden Verzerrungen bei der Informationswahrnehmung und -verarbeitung in gewisser Weise zu neutralisieren und somit künftig vernünftigere Entscheidungen zu treffen.

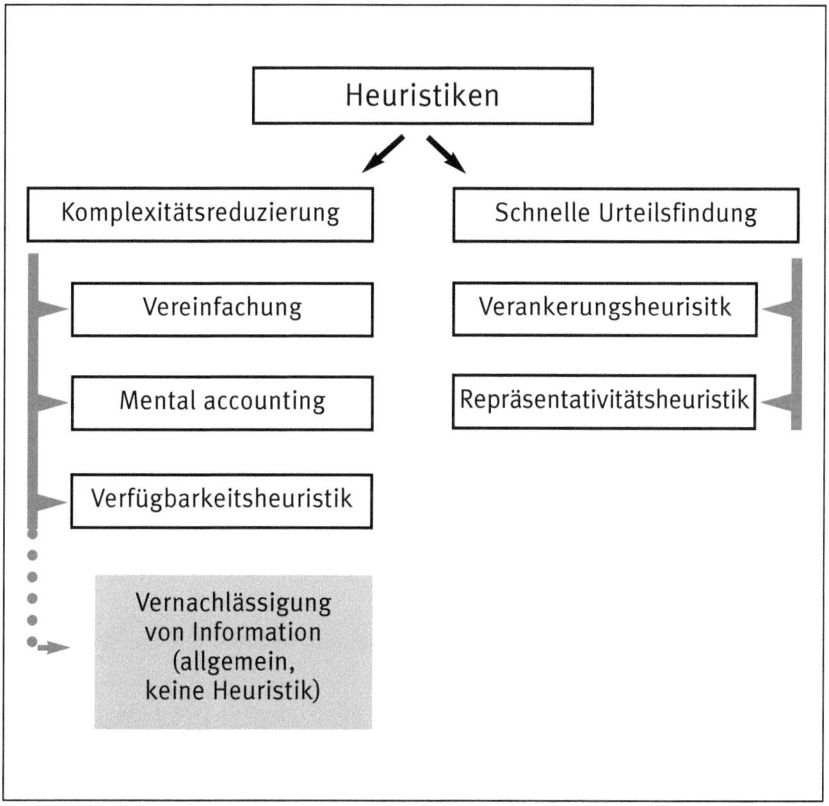


Abbildung 3-1: Überblick über die zu behandelnden Heuristiken

Menschen sind bei hoher Komplexität eines Entscheidungsproblems gezwungen, sich bei der Wahrnehmung auf das Wesentliche zu beschränken, das heißt die Vielschichtigkeit des Problems zu reduzieren. Hiermit beschäftigt sich der Abschnitt 2.1, in dem auf Heuristiken zur Vereinfachung, auf das sogenannte Mental accounting und auf die Verfügbarkeitsheuristik eingegangen wird. Ist die Komplexität des Entscheidungsproblems auf ein für den „kognitiven Geizhals" vertretbares Maß reduziert, gilt es, diese Information zu verarbeiten und möglichst schnell zu Urteilen zu gelangen, um eine Entscheidung treffen zu können. In dieser Phase des Entscheidungsprozesses werden die sogenannten Urteilsheuristiken wirksam, die im Abschnitt 2.2 dargestellt werden sollen. Hierzu zählen die Verankerungs- und die Repräsentativitätsheuristik.

# 1 Heuristiken zur Komplexitätsreduzierung

## 1.1 Vereinfachung von Sachverhalten

Ein erster Schritt, die Komplexität von Entscheidungssituationen zu verringern, besteht in deren Vereinfachung. Beispielsweise bereits darin, etwa krumme Beträge auf- oder abzurunden beziehungsweise geringe Unterschiede bei der Beurteilung von Informationen – soweit sie nicht offensichtlich von besonderer Bedeutung in der Entscheidungssituation sind – schlicht und einfach zu vernachlässigen (Kahneman & Tversky 1979).

Hierzu ein Beispiel: Der Teilnehmer an einem Spiel hat die Wahl zwischen einem sicheren Geldgewinn von 50 DM oder der Chance, mit einer Wahrscheinlichkeit von 49% einen Gewinn von 101 DM zu erhalten. Wie gestaltet er seine Überlegungen? Er konzentriert sich auf das Wesentliche und vereinfacht die Situation etwas: Der sichere Betrag ist aufgrund der runden Summe leicht zu verstehen und kognitiv zu verarbeiten. Der etwaige Gewinn ist demgegenüber noch zu kompliziert. Im

Grunde genommen handelt es sich aber um eine Situation, in der man mit ca. 50% Wahrscheinlichkeit 100 DM gewinnen kann. Genau diese leichte Modifikation wird der Teilnehmer vornehmen und anschließend beide Alternativen miteinander vergleichen.

In diesem Fall erscheint die Vereinfachung sinnvoll und unproblematisch. Interessant ist jedoch, dass durch eine so plausible Vereinfachung auch unvernünftige Entscheidungen getroffen werden können, wie das folgende Beispiel veranschaulicht.

Der Leiter einer Börsenabteilung benötigt zur Erweiterung seines Teams einen jungen, aufstrebenden Händler. Drei Bewerber kommen in die engere Wahl, und sie alle erwecken bei den Interviews einen sehr guten Eindruck. Es wird beschlossen, als Entscheidungskriterien die durchschnittliche Abiturnote und die Berufserfahrung der Bewerber heranzuziehen. Die Profile der Bewerber sehen wie folgt aus:

| | Abiturnote | Berufserfahrung |
|---|---|---|
| Bewerber A | 1,0 | 1 Jahr |
| Bewerber B | 1,5 | 3 Jahr |
| Bewerber C | 2,0 | 5 Jahr |

Man stelle sich nun vor, dass der Entscheider folgendermaßen bewertet: In einem direkten Vergleich zwischen Bewerber A und B zieht er Bewerber B vor, weil er eine deutlich längere Berufserfahrung hat und sich die Abiturnoten kaum unterscheiden. In gleicher Weise wählt er im direkten Vergleich zwischen Bewerber B und C letzteren aus. Aufgrund des jeweils geringen Unterschieds in der Abiturnote wird dieses Kriterium de facto in diesen zwei Vergleichen zur Vereinfachung vernachlässigt. Stellt er jedoch Bewerber A und C gegenüber, so liegen die Abiturnoten schon so weit auseinander, dass der Leiter trotz dessen geringerer Berufserfahrung Bewerber A wählt. Fasst man die Situation zusammen, zeigt sich A schlechter als B, B schlechter als C und C schlechter als A. So bleibt offen, wer denn nun eigentlich eingestellt werden soll.

Deutlich wurde außerdem, dass die Vernachlässigung geringer Unterschiede Entscheidungssituationen zwar vereinfacht und auch deren kognitive Bewältigung erleichtert, unachtsames Vorgehen hierbei aber durchaus vernünftigen Entscheidungen entgegenstehen kann.

## 1.2 Geistige Konten (Mental accounting)

Komplexität lässt sich natürlich auch auf andere Weise verringern. Beispielsweise, indem man mögliche Abhängigkeiten zwischen den einzelnen in Frage kommenden Engagements und Projekten vernachlässigt. Unter dem Begriff „Projekte" versteht man hierbei jegliche Art beruflicher oder privater Engagements, wie beispielsweise „Kauf einer Aktie X", „Kauf einer Aktie Y", „Investition in eine bestimmte Immobilie", aber auch „Besuch eines Konzerts", etc. In diesem Zusammenhang ist der Begriff des „mental account" entstanden (Tversky & Kahneman 1981). Menschen haben demzufolge nicht etwa die Gesamtheit aller Projekte und deren Folgen im Kopf, sondern führen für jedes Vorhaben sozusagen ein gesondertes geistiges, mentales Konto. In seinen Überlegungen konzentriert sich der Mensch zu einem Zeitpunkt jeweils nur auf ein Konto, Abhängigkeiten zu anderen Engagements oder Konten werden weitgehend ignoriert.

Diese Form der Komplexitätsreduzierung ist sicherlich wirkungsvoll, wenngleich nicht unproblematisch. Die allgemeine Wirkungsweise des Mental accounting soll zunächst an einem Beispiel verdeutlicht werden:

---

S i t u a t i o n A: Sie haben eine Eintrittskarte für ein Konzert zum Preis von 150 DM erworben. Vor dem Konzerthaus angekommen, bemerken Sie, dass Sie Ihre Karte verloren haben. An der Abendkasse gibt es noch Karten derselben Preiskategorie. Kaufen Sie eine neue Karte?

S i t u a t i o n B: Sie haben sich an der Abendkasse eine Eintrittskarte für 150 DM reservieren lassen. Dort angekommen, stellen Sie fest, dass Sie 150 DM aus Ihrem Portemonnaie verloren haben. Kaufen Sie die Karte, wenn Sie noch genügend Geld dabei haben?

---

Rein ökonomisch betrachtet sind beide Fälle identisch. In beiden Situationen stellen Sie an der Abendkasse einen Verlust in Höhe von 150 DM fest und müssen sich nun entscheiden, ob Sie erneut einen Betrag von 150 DM aufwenden, um das Konzert zu hören, oder nach

Hause gehen. Empirische Untersuchungen (Tversky & Kahneman 1981) belegen, dass die Mehrheit der Befragten im ersten Fall von einem Konzertbesuch absieht, im zweiten Fall jedoch die reservierten Konzertkarten einlöst.

Diese Verhaltensinkonsistenz lässt sich leicht erklären: Die Entscheider führen in beiden Situationen mentale Konten, nämlich ein „Konzertkonto" und ein „sonstiges Geldkonto". Durch den Besuch des Konzertes erhält man einen positiven Wert durch Freude, Unterhaltung, Kunstgenuss etc., der auf dem Konzertkonto (während des Konzerts) verbucht wird. Diesem Wert steht der Preis der Konzertkarte entgegen. In der ersten Situation ist dieser Preis schon auf dem Konzertkonto verbucht, wenn man an der Abendkasse steht. Der Kauf einer zweiten Karte würde dieses Konto weiter belasten, so dass der Konzertbesuch plötzlich mit Kosten von 300 DM zu Buche schlüge. Manch einem mag dies zuviel für ein Konzert erscheinen, woher sich die Kaufzurückhaltung bei den Befragten erklären ließe.

In der zweiten Situation wurde indes der Verlust der 150 DM auf einem anderen Konto, dem Geldkonto, verbucht. Diese Verringerung des Kontostands mag zwar ärgerlich sein, doch hat sie keinen Einfluss auf das mentale Guthaben des Konzertkontos. Warum sollte man in der zweiten Situation also nicht in das Konzert gehen? Man erkennt an diesem Beispiel, dass durch das separate Führen zweier Konten ohne Berücksichtigung von Abhängigkeiten das Entscheidungsverhalten in einer ökonomisch eindeutigen Situation beeinflussbar wird.

Wieso ist aber die durch das Mental accounting erreichte Komplexitätsreduzierung insbesondere in Finanzmärkten so problematisch? Man stelle sich beispielsweise vor, Unternehmen A stellt Badeartikel her, Unternehmen B Regenbekleidung. Beide Unternehmen sind jung, arbeiten höchst effizient und innovativ, so dass ein Aktienengagement sehr lukrativ erscheint. Die Gewinnsituation beider Unternehmen hängt jedoch leider ganz erheblich vom Wetter ab. Bei schönem Wetter wird das Unternehmen A glänzende Gewinne abwerfen, das Unternehmen B dagegen Verluste schreiben, auch wenn diese dank eines effizienten Managements nur gering ausfallen. Bei schlechtem Wetter kehrt sich die Situation um.

Bewertet man im Sinne des Mental accounting ein Engagement in Aktien des Unternehmens A isoliert vom Kauf der Aktien des Unternehmens B, so mag man sich möglicherweise aufgrund des jeweils hohen Risikos dazu entschließen, mit dem Geld doch lieber etwas anderes anzufangen. Beide Anlagen sind für sich gesehen jeweils zu risikoreich. Berücksichtigt man jedoch den gegenseitigen Einfluss des Unsicherheitsfaktors Wetter, wird eine Kombination beider Aktien zu einer lukrativen und zugleich sicheren Anlage. Eine Vernachlässigung der (Risiko-)Abhängigkeiten kann demnach zur Folge haben, dass Risiken falsch bewertet werden und so Gewinnchancen ungenutzt bleiben.

Tatsächlich führt Mental accounting aber noch zu wesentlich weitergehenden Konsequenzen für das Entscheidungsverhalten, die jedoch erst im Kontext mit anderen psychologischen Aspekten zur Geltung kommen. Dementsprechend wird dieses Phänomen dem Leser bei der Lektüre dieses Buchs noch mehrfach begegnen.

## 1.3 Die Verfügbarkeitsheuristik

Nicht alle Informationen sind gleich gut verfügbar. Beispielsweise sind bestimmte Daten, die die Geschäftslage eines Unternehmens betreffen, einigen Menschen im besonderen Umfeld dieses Unternehmens (Insider) wesentlich besser zugänglich als Außenstehenden, die gegebenenfalls nur mit sehr großen Mühen an diese Informationen herankommen können. Auch ein im Fernsehen ausgestrahltes Wirtschaftsmagazin ist nicht für alle Menschen gleich gut verfügbar. So besitzen zum Beispiel manche Haushalte (sei es aus Kostengründen oder aus Überzeugung) keinen Fernseher, oder die Sendung läuft zu einem Zeitpunkt, an dem der im Umgang mit seinem Videorecorder ungeübte Anleger bei seinem wöchentlichen Sport schwitzt.

In allen diesen und ähnlichen Fällen zeigt sich, dass es für jeden Anleger gut und weniger gut verfügbare Informationen gibt. Auch scheint naheliegend, schon aus Gründen der Effizienz, dass verstärkt auf die besonders leicht verfügbaren Informationen zurückgegriffen wird und nur bei besonders wichtigen Entscheidungen Kosten und Mühen nicht gescheut werden, um auch schwer zugängliche Informationen zu bekommen.

Für einen Privatanleger mag beispielsweise schon der Wirtschaftsteil einer guten Tageszeitung zur Beurteilung der Lage an den Märkten ausreichend sein, so dass er nicht bereit ist, zusätzlich ein teures Fachblatt zu beziehen, dessen Lektüre gleichzeitig mit hohem Zeitaufwand verbunden ist. Auch wird die Handelsabteilung einer Bank aus Kostengründen nicht notwendigerweise den Service von drei Nachrichtenagenturen in Anspruch nehmen, sondern sich vielerorts auf eine einzige beschränken. In allen Fällen besteht aber das Risiko, wichtige Informationen nicht rechtzeitig oder überhaupt nicht zu erhalten. Ob die Gefahren im Einzelfall zu groß sind, muss jeweils abgewogen werden.

Diese Überlegungen zur Nutzung unterschiedlich verfügbarer Informationen beziehen sich im Wesentlichen auf die Bewusstseinsebene. Bei Erinnerungen handelt es sich indes um Informationen, deren Aktivierung weitgehend unbewusst abläuft. So sind Erinnerungen ebenfalls mehr oder weniger verfügbar; man kann in diesem Zusammenhang von kognitiver Verfügbarkeit sprechen und diese von der realen Verfügbarkeit unterscheiden.

Wieder waren es die Psychologen Kahneman & Tversky (1973), die als erste empirisch untersuchten, wie sich diese kognitive Verfügbarkeit auf die Einschätzung von Wahrscheinlichkeiten und Häufigkeiten auswirkt. Sie zeigten, dass Entscheider die Wahrscheinlichkeit beziehungsweise die Häufigkeit, mit der ein bestimmtes Ereignis eintritt, um so höher ansetzen, je verfügbarer Beispiele für dieses Ereignis sind. Sie bezeichneten diese Strategie als Verfügbarkeitsheuristik. Es handelt sich hierbei also um eine Heuristik, die Komplexität verringert, indem sie Informationen (schlecht oder gar nicht verfügbare Erinnerungen) vernachlässigt, wodurch sich jedoch unmittelbare Konsequenzen für die Urteilsfindung ergeben. Man denke an einen Anleger, der noch nie einen Börsencrash miterlebt hat und dem daher entsprechende Erinnerungen nicht zur Verfügung stehen: Er wird die Gefahr eines Crashes geringer einschätzen, als jemand, der einen plötzlichen starken Kurssturz schon einmal miterlebt hat.

Wenn also Erinnerungen eine wesentliche Rolle spielen, können auch Faktoren, die deren kognitive Verfügbarkeit beeinflussen, zu Urteilsverzerrungen führen. Zu nennen sind hier neben der subjektiven Häufigkeit, mit der Beispiele für ein bestimmtes Ereignis als Erinnerung gespeichert wurden, insbesondere die vier nicht mehr mit der tatsächlichen Häufigkeit zusammenhängenden Faktoren: Aktualität, Auffälligkeit, Anschaulichkeit und affektive Kongruenz.

Stellt man sich das Gedächtnis des Menschen als Ablagekorb vor, wird deutlich, dass aktuelle Ereignisse im Kopf wesentlich leichter verfügbar sind als lange zurückliegende (Wyer & Srull 1980). Hat man gerade in den Abendnachrichten von einem Flugzeugabsturz gehört, so wird man in diesem Moment die Wahrscheinlichkeit von Flugzeugabstürzen vermutlich überschätzen. Diese Wahrscheinlichkeit wird aber nicht nur aufgrund der Aktualität überschätzt, sondern zusätzlich aufgrund der Auffälligkeit dieses Ereignisses. So wurde festgestellt (Lichtenstein et al. 1978), dass die Wahrscheinlichkeit für sehr auffällige Todesursachen – zum Beispiel ein Flugzeugabsturz – deutlich überschätzt und die Wahrscheinlichkeiten für weniger auffällige Todesursachen (z. B. Herzinfarkt) deutlich unterschätzt werden. Zu ähnlichen Ergebnissen kam man bei einer Untersuchung der Informationsverarbeitung an den Aktienmärkten (DeBondt & Thaler 1986). So wurde gezeigt, dass auf auffällige, aktuelle Informationen, beispielsweise überraschende Neuigkeiten, stets heftig, wenn nicht gar übertrieben reagiert wird.

Ein weiterer Aspekt, der zu verzerrten Einschätzungen führen kann, ist die Anschaulichkeit bestimmter Ereignisse beziehungsweise Informationen. Gut vorstellbare, konkrete oder emotional gefärbte Informationen werden stärker gewichtet als abstrakte Daten (Nisbett et al. 1976). Hierzu ein Beispiel: Ein Importeur benötigt US-Dollar, doch ist er sich noch nicht über den richtigen Zeitpunkt der Transaktion im Klaren. Also arbeitet er einen Stapel langweiliger Prognosepapiere durch und befragt schließlich auch noch einen technisch orientierten Analysten, ob er sofort handeln oder noch warten soll. Sowohl die Prognosepapiere als auch der Analyst gehen von einem weiter fallenden Dollarkurs aus – der Importeur sollte also mit dem Dollarkauf noch warten. Kurze Zeit später wird der Importeur von einem Freund angerufen, der ihm in schillernden Farben erzählt, dass er bei seinem letzten Dollarkauf durch seine Warterei einen herben Verlust von rund 100.000 Euro eingefahren hat. Diese schauerliche Geschichte veranlasst den Importeur dazu, sofort seine Dollar zu kaufen – den gleichlautenden, nüchternen Expertenmeinungen wurde in diesem Fall nur eine einzige, aber um so anschaulicher übermittelte Information entgegengesetzt, die zur Verwerfung der ursprünglichen Analyse führte.

Wird etwas Erlebtes als Erinnerung abgespeichert, so geschieht dies in einer entsprechenden Stimmung. Der plötzliche Tod eines Verwandten wird in einer sehr traurigen Stimmung abgespeichert, die Geburt des ersten Kindes in einer besonders freudigen Stimmung. Mit dem oben erwähnten Stichwort der affektiven Kongruenz wird auf den Effekt abgestellt, dass die mit einer bestimmten Stimmung verbundenen Erinnerungen bei aktuell ähnlicher Stimmung (= affektive Kongruenz) leichter verfügbar sind (Schwarz & Bohner 1990). Für den Anleger an der Börse bedeutet dies, dass er bei erfolgsbedingter guter Laune dazu tendiert, für ihn zu positive Kursprognosen zu stellen, während er, schlecht gelaunt nach einer Reihe von Misserfolgen, die aktuelle Marktlage zu pessimistisch beurteilen wird.

## 1.4 Vernachlässigung von Informationen

### *Selektive Wahrnehmung*

Neben der Verfügbarkeitsheuristik führen auch andere psychologische Mechanismen dazu, dass Menschen Informationen vernachlässigen. So liegt es nicht allein an der beschränkten Aufnahmekapazität des Gehirns, dass ein Teil der Informationen ignoriert wird. Manchmal will man auch gar nicht alles wahrnehmen. So neigen Menschen dazu, nicht nur bewusst, sondern auch unbewusst Informationen zu vernachlässigen, wenn diese ihnen nicht „in den Kram" passen oder sie ganz andere Informationen erwarten.

Einen eindrucksvollen Beleg für diesen Effekt (Bruner & Postman 1951) kann man erhalten, wenn man Versuchspersonen die fünf Spielkarten der nächsten Abbildung für ca. zwei Sekunden zeigt und sie anschließend befragt, welche Karten sie erkannt haben.

Abbildung 3-2: Vier normale, eine gezinkte Spielkarte

Das Erstaunliche: Kaum jemand entdeckt die gezinkte Karte im Vordergrund, obwohl es doch gar keine schwarze Herz Drei gibt. Die Erwartung, Karten mit einem roten Herz und einem roten Karo oder mit einem schwarzen Pik und einem schwarzen Kreuz zu sehen, wird bei den meisten Versuchspersonen derart stark sein, dass schon eine geringe visuelle Information ausreicht, um eine „normale" Farbe zu erkennen. Ähnliche Erfahrungen machte auch einer der Autoren: Unter mehr als insgesamt 1.000 Zuhörern bei verschiedenen Veranstaltungen begegnete ihm nur einer, der den Fehler auf Anhieb erkannte. Die meisten Menschen benötigten mehr als fünf Sekunden, um die Fälschung zu erkennen. Die überwältigende Mehrheit empfand die schwarze Herz Drei als „normal" oder nahm sie als Pik Drei wahr. Im ersten Fall wurde bei der Wahrnehmung die Farbe der Spielkarte an die Form (Herz) angepasst, während im zweiten Fall das Kartensymbol an die Farbe „schwarz" angepasst wurde. In seltenen Fällen (im Durchschnitt eine von 50 Personen) glaubte ein Zuhörer eine rote Herz Drei gesehen zu haben, das heißt, er behauptete, das Spiel bestünde aus drei roten Karten. Fazit: Eine extrem starke Wahrnehmungserwartung hat zu falscher Wahrnehmung geführt.[2]

Ähnliches kann passieren, wenn zum Beispiel ein Devisenhändler mit Spannung am Telefon darauf wartet, dass die US-Handelsbilanzzahlen (oder ein anderes wichtiges Wirtschaftsdatum) veröffentlicht werden. Die Handelsbilanzzahlen werden in Englisch übermittelt. Allseits wird für den vergangenen Monat ein besonders hohes Defizit – es ist von 17 Mrd. US-Dollar die Rede – erwartet – man ist auf den schlimmsten Fall vorbereitet. Der Kollege am anderen Ende der Leitung übermittelt Bruchteile von Sekunden vor allen anderen Informationsdiensten an den äußerst pessimistisch gestimmten Händler die Zahl „twelve-point-twenty" (also 12,2 Mrd.), wobei letzterer nur den Wortfetzen „twenty" wahrnimmt und die Zahl „zwanzig" durch den Händlerraum brüllt. Die anderen nehmen die Zahl für bare Münze und reagieren sofort. Als der Händler Sekunden später die Zahl 12,2 über den Bildschirm flackern sieht, wird er blass.

Selbst die weniger unter Zeitdruck stehenden Analysten picken sich aus der großen Zahl von Daten und Nachrichten das heraus, was in ihr Theoriegebäude und ihr persönlich vorgefasstes Weltbild passt (Hunter & Coggin 1988) und was vor allem im Einklang mit den bisherigen Prognosen steht. Wenn demnach Analysten zu verschiedenen Prognosen kommen, liegt dies auch am unterschiedlichen persönlichen Wahrnehmungsspektrum. Eine bestimmte Erwartung kann sogar zu gegensätzlichen Interpretationen ein und desselben Sachverhaltes führen (zur Bildung von Erwartungen an Aktienmärkten vgl. Frey & Stahlberg 1990). Erwartet ein Analyst beispielsweise weiter steigende Aktienkurse, so wird er die Meldung einer gestiegenen Arbeitslosenzahl als Zeichen weiterer Kurssteigerungen sehen, da die Inflationsgefahr geringer geworden ist. Würde er allerdings von fallenden Aktienkursen ausgehen, sieht er möglicherweise in der höheren Arbeitslosenzahl ein Anzeichen für ein verlangsamtes Wirtschaftswachstum und somit für weitere Kursrückgänge.

Besondere Wirksamkeit erlangt die selektive Wahrnehmung, wenn es darum geht, eigene Entscheidungen nachträglich zu beurteilen. Natürlich wünscht sich jeder Mensch, dass sein Entschluss der richtige war. Also

---

[2] Wie stark die Wahrnehmungserwartung ist, wird durch persönliche Motive, soziale Einflüsse sowie die Häufigkeit früherer Wahrnehmungen (Lilli & Frey 1998) beeinflusst. Wer sich näher mit diesem Phänomen der Wahrnehmungserwartung befassen möchte, dem sei die Literatur zur „Hypothesentheorie der sozialen Wahrnehmung" empfohlen (z. B. Lilli & Frey 1998).

wird er unbewusst bei der Informationsaufnahme eine entsprechende Auswahl treffen. Hat man sich beispielsweise beim Neukauf eines Autos für eine bestimmte Marke und Ausführung entschlossen und die Bestellung aufgegeben, wird man nach Informationen suchen, die die Vorteile des bestellten Autos herausstellen und aufwerten. Die Vorteile der anderen, vorher in Erwägung gezogenen Alternative werden indes abgewertet. Als Folge dieses sogenannten „Spreading-apart-Effekts" (Brehm 1956) bleibt man beim Durchblättern einer Autozeitschrift bei der Werbung für die bestellte Marke hängen und nicht bei den Anzeigen der verworfenen Alternativen (Ehrlich et al. 1957). Auf dieses Phänomen soll in Kapitel 5 noch ausführlicher eingegangen werden.

### *Der Kontrast-Effekt*

Wenn sich Reize nicht von ihrem Umfeld abheben, werden sie kaum wahrgenommen. Obgleich die Folgen davon eingehend im nächsten Kapitel im Zusammenhang mit der „Relativen Bewertung" dargestellt werden, sollen – wie auch zuvor bei der selektiven Wahrnehmung – an dieser Stelle jedoch schon die Konsequenzen für die Wahrnehmung von Informationen aufgezeigt werden. So lässt sich beobachten, dass Informationen, die in Kontrast zu ihrer Umwelt präsentiert werden, oft überhöht wahrgenommen werden (Aronson 1994).

In Experimenten wurde beispielsweise verglichen, welche Wirkung einzelne Farbkontraste bei der Präsentation von Nachrichten auf den Betrachter ausüben (Zimbardo 1995). Dabei zeigte sich, dass ein Text in schwarzer Schrift auf gelbem Grund erheblich besser aufgenommen wurde als eine Information in grauer Schrift auf weißem Hintergrund. In Devisenhandelsbüros ist dieses Problem erst in jüngster Zeit zum Tragen gekommen. So sind die Arbeitsplätze heute mit einer Vielzahl von Bildschirmen ausgestattet, wobei die angezeigten Meldungen in unterschiedlichsten Farben ausgelegt sind. Dass sich hierdurch Wahrnehmensverzerrungen ergeben, ist offenkundig.

Kontrast-Effekte werden im Alltag in der Werbung und im Verkauf ganz bewusst ausgenutzt. So kann die Attraktivität eines Angebots deutlich erhöht werden, wenn sie einer ähnlichen, aber schlechteren (Schein)alternative gegenübergestellt wird (Farquhar & Pratkanis 1993; Pratkanis et al. 1989).

Man stelle sich vor, man sei bereits seit längerem erfolglos auf der Suche nach einer neuen Mietwohnung. Die Zeit drängt, denn der bestehende Mietvertrag ist gekündigt, der Umzugstermin festgelegt. Bei der nächsten Besichtigung präsentiert ein Immobilienmakler zunächst ein heruntergekommenes, stark renovierungsbedürftiges, unansehnliches Appartement. Als er schließlich den Mietpreis nennt, fällt man aus allen Wolken und lehnt das Angebot entrüstet ab. Um seinen Kunden (angeblich) nicht zu vergraulen, macht der Makler den Vorschlag, schnell noch eine zweite Wohnung zu besichtigen. Er führt einen in ein mittelprächtig ausgestattetes Appartement, dessen Preis jedoch höher als der des ersten ist. Freudig wird der Mietvertrag unterschrieben, zumal man die Sucherei gründlich satt hat. Der Makler freut sich ebenfalls – er hatte schon gefürchtet, auf der Wohnung sitzen zu bleiben.

Dem Kontrast-Effekt unterliegt auch ein Marktteilnehmer, der mit Gewinnmeldungen über eine Aktie geradezu überhäuft wird und nach einiger Zeit eine etwas schlechtere, aber immer noch gute Prognose erhält. Oder wie nimmt ein Devisenhändler eine kleine Aufwärtsbewegung des Dollar wahr, nachdem dieser zwei Wochen lang nur gefallen war? Beide im Grunde unspektakulären Informationen werden nur deshalb als so dramatisch wahrgenommen, weil sie in schroffem Gegensatz zu den vorherigen Nachrichten stehen. Ohne diesen Kontrast-Effekt hätten sie kaum Beachtung gefunden.

### *Beeinflussung durch die Reihenfolge der Informationen: Primat- und Priming-Effekte*

Werden mehrere Informationen hintereinander präsentiert, so spielt die Reihenfolge der Darstellung eine wichtige Rolle. Die Verfügbarkeitsheuristik führt zwar tendenziell dazu, dass die zuletzt genannte Information aufgrund ihrer Aktualität am stärksten im Bewusstsein präsent bleibt und somit am meisten berücksichtigt wird. Diesem Effekt stehen jedoch die meist wirkungsvolleren Primat- und Priming-Effekte gegenüber.

Zur Erläuterung des Primat-Effekts wird häufig auf ein schon klassisches Experiment (Asch 1946) zurückgegriffen. Man ließ eine hypothetische Person namens Steve durch zwei unterschiedliche Gruppen von Versuchspersonen bewerten. Der Gruppe A wurde Steve vorgestellt als

„intelligent, fleißig, impulsiv, kritisch, eigensinnig und neidisch", der Vergleichsgruppe B als „neidisch, eigensinnig, kritisch, impulsiv, fleißig und intelligent". Es wurden also die selben Eigenschaften genannt, jedoch in umgekehrter Reihenfolge. Dass die Gruppe A Steve deutlich besser bewertete als die Gruppe B, unterstreicht die Bedeutung des Primat-Effektes, der darin besteht, dass generell die zuerst genannten Eigenschaften den Wahrnehmungs- und Bewertungsprozess stärker beeinflussen als die späteren.

In ähnlicher Weise ist der Primat-Effekt bei einem Marktteilnehmer zu beobachten, der die US-Arbeitsmarktdaten nicht wie oben in Zahlen, sondern in Form von Kurztexten oder Schlagzeilen präsentiert bekommt. Man vergleiche in diesem Zusammenhang beispielsweise folgende Formulierungen:

---

„US-Arbeitslosenquote auf historischem Tiefstand, aber Zuwachs der Stellen im Nicht-Agrarbereich (Nonfarm Payroll) niedriger als erwartet"

---

und

---

„Zuwachs der Stellen im Nicht-Agrarbereich niedriger als erwartet, aber US-Arbeitslosenquote auf historischem Tief"

---

Bei der ersten Meldung dürfte die Mehrzahl der Marktteilnehmer (als Reaktion) die wirtschaftliche Situation in den USA wesentlich positiver einschätzen, als dies bei Publizierung der zweiten Version der Fall wäre. Die zuerst genannte Information übt einen größeren Einfluss als spätere Mitteilungen aus.

Für den Primat-Effekt gibt es zwei Erklärungsansätze (Aronson 1994). Zum einen nimmt die Konzentration bei der Aufnahme von Informationen ab, das heißt späteren Informationen wird automatisch weniger Aufmerksamkeit zuteil, so dass diese bei der Gesamtbetrachtung weniger ins Gewicht fallen. Zum anderen scheint generell der „erste Eindruck" der wichtigste zu sein.

Auch beim sogenannten Priming spielt die erste Information eine wichtige Rolle, da durch sie die Interpretation nachfolgender Informationen beeinflusst wird: Sie stellt, bildlich gesprochen, einen „Zünder" für weitere Reaktionen dar (Felser 1997). Wie beispielsweise in dem bei Kindern beliebten Spiel, bei dem jemand ein paar Mal hintereinander das Wort „Blut" sagen soll. Plötzlich danach gefragt, bei welcher Ampelfarbe Autos losfahren dürfen, antworten viele „Bei Rot" und sind sich dem Gelächter der anderen Kinder sicher. Offenbar wurde mit Blut die Farbe Rot assoziiert.

Die Schilderung eines Experiments soll den Priming-Effekt verdeutlichen (Higgins, Rholes & Jones 1977). Dabei musste eine Gruppe von Probanden versuchen, sich bei einem zweistufigen Test verschiedene positive Eigenschaftswörter wie „unternehmungslustig", „selbstsicher", „selbständig" und „beharrlich" zu merken. Einer Vergleichsgruppe wurden analog dazu negative Eigenschaften wie „leichtsinnig", „eingebildet", „eigenbrötlerisch" und „stur" nahegebracht.

Anschließend mussten beide Gruppen eine hypothetische Person namens Donald beurteilen, die sich durch einige besondere Verhaltensweisen auszeichnete. Hierbei zeigte sich, dass Donalds Begeisterung fürs Fallschirmspringen von der ersten Gruppe als Ausdruck seines unternehmungslustiges Temperaments eingestuft wurde, während die zweite Gruppe dieses gewagte Hobby eher als leichtsinnig ansah. Zugleich wurde beispielsweise der Umstand, dass Donald von seinen Stärken überzeugt war, von der ersten Gruppe als selbstsicher und von der zweiten als eingebildet klassifiziert. Die in der ersten Stufe geprägten (verfügbaren) Konzepte bestimmten jeweils in erheblichem Maße, wie die nachfolgende Information interpretiert wurde. Priming-Effekte sind somit letztlich eine weitere Folge der Verfügbarkeitsheuristik.

Große Bedeutung kommt den Priming-Effekten in der Werbung, aber auch bei der Berichterstattung in den Medien zu. Werden beispielsweise Inhalt und Bedeutung der Nachrichtensendungen variiert, zeigt sich, dass das Verhalten der Leser, Zuhörer oder Zuschauer hierdurch deutlich beeinflusst werden kann (Iyengar & Kinder 1987). In gleicher Weise kann die Art, wie über das Börsengeschehen berichtet wird, in welcher Reihenfolge zum Beispiel Informationen bei ad-hoc Meldungen der Unternehmen präsentiert werden oder wie Analysten zu Wort kommen, darüber entscheiden, welche Reaktionen beim Adressaten ausgelöst werden. Sogar die Interpretation späterer Informationen kann auf diese Weise beeinflusst werden. Die unterschiedliche Auslegung von Arbeitsmarktdaten ist nur ein Beispiel von vielen.

## 2 Schnelle Urteilsfindung

Nachdem im vorangehenden Abschnitt die drei Heuristiken zur Komplexitätsreduzierung (Vereinfachung, Mental accounting und die Verfügbarkeitsheuristik) sowie Effekte dargestellt wurden, die sich aus der Vernachlässigung von Informationen ergeben, sollen nunmehr die Heuristiken zur schnellen Urteilsfindung vorgestellt werden. Denn ist erst einmal die Komplexität eines Sachverhaltes auf ein „erträgliches" Maß reduziert, gilt es, möglichst schnell zu einer Lösung des jeweiligen Entscheidungsproblems zu kommen. Hierzu sind regelmäßig bestimmte Urteile zum Beispiel in Form von Einschätzungen, Wahrscheinlichkeiten, Vorhersagen, Zuordnungen oder Kausal- und Wirkungszusammenhängen abzuleiten. Dabei wird abermals auf Heuristiken zurückgegriffen, die eine schnelle Urteilsfindung begünstigen, in bestimmten Situationen aber das Urteil systematisch verzerren können (Strack 1998).

### 2.1 Die Verankerungsheuristik (Anchoring)

Ein rasches Urteilsvermögen ist auch an den Finanzmärkten gefragt, vor allem wenn man die Entwicklung von Zinsen, Aktien- oder Devisenkursen prognostizieren will. Dabei neigen die meisten Menschen dazu, sich bei Schätzungen oder in der Verwertung von Informationen zunächst an einem ersten Ursprungs- oder Richtwert zu orientieren (Anker) und anschließend diesen Wert unter Berücksichtigung weiterer Informationen oder mittels einer genaueren Analyse mehr und mehr dem wahren Wert anzupassen (Adjustment). Daran wäre nichts zu beanstanden, sofern der

Anpassungsprozess zu Ende gebracht würde. Empirische Untersuchungen belegen jedoch, dass dies meist nicht der Fall ist, sondern dass der Anpassungsprozess regelmäßig zu knapp ausfällt und sein Ziel verfehlt, das heißt der Ursprungswert (Anker) ein zu großes Gewicht erhält.

Ein Experiment (Tversky & Kahneman 1974) soll dies verdeutlichen: Dabei wurden Probanden befragt, wie hoch sie den prozentualen Anteil der afrikanischen Staaten an den Vereinten Nationen schätzen. Dazu wurden sie in mehrere Gruppen eingeteilt. In einem ersten Schritt wurde für jede Gruppe eine Zufallszahl zwischen 0 und 100 mit Hilfe eines Glücksrades ermittelt. Für die erste Gruppe ergab sich ein Wert von 10, für die zweite Gruppe ein Wert von 65. Nun mussten die Versuchspersonen angeben, ob ihre Schätzung über oder unter der Zufallszahl lag. In einem weiteren Schritt wurden die Teilnehmer des Experiments nach der konkreten Zahl befragt. Hierbei zeigte sich, dass die vom Glücksrad zufällig ermittelte Zahl eine deutliche Auswirkung auf das Resultat hatte. In der ersten Gruppe, bei der die Zufallszahl 10 lautete, betrug die durchschnittliche Schätzung des Anteils der afrikanischen Staaten an den Vereinten Nationen 25%. In der anderen Gruppe, für die zuvor ein Zufallswert von 65 ermittelt wurde, lagen die mittleren Schätzungen mit 45% deutlich höher als bei der ersten Gruppe. Offensichtlich konnte sogar eine Zufallszahl als Ankerwert die Schätzung der Probanden stark beeinflussen.

Hierzu noch ein anderes Beispiel: Bei einem Experiment mit Studenten, die in zwei Gruppen eingeteilt wurden, mussten diese spontan, das heißt innerhalb von fünf Sekunden, das Ergebnis einer Rechenaufgabe schätzen. Die erste Gruppe musste das Produkt von

$$1 \cdot 2 \cdot 3 \cdot 4 \cdot 5 \cdot 6 \cdot 7 \cdot 8 = ?$$

schätzen, die andere das Resultat der Multiplikation von

$$8 \cdot 7 \cdot 6 \cdot 5 \cdot 4 \cdot 3 \cdot 2 \cdot 1 = ?$$

Das Ergebnis war verblüffend: Die erste Gruppe schätzte das Produkt im Durchschnitt auf 512, die zweite Gruppe, die die absteigende Zahlenreihe erhalten hatte, im Durchschnitt auf 2250. Tatsächlich lautet die Lösung 40320 (Kahneman & Tversky 1982).

Dieses Beispiel zeigt, dass sich die Studenten offensichtlich an den ersten Punkten der Zahlenreihe orientiert hatten. Dabei konnten sie schnell ersehen, dass es sich bei der Rechnung um eine Multiplikationsaufgabe handelte, wobei offenbar nur die ersten Faktoren miteinander multipliziert wurden, während der Rest der Schätzung hochgerechnet wurde. Nur so ist erklärbar, dass die erste Gruppe im Durchschnitt zu relativ niedrigen Resultaten gelangte. Die zweite Gruppe – auch sie dürfte nur den ersten Teil der Aufgabe tatsächlich gerechnet und den Rest extrapoliert haben – kam wegen der andersartigen Präsentation der Rechnung zu höheren Ergebnissen: Von links nach rechts gelesen nimmt man unter dem starken Zeitdruck vielleicht nur den Teil „8 • 7 • 6 ...", also die wertmäßig hohen Ziffern der Rechnung wahr. Markant war allerdings für beide Gruppen, dass sie das tatsächliche Ergebnis aufgrund der Konzentration auf den Anfang der Rechenaufgabe bei weitem unterschätzt hatten.

Dass es zu dieser krassen Fehleinschätzung kam, weist auf einen zu schwach ausgeprägten Anpassungsprozess hin, wie er typisch für die Verankerungsheuristik ist. So reichte selbst in der zweiten Gruppe, die mit einem hohen Wert für den Anker startete, die Anpassung nicht aus, um den wahren Wert auch nur annähernd zu erreichen.

Die Verankerungsheuristik wirkt sich aber auch auf die Schätzung von Wahrscheinlichkeiten aus, sofern zusammengesetzte Ereignisse beurteilt werden müssen. Dabei ergibt sich ein erster Effekt, wenn geschätzt werden soll, wie hoch die Wahrscheinlichkeit ist, dass mindestens eines von mehreren unwahrscheinlichen Ereignissen eintritt. Geht man beispielsweise davon aus, dass die Wahrscheinlichkeit, innerhalb eines Jahres einen schweren Verkehrsunfall zu erleiden, mit 0,1% beziffert werden kann, dann unterschätzen die meisten Menschen das Risiko, innerhalb von 50 Jahren einen solchen Unfall zu erleiden (Eisenführ & Weber 1999). Denn der tatsächliche Wert liegt immerhin bei $1 - 0{,}999^{50} = 5\%$. Mit dem Wahrscheinlichkeitswert von 0,1% wird zunächst ein Anker gesetzt, der jedoch später nur unzureichend an den richtigen Wert angepasst wird.

Dreht man das obige Beispiel um, erhält man den umgekehrten Effekt: Nach der Wahrscheinlichkeit gefragt, die nächsten 50 Jahre ohne Verkehrsunfall auszukommen, wenn die Wahrscheinlichkeit in einem Jahr ohne einen schweren Verkehrsunfall auszukommen mit 99,9% beziffert wird, werden die meisten einen zu hohen Wert angeben. Die Wahrscheinlichkeit beläuft sich für letztgenanntes Ereignis als Negation des ersten logischerweise auf 100% - 0,1% = 99,90. Analog zu obiger Berechnung ergibt sich für die Wahrscheinlichkeit dieser Situation ein Wert von 100% – 5% = 95%. Verständlich, denn im zweiten Fall ist der Anker (99,9%) hoch und wird nicht ausreichend nach unten angeglichen.

Ebenfalls mit Hilfe der Verankerungsheuristik kann die sogenannte Präferenzumkehr erklärt werden (vgl. z. B. Lichtenstein & Slovic 1971 sowie Tversky, Slovic & Kahneman 1990). Hierzu betrachte man die folgenden beiden Lotterien, die Besuchern der Spielkasinos von Las Vegas vorgestellt wurden:

---

| | |
|---|---|
| Lotterie A: | Mit einer Wahrscheinlichkeit von 30% erhält man einen Gewinn von 1.700 DM |
| Lotterie B: | Mit einer Wahrscheinlichkeit von 97% erhält man einen Gewinn von 450 DM. |

---

Dabei stellte sich heraus, dass sich die Mehrheit bei freier Wahl für Lotterie B entscheiden würden.

Man wollte sodann von den Probanden wissen, welchen Betrag sie jeweils für eine Teilnahme an den beiden Lotterien zu zahlen bereit wären: Die meisten Versuchspersonen wiesen der Lotterie A einen höheren Wert (z. B. 450 DM) als der Lotterie B (430 DM) zu. Dass dieses Verhalten inkonsistent ist, wird deutlich, wenn man die Bewertung noch einmal zusammenfasst: 430 DM sind genauso gut wie Lotterie B, Lotterie B ist besser als Lotterie A und Lotterie A genauso gut wie 450 DM. Demzufolge müssten 430 DM gegenüber 450 DM vorgezogen werden. Dass letzteres offensichtlich nicht gilt, liegt auf der Hand.

Verantwortlich für diese Irrationalität ist der sog. Kompatibilitätseffekt (Compatibility-effect, Slovic, Griffin & Tversky 1990). Denn durch die unterschiedliche Fragetechnik (Ausrichtung auf eine mit der Frage „kompatiblen“ Maßeinteilung) wird die Aufmerksamkeit der Befragten einmal auf die Geldbeträge, ein anderes Mal auf die Gewinnwahrscheinlichkeiten gelenkt. Dies führte bei der Abfrage nach Geldbeträgen dazu, dass sich die Befragten auf die unterschiedlichen Gewinnbeträge der Lotterien konzentrierten.

Damit entstand durch die Verankerung von 1.700 DM ein großer Vorteil für die Lotterie A. Da der Anpassungsprozess, (er wird durch die niedrige Eintrittswahrscheinlichkeit von 30% der Wette A ausgelöst), zu gering ausfiel, blieb es bei der Präferenz für A. Beim direkten Vergleich der beiden Alternativen konzentrierten sich die Probanden indes darauf, mit welcher Lotterie man eher etwas gewinnen kann, das heißt auf die Wahrscheinlichkeit. Die hierdurch ausgelöste Verankerung auf den Wert von 97% führt bei gleicher Argumentation zu einer Präferenz der Wette B.

An den Finanzmärkten ist die Verankerungsheuristik in vielfältiger Form von Bedeutung, da sie im Grunde genommen bei jeder Schätzung auftritt. Ein Anker muss hierbei nicht zwangsläufig aus einem numerischen Wert bestehen, sondern kann auch durch Meinungen oder Einstellungen (z. B. von Freunden oder Experten) begründet werden. Wenn externe Informationen, zum Beispiel von Analysten, eingeholt werden, so bieten sich diese ebenfalls als Anker an. Befragt man beispielsweise zum DAX einen „Bullen", so wird man einen vergleichsweise hohen Ankerwert für den Aktienindex genannt bekommen. Dieser wird nach (meist ungenügender) Anpassung durch eigene Einschätzungen danach immer noch einen tendenziell zu hohen Wert aufweisen. Entsprechend wird sich nach Befragung eines „Bären" ein eher niedriger Wert ergeben.[3] Außerdem ist es möglich, dass bei der Befragung von Analysten (z. B. bei der Börsenberichterstattung), deren Antworten durch das geschickte Setzen von Ankerwerten beeinflusst wird. Dies kann letztlich auf das Verhalten der Marktteilnehmer abfärben (Maas & Weibler 1990a).

Selbst vordergründig unrealistisch anmutende Daten und Prognosen verfehlen ihre Wirkung als Anker nicht. Man denke beispielsweise an eine Situation, in der das Bruttoinlandsprodukt der USA für das vergangene Quartal von der Mehrheit der Volkswirte mit einem Zuwachs von 3% prognostiziert wird. Plötzlich wird eine völlig aus dem Rahmen fallende Zahl von 6,5% genannt, von der jeder Marktteilnehmer behaupten würde, sie sei absolut unrealistisch. Sie müsste somit aus dem Gedächtnis gestrichen werden. Trotzdem würde es für die meisten Händler keine echte Überraschung mehr darstellen, wenn die tatsächliche Zahl dann mit 5% publiziert würde. Denn die 6,5% geistern in irgendeiner Form immer noch in den Köpfen herum. Ihre Situation ist vergleichbar mit der von Geschworenen, wenn der Richter entscheidet, etwas „aus dem Protokoll

---

[3] Unter einem „Bullen" werden Marktteilnehmer verstanden, die auf steigende Kurse setzen, ein „Bär" rechnet mit fallenden Kursen.

zu streichen, weil es für die Urteilsfindung unerheblich ist". Trotzdem mag sich der eine oder andere gerade deshalb daran erinnern.

Falls keine Informationen von dritter Seite über die Schätzgröße eingeholt werden, dient meist der augenblickliche Zustand (Status quo) als Anker. Soll man zum Beispiel schätzen, wo der Euro in zwei Jahren stehen wird, schaut man sich zunächst den heutigen Terminkurs an, um ihn sodann als Anker zu wählen und je nach volkswirtschaftlichen Kenntnissen und sonstigen Informationen nach unten beziehungsweise oben anzupassen. Ist indes nur eine Wahrscheinlichkeitsverteilung über diesen zukünftigen Eurokurs gefragt, wird man während des Anpassungsprozesses überlegen, wieweit der Kurs maximal nach oben und unten abweichen könnte und wie wahrscheinlich die einzelnen in Betracht gezogenen Abweichungen sind. Die zu starke Verankerung am Status quo wird häufig dazu führen, dass das Prognoseband zu eng gesetzt wird und die Wahrscheinlichkeiten extremer Abweichungen unterschätzt werden (vgl. Lichtenstein, Fischhoff & Phillips 1982).

## 2.2 Die Repräsentativitätsheuristik

Ein junges Paar möchte gerne sechs Kinder bekommen. Welche Geburtenfolge (M=Mädchen, J=Junge,) ist wahrscheinlicher: MMMMMM oder MJJMMJ? Sie befinden sich in guter Gesellschaft mit der Mehrheit der Menschen, wenn Sie die erste Folge für unwahrscheinlicher als die zweite halten (Kahneman & Tversky 1972). Richtig ist diese Antwort jedoch nicht. Natürlich sind beide Folgen gleich wahrscheinlich, zumindest soweit das Geschlecht eines Kindes nicht davon beeinflusst wird, ob das zuvor zur Welt gekommene Kind ein Mädchen oder ein Junge war. Dann handelt es sich nämlich jeweils um unabhängige Ereignisse und die Wahrscheinlichkeit für beide Folgen ist gleich $0{,}5^6 = 1{,}5625\%$.

Der Grund für dieses Fehlurteil liegt demnach woanders, und zwar in der unterschiedlichen Repräsentativität dieser beiden Folgen. Ganz allgemein gesprochen drückt Repräsentativität eine bestimmte Beziehung eines Objektes (Menschen, Gegenstände, Ereignisse) zu einer Objektklasse (z. B. Gruppen) aus. So ist ein Objekt repräsentativ für die Objektklasse, falls eine hohe Ähnlichkeit zu typischen oder vielen Vertretern dieser Klasse wahrgenommen wird (Strack 1998). Am Beispiel der Geburtenfolgen lässt sich dies leicht verdeutlichen. Zu der zweitgenannten Geburtenfolge MJJMMJ gibt es eine Vielzahl von ähnlichen Geburtenfolgen, zum Beispiel MMJMJJ oder MMJJMJ oder JJMMJM etc. Man muss schon sehr genau hinschauen, um Unterschiede zu entdecken. Demgegenüber führen alle geringen Änderungen der Geburtenfolge MMMMMM zu leicht wahrnehmbaren Unterschieden, da die außergewöhnliche Regelmäßigkeit verloren geht.

Repräsentativität lässt sich mit dem Begriff Schema (bzw. Denkmuster) noch etwas einfacher beschreiben. Eine hohe Repräsentativität ist dann gegeben, wenn eine Beobachtung gut „in ein Schema passt". Dementsprechend ist sie niedrig, wenn kein passendes Schema gefunden beziehungsweise aktiviert werden kann. Bezogen auf die Geburtenfolgen wäre ein passendes Schema beispielsweise: „Das Geschlecht von Kindern ist zufällig, deshalb bekommt man bei mehreren Kindern meist Jungen und Mädchen". Jeder Mensch hat eine Vielzahl von derartigen Schemata im Kopf, die er sich durch Beobachtungen in der Vergangenheit, persönliche Erfahrungen oder durch Lernen angeeignet hat. Dementsprechend können auch schon diese Schemata Verzerrungen aufweisen.

Die Repräsentativitätsheuristik als Urteilsverzerrung wirkt sich in drei Varianten aus. Die erste Variante besteht in der Tendenz, Wahrscheinlichkeiten von repräsentativen Ereignissen zu überschätzen. Bei der zweiten und dritten Variante handelt es sich um die Neigung vieler Menschen, empirische und kausale Zusammenhänge zu überschätzen oder sogar auch dort welche zu sehen, wo gar keine bestehen.

### *Überschätzen von Wahrscheinlichkeiten*

Die Überschätzung der Wahrscheinlichkeit repräsentativer Ereignisse wurde schon am Eingangsbeispiel deutlich, bei dem die repräsentative Geburtenfolge für wahrscheinlicher als die nicht-repräsentative gehalten wurde. Diese Vernachlässigung der tatsächlichen beziehungsweise nach den Axiomen der Wahrscheinlichkeitsrechnung objektiv richtigen „Basiswahrscheinlichkeiten" zeigen auch die drei im Folgenden dargestellte Trugschlüsse bei der Schätzung von Wahrscheinlichkeiten.

### (1) Die Bewertung verbundener und unverbundener Ereignisse (conjunction fallacy)

Aus der Wahrscheinlichkeitsrechnung ist bekannt, dass die gemeinsame Wahrscheinlichkeit zweier Ereignisse nie größer sein kann als die Wahrscheinlichkeit jedes einzelnen Ereignisses. Falls die Wahrscheinlichkeit für Regen am nächsten Tag mit 40% und für den angekündigten Besuch der Schwiegermutter mit 80% anzusetzen ist, kann das Ereignis „Schwiegermutter kommt im Regen" nie eine höhere Wahrscheinlichkeit als 40% besitzen. Dies ist einleuchtend. Um so mehr verwundert es, dass viele Menschen diesen grundlegenden Zusammenhang mitunter schlicht und einfach übersehen. Sie tun dies, wenn das gemeinsame Ereignis eine höhere Repräsentativität besitzt als eines der Einzelereignisse, wie es das folgende Beispiel – auch unter dem Namen „conjunction fallacy" bekannt – veranschaulicht. Dabei wurde in einem Experiment den Versuchspersonen eine hypothetische Frau namens Linda vorgestellt (Tversky & Kahneman 1983):

---

Linda ist 31 Jahre alt, sehr intelligent und nimmt kein Blatt vor den Mund. Sie hat Philosophie studiert. Als Studentin hat sie sich auch intensiv mit Fragen sozialer Gerechtigkeit und Diskriminierung auseinandergesetzt. Außerdem hat sie an Anti-Kernkraft-Demonstrationen teilgenommen.

---

Danach sollten die Probanden schätzen, wie hoch die Wahrscheinlichkeit der folgenden Behauptungen über Linda seien:

1. Linda ist Bankangestellte
2. Linda ist Bankangestellte und aktiv in der Frauenbewegung

Die Mehrheit der Versuchspersonen (ca. 90%) hielt die zweite Aussage für wahrscheinlicher. Hierbei ist im Sinne der Repräsentativitätsheuristik davon auszugehen, dass ihnen bei der zweiten Aussage schnell ein Schema der Art: „Wer Philosophie studiert und sich mit sozialen Fragen und Diskriminierung beschäftigt, kann auch durchaus in der Frauenbewegung aktiv sein" einfiel, so dass ihnen diese zweite Aussage über Linda plausibler (d.h. repräsentativer) erschien als die erste.

Das „Linda-Beispiel" ist problemlos auf den Devisenmarkt zu übertragen. Wie eine entsprechende Studie (Kiell & Stephan 1997) gezeigt hat, sind auch Experten nicht gegen Fehleinschätzungen von Wahrscheinlichkeiten gefeit, wie sie sich beim sogenannten Szenariodenken leicht einschleichen können.

---

Für wie wahrscheinlich halten Sie die folgenden Szenarien (Ergebnisse in Klammern):

a) Die US-Wirtschaft zeigt erste Überhitzungsanzeichen (41%)
b) Die US-Inflation beschleunigt sich (44%)
c) Die Notenbank tritt kräftig auf die Zinsbremse (26,9%)
d) Die US-Wirtschaft zeigt erste Überhitzungsanzeichen, woraufhin sich die US-Inflation beschleunigt, so dass die Notenbank kräftig auf die Zinsbremse tritt. (35%)

---

Anhand dieses kleinen Tests wird ersichtlich, dass das aus den Alternativen a, b und c zusammengesetzte Szenario (d) für wahrscheinlicher gehalten wurde als der mit 26,9% für sich genommene Sachverhalt c).

### (2) Gambler's fallacy

Eine weitere typische Fehleinschätzung illustriert das berühmte Beispiel am Roulette-Tisch im Spielkasino, das als „gambler's fallacy" bezeichnet wird. Unter der Prämisse, dass alles mit rechten Dingen zugeht, sagt die Wahrscheinlichkeitstheorie ganz eindeutig, dass in der nächsten Ausspielung (bzw. auch in allen weiteren) die Farben Schwarz und Rot beim Roulette immer gleich wahrscheinlich sind. Trotzdem ist es nur allzu menschlich, nach einer Serie von neun roten Zahlen in Folge anzunehmen, als nächstes sei nun eine schwarze Zahl an der Reihe, weil man glaubt, der Zufall müsste für einen Ausgleich sorgen. „Wenn beim nächsten Mal Rot kommt, hätte man insgesamt zehn Mal hintereinander kein Schwarz gehabt, und dies ist extrem unwahrscheinlich" denkt man. In den Überlegungen kommt die Repräsentativität in gleicher Weise zum Tragen, wie es auch bei den Geburtenfolgen deutlich wurde. Für einen Zufallsprozess ist es aber nicht repräsentativ, dass mehrfach hintereinander immer wieder dasselbe Ereignis eintritt (Tversky & Kahneman 1974).

Darüber hinaus beträgt die Chance, dass eine schwarze Zahl erscheinen muss, immerhin knapp 50% (sofern man eine „0“ mit einbezieht), und bei genügend langem Verlauf des Spiels müssen um so mehr schwarze Zahlen gezogen werden, um die neun roten wieder auszugleichen, wird häufig auch argumentiert. In der Realität ist jedoch jede einzelne Ausspielung von der vorherigen unabhängig – für die sogenannte ausgleichende Gerechtigkeit müsste man unendlich lange spielen; doch dürften der Geldbeutel des Spielers und die Null (in Amerika gibt es außerdem noch die „00“) dem eine Grenze setzen. Die Null wird daher auch als „Hausvorteil“ einer Spielbank bezeichnet: Erscheint sie, fallen alle Einsätze auf Rot und Schwarz dem Casino zu.

Nach dem Motto „was fällt muss auch wieder steigen“ können Anleger in Kapitalmärkten ebenfalls Opfer der „gambler's fallacy“ werden. In einem Experiment (Maital 1986) konnten die Versuchspersonen Spiel-Aktien kaufen, deren Kursentwicklung rein zufällig war. Dabei zeigte sich, dass die Mehrheit der Probanden bei Aktien, die eine längere Abwärtsbewegung hinter sich hatten, wieder mit steigenden Kursen rechneten und diese deshalb überdurchschnittlich lange hielten.

### (3) Vertauschen von Ursache und Wirkung (Conditional probability fallacy)

Der dritte Trugschluss beruht darauf, bei der Interpretation von bedingten, hohen Wahrscheinlichkeiten durchaus schon einmal Bedingung und Ereignis zu vertauschen. Diese sogenannte Conditional probability fallacy kann an folgendem Beispiel (Dawes 1988) erklärt werden.

Nach einer Zeitungsmeldung hatte ein US-amerikanischer Arzt 90 Frauen aus einer „Hochrisikogruppe“ vorsorglich die Brust amputiert, da 93% der Brustkrebsfälle aus dieser Hochrisikogruppe stammten. Hierbei war er offensichtlich davon ausgegangen, dass aufgrund der Zugehörigkeit zur Hochrisikogruppe die Wahrscheinlichkeit, dass der Brustkrebs ausbricht, ähnlich hoch sein müsse. Folgt man indes den weiteren Angaben des Mediziners, wonach 7,5% aller amerikanischen Frauen an Brustkrebs leiden und die Hochrisikogruppe 57% aller Frauen ausmachte, so zeigt die

Wahrscheinlichkeitsrechnung, dass der Mediziner offensichtlich einem Trugschluss aufgesessen war:

---

Bezeichnet man das Ereignis „Patientin hat Brustkrebs" mit „Bk" und das Ereignis „Patientin ist aus der Hochrisikogruppe" mit „Hr", so beträgt die Wahrscheinlichkeit für Hr unter der Voraussetzung, dass Bk gilt, 93%, es handelt sich also um eine bedingte Wahrscheinlichkeit. Man schreibt hierfür auch $p(Hr \mid Bk) = 0{,}93$. Die Häufigkeit für Brustkrebs bei allen amerikanischen Frauen beträgt 7,5%, es gilt also für die sogenannte A-priori-Wahrscheinlichkeit $p(Bk) = 0{,}075$. Der Anteil der Hochrisikogruppe an der Gesamtzahl aller Frauen beträgt 57%, also: $p(Hr) = 0{,}57$.

Die Wahrscheinlichkeit, dass bei Zugehörigkeit zur Hochrisikogruppe (= Bedingung) das unerwünschte Ereignis Brustkrebs eintritt, beträgt nach dem Bayes'schen Theorem somit nur:

$$p(Bk \mid Hr) = \frac{p(Bk) \bullet p(Hr \mid Bk)}{p(Hr)} = \frac{0{,}075 \bullet 0{,}93}{0{,}57} = 12{,}2\%$$

ist also vergleichsweise gering.[4]

---

In diesem Fall der Repräsentativitätsheuristik war für den Arzt offenbar das Schema „Wer Brustkrebs hat, ist typischerweise in der Hochrisikogruppe" verfügbar. Jede Patientin aus der Hochrisikogruppe „passt" natürlich in dieses Schema, das somit schnell aktiviert werden kann. Und daraus wird eine hohe Wahrscheinlichkeit für Brustkrebs hergeleitet. Dass dabei Bedingung und Ereignis vertauscht wurden, fällt in gleicher Weise unter den Tisch wie die Basiswahrscheinlichkeiten bei der gambler's und der conjunction fallacy.

---

[4] zum Bayes'schen Theorem vgl. z.B. Eisenführ & Weber 1995.

Ob die Wahrnehmung bedingter Wahrscheinlichkeiten zu gravierenden oder nur zu geringen Urteilsverzerrungen führt, hängt von der jeweiligen Verteilung in der Grundgesamtheit der Beobachtungen ab. Dies soll noch an einem weiteren Beispiel verdeutlicht werden. So gibt es in der Bevölkerung die verbreitete Ansicht (Schema), der typische Devisenhändler sei nervös und hektisch. Trifft man in einem Devisenhandelsbüro einer großen Bank auf einen Menschen, der besonders nervös und hektisch ist, so wird man der Repräsentativitätsheuristik folgend das genannte Schema aufrufen und folgern, dass dieser Mensch wahrscheinlich ein Devisenhändler ist. Die Urteilsverzerrung ist in diesem Fall aber nur gering, da die gegebene Grundgesamtheit von Menschen, die man in einem Handelsbüro potentiell antrifft, ohnehin fast nur aus Händlern besteht und somit die Wahrscheinlichkeit für das Antreffen eines Händlers recht hoch ist.

Wenn man jedoch in der U-Bahn-Station um 11.30 Uhr einen nervösen und hektischen Menschen trifft, so ist die A-priori-Wahrscheinlichkeit für das Ereignis „Mensch ist Händler" deshalb sehr klein, weil nahezu alle Händler um diese Zeit fieberhaft im Büro arbeiten. Eine der Repräsentativitätsheuristik folgende hohe Einschätzung der Wahrscheinlichkeit, dass es sich bei dem Menschen in der U-Bahn um einen Devisenhändler handelt, führt in diesem Fall zu einer gravierenden Urteilsverzerrung. Trotz der repräsentativen Händlermerkmale wird dieser Mensch wahrscheinlich einen ganz anderen Beruf ausüben.

Ein letztes Beispiel zur Conditional probability fallacy betrifft die Einschätzung von Crash-Risiken. Bekanntermaßen ereigneten sich die meisten Crashs im Herbstmonat Oktober. Wahrscheinlichkeitstheoretisch gesprochen heißt dies: Die Wahrscheinlichkeit dafür, dass zum Zeitpunkt eines Crash gerade der Monat Oktober geschrieben wird, ist aus der historischen Beobachtung heraus vergleichsweise hoch. Bezieht man sich auf den Dow Jones in den Jahren 1929 bis 1998 und definiert man einen Kursrückgang als Crash, wenn der Aktienindex in wenigen Tagen 10% oder mehr an Wert verliert, so gilt nach unseren Recherchen eine Wahrscheinlichkeit von 34%, das heißt, zehn der 29 Crashs fanden im Oktober statt (formal: p(Oktober | Crash) = 10:29 = 34%).

Nicht selten hört man deshalb von Aktienhändlern: „Wir sind im Oktober, und dementsprechend ist das Crash-Risiko wieder sehr hoch". In diesem Fall wird die bedingte Wahrscheinlichkeit (p(Crash | Oktober)) also überschätzt, denn in gerade einmal zehn von 62 Oktobern seit 1929 kam es zu solchen Kurseinbrüchen. Dies entspricht einer Wahrscheinlichkeit von ca. 16,1%. Bedingung und Ereignis, das heißt im weiteren Sinne Ursache und Wirkung, wurden miteinander vertauscht.

### *Überschätzen von empirischen Zusammenhängen*

In dieser zweiten Variante ist die durch die Repräsentativitätsheuristik verursachte Verzerrung noch gravierender als bei der Verwechslung von Bedingung und Ereignis, da diese immerhin – jedes für sich betrachtet – tatsächlich vorhanden waren. Denn aufgrund des Denkens in Schemata neigt man sogar manchmal dazu, Zusammenhänge wahrzunehmen, die als solche gar nicht vorhanden sind. Beschränkt man sich dabei zunächst auf die Wahrnehmung von empirischen Abhängigkeiten, so kann in diesem Zusammenhang auch von „Scheinkorrelationen" gesprochen werden.

Zur Erläuterung zunächst ein Beispiel: Bei der Einschätzung des HIV-Risikos für lesbische Frauen neigen viele Menschen dazu, von einem vergleichsweise hohen Risiko auszugehen (Aronson 1994). Tatsächlich liegt die HIV-Infektionsrate bei lesbischen Frauen jedoch niedriger als bei männlichen Homosexuellen, sie ist sogar niedriger als bei allen männlichen und weiblichen Heterosexuellen. Eine Begründung für diese Fehleinschätzung liefert die Repräsentativitätsheuristik. So haben wohl die meisten Menschen folgendes Denkschema im Kopf: „Homosexuelle besitzen ein hohes HIV-Infektionsrisiko" und „Lesbische Frauen sind Homosexuelle". Beide Aussagen sind für sich gesehen objektiv richtig, die Schlussfolgerung, bei lesbischen Frauen von einem hohen Infektionsrisiko auszugehen, ist jedoch nicht möglich. Da der Mensch, wie schon bei der Wahrnehmung bedingter Wahrscheinlichkeiten gezeigt, innerhalb eines Schemas sehr fahrlässig mit der Interpretation von Fakten umgeht, ist es für ihn auch hier ein Leichtes, schnell die beiden Schemata im Beispiel zusammenzusetzen und zu falschen Schlüssen zu kommen. Es wurde ein empirischer Zusammenhang wahrgenommen, der zumindest in dem geäußerten Ausmaß nicht besteht.

Eine andere Scheinkorrelation betrifft das Börsensegment Neuer Markt, in dem im Wesentlichen innovative, technologieorientierte Unternehmen angesiedelt sind, deren Aktien sich nach dem Börsengang enormer Nachfrage (und Kurssteigerungen) erfreuen konnten. In gewisser Weise erklärbar wird dieser Effekt dadurch, dass diese Unternehmen zum Teil hervorragende Zukunftschancen besitzen, die vom Anleger antizipiert werden.

Eine Beobachtung der Zeichnungsgewinne am gesamten Neuen Markt zeigt jedoch, dass sich dieser Effekt durchaus auch auf andere Unternehmen, deren Zukunftsaussichten weniger rosig sind, in der Anfangsphase übertragen hat, bis sich nach einiger Zeit wieder „fundamental gerechtfertigte" Kurse einstellten. Es muss also etliche Anleger gegeben haben, die einen Zusammenhang zwischen „Börsengang im Neuen Markt" und „hohe Wachstumsraten" hergestellt hatten. Und eben die Nachfrage dieser Anleger sorgte dafür, dass sich die Kurse zunächst tatsächlich so entwickelten, wie sie glaubten. Der spätere Kursrückgang zeigt jedoch, dass es sich nur um eine Scheinkorrelation und nicht um einen tatsächlichen Zusammenhang gehandelt hatte (Ibbotson & Ritter 1995).

### *Überschätzen von kausalen Zusammenhängen*

Sowohl beim Crash-Risiko (Conditional probability fallacy) wie auch beim Beispiel Neuer Markt wurde die Einschätzung einer zukünftigen Situation aus der Beobachtung der Vergangenheit hergeleitet. Letztlich ist dies jedoch gleichbedeutend mit der Unterstellung eines kausalen Zusammenhangs. Wie es überhaupt zur Wahrnehmung eines solchen Zusammenhangs aufgrund der Repräsentativitätsheuristik kommen kann, soll das nächste Beispiel zeigen. Man stelle sich hierzu zwei Analysten vor, die täglich eine kurzfristige Prognose über die Entwicklung des Dollarkurses abgeben. Diese beiden Analysten wurden von einem Kunden nur zwei Tage lang beobachtet. An diesen beiden Tagen machte der Analyst 1 zwei richtige Prognosen, der Analyst 2 lag zweimal falsch. Bei der nun anstehenden Prognose schenkt der Kunde dem Analysten 1 natürlich erheblich mehr Glauben. Warum?

Die richtigen beziehungsweise falschen Prognosen liegen beim Kunden als Schemata vor: „Analyst 1 bringt (typischerweise) richtige Prognosen" und „Analyst 2 bringt (typischerweise) falsche Prognosen". Als Folge der ersten Variante der Repräsentativitätsheuristik wird der Kunde dem Analysten 1 somit eine höhere Trefferwahrscheinlichkeit für die nächste Prognose beimessen. Das heißt, der Kunde geht davon aus, dass das in der Vergangenheit gebildete Schema in Zukunft fortgeschrieben werden kann. Dies wiederum ist letztlich nichts anderes als die Unterstellung, dass der Analyst 1 besser ist als der Analyst 2. Es ist somit aus einem empirischen Zusammenhang ein kausaler abgeleitet worden.

Dass jedoch im Allgemeinen ein empirischer Zusammenhang noch lange kein Kausalverhältnis begründen muss, zeigt das sogenannte „Storchenbeispiel". Selbst wenn in den Ländern, in denen die Anzahl dort ansässiger Störche besonders hoch ist, mehr Kinder geboren werden als in anderen Ländern, muss die hohe Geburtenanzahl (zumindest nach dem jetzigen Stand der Wissenschaft) nicht zwangsläufig auf die Störche zurückzuführen sein.

Deswegen müssen, um das Ausmaß der hier beschriebenen Urteilsverzerrung abschätzen zu können, die angenommenen Kausalzusammenhänge mit den tatsächlichen verglichen werden. Es lässt sich nicht bestreiten, dass der Analyst 1 möglicherweise wirklich besser ist als der Analyst 2. Denn die Qualität eines Analysten besteht insbesondere darin, dass seine Prognosen mit einer hohen Wahrscheinlichkeit eintreffen. Tatsächlich kann aber auch Analyst 2 der bessere sein und lediglich zweimal Pech gehabt haben, während der Analyst 1 zwei Zufallstreffer gelandet hat. Genausowenig wie eine Schwalbe noch keinen Sommer macht, sind in dieser Situation zwei Beobachtungen kaum aussagekräftig.

Zum anderen gilt, dass sich bei einer ausreichend großen Zahl von Analysten allein nach den Gesetzen der Wahrscheinlichkeitsrechnung darunter einzelne befinden müssen, die auch über einen längeren Zeitraum immer recht hatten. Man stelle sich eine Gruppe von ca. 4000 Kindern vor, die wöchentlich mit einem Münzwurf die Entwicklung des Dollarkurses für die nächste Woche prognostizieren sollen. Kommt „Kopf", steigt der Dollar, erscheint „Zahl", so wird er fallen. Nun gibt es die Regel, dass ein Kind, das einmal falsch lag, nicht mehr mitmachen darf. Das heißt, in jeder Woche wird der Wahrscheinlichkeitsrechnung folgend ca. die Hälfte der Kinder falsch liegen und ausfallen. Nach einem Vierteljahr wird immer noch ein Kind übrig bleiben, das immer richtig lag. Würde der personalverantwortliche Leiter eines Devisenhandelsbüros dieses Kind aufgrund seiner Fähigkeiten einstellen?

Empirische Zusammenhänge begründen keine kausalen Zusammenhänge, schließen sie aber auch nicht aus. Menschen hingegen tendieren dazu, als Schema gefestigte empirische Zusammenhänge in Prognosen stereotypisch „weiterzudenken", womit sie letztlich von einem kausalen Zusammenhang ausgehen. Dementsprechend werden tatsächliche kausale Zusammenhänge regelmäßig überschätzt beziehungsweise es wird womöglich dort ein kausaler Zusammenhang gesehen, wo real keiner besteht.

Ein abschließendes Beispiel einer offensichtlich überschätzten kausalen Abhängigkeit findet sich in einer Verbindung zwischen Mode und Finanzwelt. So gilt es als nachgewiesen, dass immer, wenn die Röcke in diesem Jahrhundert kürzer getragen wurden, auch die Aktienkurse anstiegen. Konsequenterweise wäre es sicherlich eine Überlegung wert, ob man bei einer Baisse nicht massiv Miniröcke anbieten sollte. Ob deshalb jedoch eine Kurserholung eintreten würde, ist fraglich.

### *Zusätzliche Untermauerung der Überschätzung von Kausalbeziehungen*

Die im Rahmen der Repräsentativitätsheuristik hergeleitete Neigung zur vorschnellen Wahrnehmung von Kausalbeziehungen wird durch weitere Ergebnisse der psychologischen Forschung unterstützt. Zum einen ist bekannt, dass Menschen ein ausgeprägtes Bedürfnis haben, ihre eigene Lage und ihr näheres Umfeld zu kontrollieren (DeCharms 1968, vgl. auch Kapitel 5). Dieses Bedürfnis kann als eine Begründung dafür angesehen werden, dass Menschen immer gerne die Ursachen für das, was sie erleben, erkennen möchten. Zur Befriedigung dieses sogenannten Kontrollbedürfnisses bilden sich Menschen somit (unbewusst) gerne etwas ein, was gar nicht vorhanden ist, nämlich Kausalbeziehungen (Stahlberg, Osnabrügge & Frey 1998).

Ferner hat sich auch die sogenannte „Attributionstheorie" (z. B. Herkner 1980; Meyer & Försterling 1998) mit der Frage beschäftigt, welche Ursachen Menschen bestimmten Ereignissen zuschreiben. Diese Theorie konzentriert sich hierbei auf Ereignisse, die das eigene Handeln oder das Handeln anderer Personen betreffen. Grundsätzlich werden dabei zwei Attributionen unterschieden.

Wird die Ursache für ein Ergebnis dem Handelnden beziehungsweise seinen Eigenschaften (seinen „Dispositionen") zugewiesen, wird von einer dispositionalen Attribution gesprochen. Wird die Ursache dagegen einer bestimmten Situation, zum Beispiel Glück oder Pech, zugeschrieben, liegt eine situative Attribution vor. Eine Erkenntnis der Attributionstheorie ist der sogenannte „fundamentale Attributionsfehler". Dieser besagt, dass Menschen die Handlungen oder Ergebnisse anderer Personen eher durch deren Fähigkeiten und Eigenschaften begründen (dispositionale Attribution) als durch situative Einflüsse (Ross 1977).

Zur Begründung dieses Effekts wird meist angeführt, dass im Allgemeinen die situativen Einflüsse für den Beobachter nicht verfügbar sind und es sich somit für ihn anbietet, auf naheliegende Faktoren zu schließen. Im obigen Beispiel der beiden Analysten wird der Kunde vermutlich kaum erfahren haben, unter welchen äußeren Umständen die Analyse zustande gekommen war. Möglicherweise stand der Analyst 2 unter Zeitdruck, hatte sich auf schlechte Recherchen eines Nachrichtenmagazins gestützt oder war zufällig seiner selektiven Wahrnehmung unterlegen. Sehr wohl vorstellen kann man sich dagegen als Außenstehender die Eigenschaften, die zu einer besseren oder schlechteren Prognose führen.

# IV. ALLES IST RELATIV - sogar die Bewertung von Gewinnen und Verlusten

Jeder Entscheidungsprozess lässt sich in drei Phasen aufteilen: Informationswahrnehmung, Informationsverarbeitung und Bewertung. Im vorangehenden Kapitel wurde beschrieben, wie Menschen vorgehen, um komplexe Sachverhalte zu vereinfachen und zu einem schnellen Urteil zu gelangen. Die entsprechenden Ausführungen bezogen sich auf die beiden ersten Phasen der Informationswahrnehmung und -verarbeitung. In diesem Kapitel geht es nun um die letzte Stufe: die Bewertung, und dabei vor allem um die relative Bewertung, wie sie für alle Menschen typisch ist.

Die Theorie der relativen Bewertung fußt auf grundlegenden Erkenntnissen der Psychophysik, wie ein Beispiel aus der akustischen Wahrnehmung verdeutlicht. Wenn in der Stille eines Waldes plötzlich ein Vogel zwitschert, hört man dies sehr gut. Vertreibt sich der Vogel jedoch an einer Autobahnraststätte seine Zeit mit Singen, so wird dies vermutlich keiner wahrnehmen. Wissenschaftlich ausgedrückt: Ein akustischer Reiz mit einer bestimmten Lautstärke wird um so stärker wahrgenommen, je geringer das Grundgeräusch ist. Noch etwas allgemeiner fasst das Weber'sche Gesetz diesen Sachverhalt zusammen: Je höher ein Grundreiz ist, desto stärker muss ein zusätzlicher Reiz ausfallen, damit er wahrgenommen wird (Zimbardo 1995).

Grundlage aller Wahrnehmung sind demnach keine absoluten Größen, sondern Differenzen zwischen verschiedenen Reizen. Dies hat zur Folge, dass ein und dieselbe Beobachtung in ganz anderem Lichte erscheinen kann, je nachdem, welche Sichtweise beziehungsweise welche Ausgangssituation gerade vorliegt. Wer erinnert sich nicht an das Experiment aus dem Physikunterricht, bei dem drei Schüsseln aufgestellt wurden, von denen eine mit kaltem, die zweite mit lauwarmem und die dritte mit heißem Wasser gefüllt war. Man musste eine Hand für längere Zeit ins kalte Wasser halten und danach mit derselben Hand in die lauwarme Schüssel greifen. Die meisten Mitschüler empfanden das lauwarme Wasser als heiß. Andere, die ihre Hand zuerst ins heiße Wasser und schließlich in die lauwarme Schüssel tauchten, nahmen dasselbe Wasser als kalt wahr.

In der Psychophysik wird diese relative Wahrnehmung durch sogenannte Anpassungs- beziehungsweise Adaptationsniveaus wiedergegeben, die erstmals von Harry Helson (Helson 1964), der auch diesen Begriff prägte, intensiv untersucht wurden. Der Kerngedanke dieser Theorie lautet, dass Wahrnehmungsurteile von den Erfahrungen, die ein Mensch bis dato gemacht hat, also den Reizen, die der Organismus registriert hat, beeinflusst werden. So könnte dies in Anlehnung an ein Experiment bedeuten, dass ein Mensch verschiedene Gewichte, die beispielsweise zwischen 200 und 500 Gramm liegen, beurteilen müsste. Einige Gewichte würden als leicht, andere als schwer und eines als „mittel", „weiß nicht" etc. bezeichnet. Je nach Versuchsanordnung und Reihenfolge würde ein als neutral angesehenes Gewicht mehr oder weniger in der Nähe von 350 Gramm liegen. Dies wäre dann das Anpassungsniveau.

Für das akustische Beispiel bedeutet dies, dass diejenigen Reize, die auf dem Adaptationsniveau liegen, weder als laut noch als leise wahrgenommen werden. Liegen sie über diesem Punkt, so werden sie als laut empfunden, liegen sie darunter, entsprechend als leise. Die Höhe des Adaptationsniveaus unterscheidet sich von Mensch zu Mensch. So wird beispielsweise das Adaptationsniveau eines an Lärm von Presslufthämmern, Bohrmaschinen und Rammen gewöhnten Bauarbeiters überdurchschnittlich hoch sein (Klix 1976), während ein Einsiedler in der Stille bereits das Knacken eines Astes als laut empfinden dürfte.

Das Phänomen der relativen Wahrnehmung lässt sich in gleicher Weise auch auf die Bewertung von Sachverhalten übertragen und beeinflusst somit Entscheidungen und Handlungen. Bewertungen sind vor allen Dingen für die Teilnehmer an den Finanzmärkten von besonderer Wichtigkeit, da hier manchmal in Sekundenschnelle Situationen erfasst und beurteilt werden müssen. Dies geschieht in einer Häufigkeit, wie es vermutlich in keinem anderen Lebensbereich der Fall sein dürfte, obgleich auch dort manchmal schnelle Entscheidungen getroffen werden müssen.

# 1 Bezugspunkte und abnehmende Sensitivität bei der Bewertung von Ergebnissen

Der Mensch nimmt also seine Umwelt nicht nur relativ wahr, er bewertet auch relativ. Sowohl in der Wahrnehmung als auch in der Bewertung gibt es den eingangs erwähnten besonderen neutralen Punkt. Bei der Bewertung der Ergebnisse von Handlungen wird dieser neutrale Punkt nunmehr Bezugspunkt oder Referenzpunkt genannt, den es für jede Entscheidung gibt. Ergebnisse genau in der Höhe dieses Bezugspunktes sind analog zum Anpassungs- oder Adaptationsniveau in der Psychophysik Ergebnisse, die als neutral empfunden werden. Ergebnisse, die oberhalb des Bezugspunktes liegen, werden indes als relative Gewinne wahrgenommen, während Werte unterhalb als relative Verluste angesehen werden (Kahneman & Tversky 1979). Die Wahrnehmung und Bewertung von Gewinnen und Verlusten ist damit bezugspunktabhängig. Sollte dieser Bezugspunkt aus irgendeinem Grunde verschoben werden, kann sich damit auch das Entscheidungsverhalten verändern.

Hat man beispielsweise eine Aktie für 125 Euro gekauft, so wird dieser Einstandspreis von den meisten Menschen als Bezugspunkt gewählt.[1] Hieraus folgt: Steigt die Aktie auf einen Wert von 130 Euro, freut man sich über einen Gewinn von 5 Euro. Fällt die Aktie auf 120 Euro, hat man einen Verlust von 5 Euro. Dies hört sich zunächst banal an, hat aber weitreichende Konsequenzen, wenn man berücksichtigt, dass Menschen Ereignisse, Ergebnisse, Werte etc. mit einer abnehmenden Sensitivität bewerten, je weiter entfernt diese vom Bezugspunkt liegen (Christensen 1989). Was dies genau bedeutet, wird im folgenden Abschnitt dargestellt.

[1] Theoretisch müsste man zu diesem Einstandspreis noch die Courtage, Provisionen etc. hinzurechnen, doch werden diese nicht zu unterschätzenden Kosten in der Praxis fast immer vernachlässigt.

## 1.1 Ein Modell unserer Bewertungen: Die Wertfunktion

Zum Verständnis der abnehmenden Sensitivität diene zunächst folgendes Beispiel: Stellen Sie sich vor, Sie würden abends essen gehen. Ihre Wahl fällt auf die gebackene Ente, die Ihnen, weil Sie sehr hungrig sind, wie eine kostbare Delikatesse erscheint, ja, Sie wären sogar bereit, mehr als die verlangten 22,90 DM zu zahlen. Nachdem Sie sich die Ente haben schmecken lassen, fragt der Ober, ob Sie eine zweite haben möchten. Da Sie bereits ziemlich satt sind, wird der Nutzen der zweiten Ente deutlich unter dem der ersten liegen und der einer dritten (sollten Sie überhaupt soviel essen können) nochmals deutlich unter dem der zweiten. Jede zusätzliche Ente bringt also einen immer geringeren Wertzuwachs. Analog dazu kann ein erstes Glas Bier an einem warmen Sommertag ein Genuss sein, während man beim zehnten Bier meist nicht mehr weiß, ob und wie es einem schmeckt.

Überträgt man diese Beispiele auf Geld, so bedeutet die abnehmende Sensitivität im Gewinnbereich, dass man sich über den ersten Euro Gewinn mehr freut als über den zweiten, über den zweiten mehr als über den dritten etc. Im Verlustbereich, also unterhalb des Bezugspunktes, zeigt die abnehmende Sensitivität zunächst dieselbe Wirkung: Über den ersten Euro Verlust ärgert man sich am meisten, beim zweiten wird es schon weniger, etc.

Diese Erkenntnisse wurden von den Psychologen Kahneman & Tversky in der Prospect Theory in Form einer sogenannten Wertfunktion *v* (aus dem englischen value) abgebildet, wie sie in der Abbildung 4-1 exemplarisch gezeigt wird. Die Wertfunktion gibt dabei an, welchen subjektiven Wert ein Entscheider einem bestimmten Gewinn beziehungsweise Verlust beimisst.[2]

---

[2] Die Prospect Theorie wurde bereits 1979 von Kahneman und Tversky entwickelt und befasst sich in ihrer ursprünglichen Form mit dem Verhalten von Entscheidern, die zwischen zwei Alternativen wählen können. Im Originaltext lautet die Definition wie folgt: „Decision making under risk can be viewed as a choice between prospects or gambles" (vgl. Kahneman & Tversky 1979, S. 263); demnach sind Entscheidungen unter Risiko als eine Wahl zwischen Handlungsalternativen, die mit bestimmten Wahrscheinlichkeiten verbunden sind (prospects), oder als Lotterien zu verstehen. Später folgten Erweiterung und Modifizierungen dieses Modells.

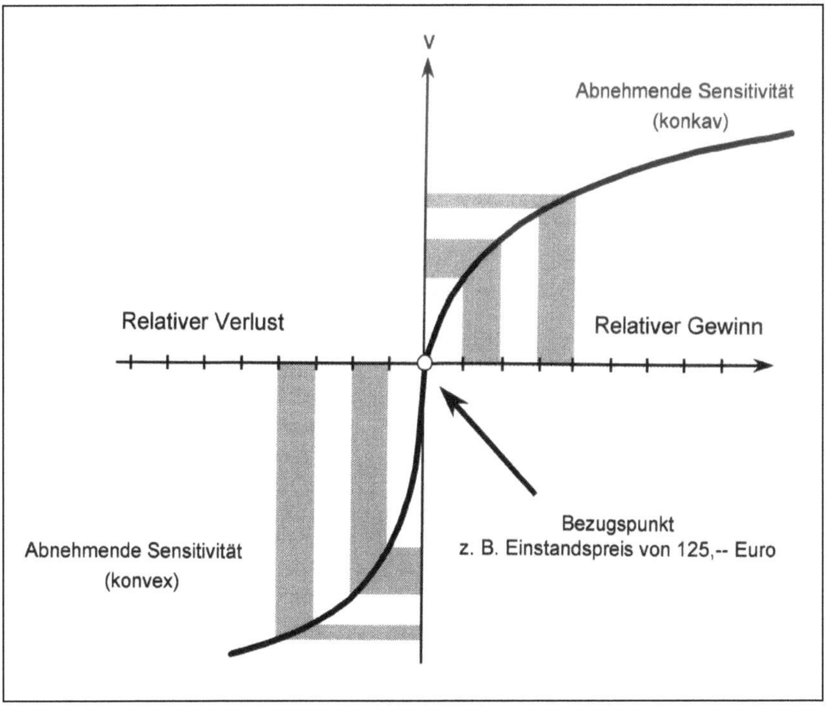


Abbildung 4-1: Wertfunktion der Prospect Theory

In der Mitte der Abbildung, im Koordinatenursprung, liegt der Bezugspunkt für die Bewertung. Dargestellt an obigem Beispiel des Aktienkaufs entspricht dieser Bezugspunkt dem Einstandspreis von 125 Euro. Eine Bewertung ist hier noch neutral, deshalb erhält die Wertfunktion $v$ einen Wert von $v(125 \text{ Euro}) = 0$. Rechts vom Bezugspunkt zeigt sich eine positive Bewertung. Die eingezeichneten Rechtecke sollen hierbei die abnehmende Sensitivität veranschaulichen: Mit zunehmender Entfernung vom Bezugspunkt nimmt die Bewertung eines identischen Geldbetrags ab. Wird in der Nähe des Bezugspunktes 1 Euro Unterschied noch recht hoch bewertet, so sinkt die Bewertung jedes zusätzlichen Euros mit Entfernung vom Bezugspunkt. Die abnehmende Sensitivität bewirkt eine Rechtskrümmung (d. h. sie ist konkav) der Wertfunktion im Gewinnbereich. Links vom Bezugspunkt (im Verlustbereich) ergibt sich aufgrund der abnehmenden Sensitivität ein umgekehrter Kurvenverlauf, die Wertfunktion verläuft also linksgekrümmt (konvex). Selbstverständlich ist diese

Darstellung der Wertfunktion nur konzeptionell zu verstehen. So kann der Grad der abnehmenden Sensitivität nicht nur von Person zu Person variieren, sondern auch, abhängig von der Situation, unterschiedlich ausfallen.

Für die abnehmende Sensitivität gibt es zahlreiche Beispiele im Alltag. Man denke etwa an jene Leute, die für den Einkauf von Lebensmitteln eine halbe Stunde Umweg zum günstigsten Supermarkt in Kauf nehmen, wenn sie dabei im Vergleich zum Krämerladen um die Ecke bei einer Gesamtsumme von 300 DM ganze 30 DM sparen. Um so erstaunlicher ist es, dass diese Menschen bereit sind, am selben Tag für eine Waschmaschine im Einzelhandel 1.550 DM zu bezahlen, während ein 30 Minuten entferntes Geschäft das gleiche Modell für 1.520 DM anbietet. Betrachtet man dieses Verhalten aus der Perspektive der Wertfunktion, so bedeutet dies, dass man sich bei einem Betrag von 300 DM noch sehr nahe am Bezugspunkt befindet, der Unterschied von 30 DM wird noch sehr stark wahrgenommen. Ist man indes im Begriff, 1550 DM auszugeben, so wird der Unterschied von 30 DM kaum noch verspürt, da man sich schon weit vom Bezugspunkt entfernt hat.

Um einen Fall von abnehmender Sensitivität handelt es sich auch bei jenem häufig an den Aktienmärkten anzutreffenden Phänomen, dass ein Anleger gerade eine Aktie für 500 Euro erworben hat, die sodann auf 470 Euro sinkt. Über diesen Verlust dürfte er sich ziemlich ärgern. Wenn dieselbe Aktie nach einer weiteren starken Abwärtsbewegung später von 260 auf 230 Euro – fällt, so wird ihn dieser Verlust kaum noch schmerzen: „Darauf kommt es jetzt auch nicht mehr an", wird er sich sagen.

Vielleicht ist dem Leser an der Wertfunktion aufgefallen, dass die Kurve im Verlustbereich steiler als im Gewinnbereich verläuft. Dieses Phänomen wird als Verlustaversion (Loss aversion) bezeichnet (Kahneman & Tversky 1979). Danach werden Verluste meist stärker als Gewinne in gleicher Höhe bewertet. Für die relative Bewertung spielt die Verlustaversion allerdings keine Rolle, weshalb deren Ursachen und Konsequenzen erst im Kapitel 5 erläutert werden sollen. An dieser Stelle werden zunächst einige wichtige Konsequenzen der mit der Wertfunktion veranschaulichten Bewertungscharakteristik dargestellt.

## 1.2 Wie sich die Risikoeinstellung umkehren kann: Der Reflection-Effekt

Eine weitere typische Verhaltensweise, die sich aus der abnehmenden Sensitivität ergibt, illustriert folgendes Beispiel: Ein Entscheider steht vor der Wahl, 1000 DM sicher zu erhalten oder an einem Spiel teilzunehmen, bei dem er mit 50% Wahrscheinlichkeit einen Gewinn von 2000 DM erzielen kann. Kann man nun in Hinblick der abnehmenden Sensitivität prognostizieren, wie sich der Entscheider verhalten wird? Er wird, wie eine Reihe von empirischen Untersuchungen bestätigt, meist die sicheren 1000 DM wählen. Wie dies zu erklären ist, veranschaulicht Abbildung 4-2.

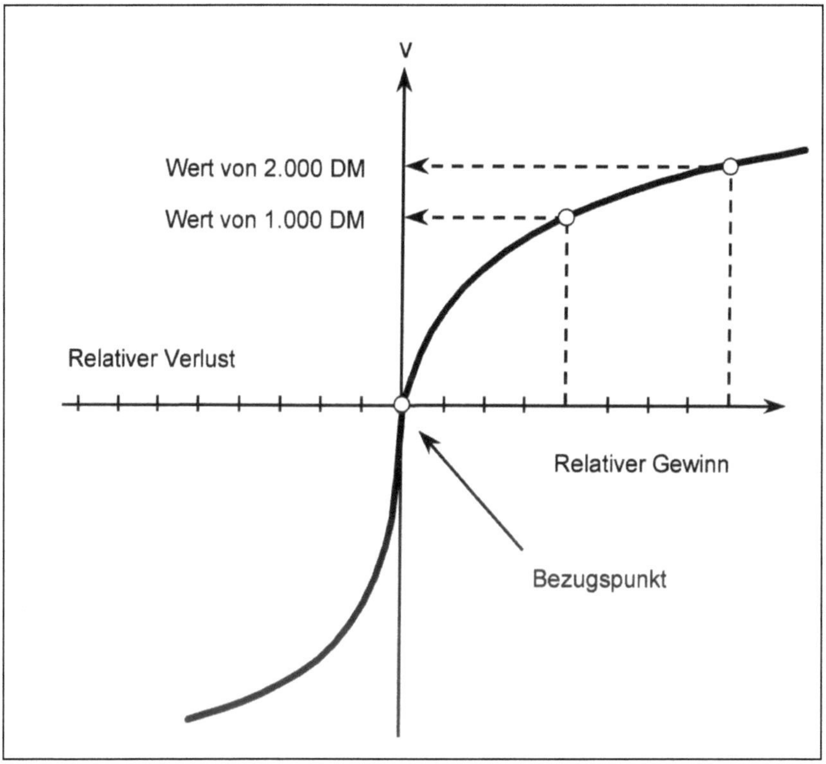


Abbildung 4-2: Erläuterung des Reflection-Effekts

In der Abbildung wird deutlich, dass aufgrund der abnehmenden Sensitivität 2000 DM nicht doppelt so hoch bewertet werden wie ein Gewinn von 1000 DM. Berücksichtigt man nun noch die Wahrscheinlichkeit von 50%, so wird klar, dass der sichere Gewinn von 1000 DM insgesamt höher bewertet wird als der unsichere Gewinn von 2000 DM[3]. Festzuhalten bleibt, dass sich der Entscheider aufgrund der abnehmenden Sensitivität gegen die riskante und für die sichere Alternative entschieden hat, er hat sich risikoavers verhalten.

Wiederholt man dieses Experiment mit Verlusten statt Gewinnen, führt dies zu dem erstaunlichen Resultat, dass sich die Entscheider plötzlich risikofreudig verhalten, das heißt, sie entscheiden sich gegen den sicheren Verlust und nehmen dafür lieber an einem Spiel teil, bei dem sie entweder nichts oder einen noch höheren Betrag zahlen müssen. Wenn man die gleichen Zahlen wie beim Gewinnfall nimmt, so gilt, dass ein Verlust von 2000 DM (aufgrund der abnehmenden Sensitivität) nicht doppelt so hoch wie ein Verlust von 1000 DM bewertet wird. Berücksichtigt man nun wieder die Wahrscheinlichkeit von 50%, so ergibt sich für den unsicheren Verlust insgesamt ein höherer subjektiver Wert als für den sicheren Verlust. Die Probanden entscheiden sich für die riskante Alternative.

Zusammenfassend kann man feststellen, dass sich die Entscheider hinsichtlich riskanter Alternativen beim Übergang von Gewinnen zu Verlusten genau umgekehrt verhalten, man spricht deshalb auch vom Reflection-Effekt (Kahneman & Tversky 1979, 1982).

Der Reflection-Effekt führt zu einem interessanten Verhaltensmuster, wenn es durch eine bestimmte Präsentation eines Sachverhalts gelingt, den Bezugspunkt zu manipulieren. Man spricht in diesem Zusammenhang von einem Framing-Effekt. Letzterer ist dann gegeben, wenn die unterschiedliche Präsentation eines im Grunde eindeutigen Sachverhaltes unterschiedliche Entscheidungen hervorruft. Vor allem in der Werbung bedient man sich dieses Effektes, um auf das Kaufverhalten der Menschen einzuwirken. Insofern kommt der richtigen Darstellung des Referenzpunktes und der Präsentation von Entscheidungsproblemen eine große Bedeutung zu.

So kann ein zur Hälfte gefülltes Glas als halb voll oder aber als halb leer präsentiert werden. Das Risiko einer Operation kann beispielsweise so

---

[3] Formal ausgedrückt könnte man schreiben:
$v(1000DM) > 0{,}5\ v(0DM) + 0{,}5\ v(2000DM)$.

beziffert werden, dass man sagt, ein Prozent aller Patienten würden daran sterben, oder man erklärt, der Eingriff würde bei 99% aller Patienten zur Heilung führen. Lehnt man infolgedessen im ersten Fall eine Operation ab und stimmt indes bei der zweiten Präsentation einer Operation zu, liegt ein Framing-Effekt vor.

Wie sich Framing-Effekte auch bei ökonomischen Entscheidungen auswirken können, sollen die nun folgenden Entscheidungssituationen verdeutlichen, die übrigens in Experimenten immer wieder durchgespielt wurden. (In Klammern ist der Prozentsatz derjenigen Probanden angegeben, die sich für die jeweils angegebene Alternative bei einer vergleichbaren Versuchsanordnung (Kahneman & Tversky 1979, 1982) entschieden hatten.)

---

S i t u a t i o n  A: In einem Spiel erhalten Sie 1.000 DM. Daneben besteht die Wahl zwischen

a) einem sicheren Gewinn von 500 DM (84%)

oder

b) einer 50% Chance, zusätzlich 1000 DM zu gewinnen und einer 50% Chance, nichts hinzuzugewinnen (16%)

---

S i t u a t i o n  B: In einem Spiel erhalten Sie 2.000 DM. Daneben besteht die Wahl zwischen

a) einem sicheren Verlust von 500 DM (31%)

oder

b) einem 50% Risiko, 1000 DM wieder zu verlieren und einer 50% Chance, nichts zu verlieren (69%)

---

Betrachtet man den jeweiligen Gesamtgewinn am Ende der Spielsituationen, so zeigt sich, dass beide Spielsituationen ökonomisch identisch sind.

In beiden Fällen handelt es sich letztlich um die Entscheidung, ob man einen sicheren Betrag von 1.500 DM einem Spiel vorzieht, in dem man mit 50% Wahrscheinlichkeit 1.000 DM gewinnt und mit den restlichen 50% einen Gewinn von 2.000 DM erzielt. Die meisten Menschen treffen jedoch je nach Darstellung des Sachverhaltes (wie an den Prozentzahlen abzulesen ist) unterschiedliche Entscheidungen.

Auf der Basis obiger Überlegungen läßt sich dieser Framing-Effekt leicht erklären. So handelt es sich hierbei um eine zweistufige Spielsituation, in der die sicheren Beträge der ersten Stufe einen Bezugspunkt für die zweite Etappe des Spiels suggerieren. In dieser zweiten Spielstufe müssen Beträge unter Risiko bewertet werden, wobei jeweils von einem anderen Bezugspunkt ausgegangen wird. In der Spielsituation A liegt der Bezugspunkt für die zweite Stufe bei 1.000 DM, und somit sind die zusätzlichen Beträge relative Gewinne. In der Spielsituation B liegt der Bezugspunkt bei 2.000 DM, so dass die Risikobewertung relative Verluste behandelt. Da gemäß des Reflection-Effekts im Gewinnbereich die sichere Alternative und im Verlustbereich die riskante Alternative bevorzugt wird, ist diese Präferenzumkehr verständlich. (Weitere Beispiele für Framing-Effekte präsentierten Tversky & Kahneman 1981, 1986.)

## 1.3 Warum Verluste so gerne ausgesessen werden: Der Dispositionseffekt und der Sunk-cost-Effekt

In diesem Abschnitt werden mit dem Sunk-cost-Effekt, besser gesagt dem Dispositionseffekt als Spezialfall des Sunk-cost-Effekts zwei stabile Verhaltensmuster irrationalen Handelns aufgezeigt, auf die im fünften Kapitel noch ausführlicher einzugehen sein wird. Jedoch kann an dieser Stelle bereits gezeigt werden, wie sich diese beiden Effekte durch die (S-förmige) Wertfunktion beziehungsweise den Reflection-Effekt erklären lassen.

### *Der Dispositionseffekt*

Die unterschiedliche Bewertung des Risikos im Verlust- und im Gewinnbereich führt bei kurzfristig orientierten Transaktionen an Devisen-

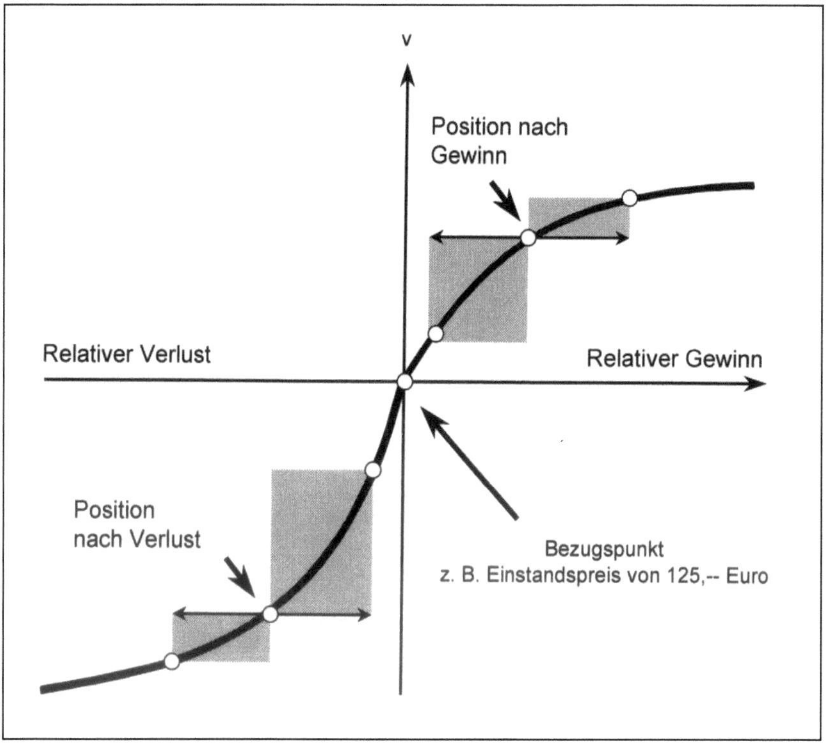


Abbildung 4-3: Erläuterung des Dispositionseffekts

oder Aktienmärkten dazu, dass Anleger, sofern sie Gewinne gemacht haben, diese zu früh realisieren, das heißt, sie entscheiden sich für den sicheren Gewinn und gegen die Chance, möglicherweise noch mehr zu gewinnen oder aber leer auszugehen. Haben sie dagegen Verluste erlitten, so entscheiden sie sich dafür, die Wertpapiere weiter zu halten, und verzichten auf die Verlustrealisation. Dies käme, wie oben bereits dargelegt, einer Entscheidung für einen sicheren Verlust gleich, der bekanntlich stärker bewertet wird als die Chance, nichts zu verlieren, wenngleich damit das Risiko verbunden ist, den Verlust zu vergrößern. Dieses Verhalten, Gewinne zu früh zu realisieren und Verluste zu lange laufen zu lassen, wird auch als Dispositionseffekt bezeichnet (Weber & Camerer 1998; Shefrin & Statman 1985 sowie Gerke & Bienert 1993). Zur Verdeutlichung dieses Effekts soll in Abbildung 4-3 ein Aktienkauf einmal nach einem Kursanstieg, zum andern nach einem Kursverfall betrachtet werden.

Nach einem Kursanstieg hat der Anleger einen vergleichsweise hohen Wertzuwachs gegenüber dem Einstandspreis erreicht. Ein weiterer Kursanstieg bringt ihm aufgrund der Rechtskrümmung der Wertfunktion im Gewinnbereich nur noch einen geringen Wertzuwachs. Deshalb zögert er nicht, sich diesen Gewinn zu sichern. Im Verlustbereich sieht sich der Anleger indes mit einem gesunkenen Wert seiner Aktien konfrontiert. Ein weiterer Kursverfall macht ihm aufgrund des jetzt schon flacheren Verlaufs der Funktion jedoch weit weniger als zuvor aus. Fällt der Verlust noch etwas höher aus, so spielt dies jetzt auch keine Rolle mehr, wird er sich sagen. Dafür würde es ihn um so mehr freuen, im steilen Verlauf der Funktion wieder zu schnellen Wertzuwächsen zu kommen. Er wird demnach dazu neigen, die Verluste auszusitzen, wenn eine gewisse, und sei es eine noch so geringe Chance besteht, dass sich der Kurs wieder erholt.

Man hört häufig die Jahrzehnte alte Börsenregel: „Gewinne laufen lassen und Verluste begrenzen". Diese Regel ist zweifelsfrei dann richtig und sinnvoll, wenn die Kursentwicklung einen längerfristigen Trend erkennen lässt. Falls nämlich davon ausgegangen werden kann, dass mit einer laufenden Aufwärtsbewegung auch weitere Kurssteigerungen wahrscheinlich sind, beziehungsweise bei einer Abwärtsbewegung mit einem weiteren Verfall des Kurses zu rechnen ist, ist es zwingend, im Verlustbereich sofort auszusteigen und sich bei Gewinnen nicht von der gekauften Aktie zu trennen.

Der Dispositionseffekt zeigt jedoch, dass Anleger aus psychischen Gründen Aktienengagements in Abhängigkeit davon bewerten, ob deren Wert nach dem Kauf gestiegen oder gefallen ist. Und eine Folge davon ist eben, dass Verluste laufen gelassen werden und Gewinne begrenzt werden. Die obige Börsenregel hilft also, dem Dispositionseffekt entgegen zu treten. Obwohl diese letzten Ausführungen unmittelbar einleuchten mögen, halten sich viele Anleger dennoch nicht daran. Das mag daran liegen, dass noch andere psychische Faktoren Marktteilnehmer davon abhalten können, Verluste rechtzeitig zu „realisieren". Hierauf wird aber erst später eingegangen.

### *Der Sunk-cost-Effekt*

Unter dem Sunk-cost-Effekt versteht man den Einfluss, den bereits entstandene Kosten eines Engagements auf die Bereitschaft zu weiteren Investitionen ausüben können. Doch spielt er nicht nur an den Finanzmärkten eine große Rolle, sondern erklärt auch Verhaltensweisen im alltäglichen Leben. Wer hat nicht schon einmal einen telefonischen Beratungsdienst in Anspruch genommen und dabei die Erfahrung machen müssen, mit seiner Anfrage in einer Warteschleife zu landen. „Legen Sie nicht auf, wir werden uns bemühen, Ihre Probleme so schnell wie möglich..." Man wartet bei nicht enden wollendem musikalischen „Gedudel" fünf Minuten, zehn Minuten etc. Immer wieder steht man vor der Wahl: Soll man abbrechen und es später noch einmal versuchen? Womöglich um den Preis, abermals in einer Warteschleife zu kreisen. Oder investiert man noch etwas Zeit... „Sie sind als nächster dran", verkündet die automatische Stimme abermals verheißungsvoll. Jetzt auflegen? So kurz vor dem Ziel. Man gibt sich noch eine Minute... Sie verstreicht ungenutzt – man legt verzweifelt auf. Wieviel kostbare Zeit ist auf diese Weise schon investiert und letztlich vertan worden.

Oder: Ein Student besitzt ein älteres Auto mit einer defekten Zylinderkopfdichtung, die er reparieren lässt. Kosten: 1.000 DM. Danach fährt das Auto einige Tage lang wunderbar, bis das Getriebe ausfällt. In der Werkstatt angekommen, erfährt der Student, dass eine Reparatur noch einmal ca. 2.000 DM kosten würde. Zugleich rät man ihm von der Reparatur ab, denn das Auto wäre gar nicht mehr soviel wert, nur mit viel Glück würde es noch durch den nächsten TÜV kommen. Er solle sich ein neues Auto besorgen, dies sei sinnvoller. Der Student entscheidet sich aber dennoch für die Reparatur, schließlich hat er erst vor kurzer Zeit 1.000 DM in seinen fahrbaren Untersatz investiert. Wenn er jetzt sein Auto verschrotten würde, hätte er sich dieses Geld doch sparen können.

Die Übereinstimmung dieses Beispiels mit dem Dispositionseffekt ist offensichtlich. Denn wie der Anleger, dessen Aktien an Wert verloren haben, hat der Student eine Investition vorgenommen, die für ihn unglücklich verlaufen ist. Auch er gerät, da sein Auto nach kurzer Zeit erneut nicht fährt, quasi in den Verlustbereich. Er wird risikofreudig und ist abgeneigt, dieses „Engagement" zu beenden. Die Verbindung zum Dispositionseffekt wird noch klarer, wenn man die Sunk cost in beiden Situationen herausstellt. Sunk cost sind sozusagen die „versunkenen" Kosten, die in der Vergangenheit in ein bestimmtes Projekt geflossen sind und nicht mehr rückgängig gemacht werden können. In dem Autobeispiel sind die Sunk cost die unwiederbringlichen Reparaturkosten in Höhe von 1.000 DM. Beim Dispositionseffekt entsprechen die Sunk cost dem Kursrückgang seit dem Kauf, auch dieser ist (leider) nicht mehr rückgängig zu machen. Der Dispositionseffekt, soeben im Rahmen eines Aktienengagements erläutert, entspricht somit in beliebigem anderen Kontext dem Sunk-cost-Effekt. So neigen viele Menschen dazu, an Vorhaben, in die sie bereits Geld investiert haben und die sich in der Verlustzone befinden, festzuhalten, statt sie zu beenden (was in den oben genannten Beispielen hieße, die Aktien mit Verlust bzw. das Auto zu verkaufen). Welche Konsequenzen der Sunk-cost- bzw. Dispositionseffekt auf die Performance eines Anlegers haben kann, zeigt folgende E-mail, die wir als Reaktion auf eine von uns durchgeführte psychologische Befragung von Anlegern im Internet (siehe hierzu mehr im Kapitel 6) erhalten haben:

„Das Testergebnis trifft genau auf mich zu, mein Geld wird kontinuierlich weniger, zuerst in den Emerging Markets, dann mit Optionsscheinen, jetzt am Neuen Markt. Das alles beim Versuch, die Anfangsverluste aufzuholen. Was soll ich nun mit meinen Zockeraktien vom Neuen Markt machen! Auf meinem Anlagekonto herrschen Raubbau und Verwüstung, die aktuelle Performance liegt bei ca. -50%. Ist die missliche Lage hoffnungslos? Wie kann ich den Verlust ausgleichen? Mein ursprüngliches Anlageziel war schnell zu viel Geld zu kommen! Jetzt weiß ich zwar wie's geht, muss aber vorher den Rückstand aufholen! Habt Ihr einen guten Rat für mich? Wenn ja, Danke."

Ähnlich ergeht es auch manchem Unternehmer. Man stelle sich vor, jemand hat in ein Projekt eine Million DM investiert und muss nach einem Jahr feststellen, dass dieses nicht die erwarteten Früchte getragen hat. Bei einem vorzeitigen Abbruch würde also ein Verlust entstehen. Deswegen bestellt man einen externen Berater, der (gegen ein saftiges Honorar) zu dem Ergebnis kommt, es sei noch nicht alles verloren, die Lage nicht hoffnungslos, wenn man nur bereit sei, noch einmal 500.000 DM in das Projekt zu stecken. Die meisten Menschen würden diesem Rat Folge leisten, gar nicht einmal in der Hoffnung, doch noch einen Gewinn zu erzielen, sondern nur, um mit dem vielzitierten „blauen Auge" davonzukommen, das heißt die Anfangsverluste wieder auszugleichen. Sinnvoller wäre es möglicherweise, das Projekt abzubrechen und Zeit und Geld in ein neues gewinnbringendes Vorhaben zu stecken.

Der Sunk-cost-Effekt bewirkt letztlich, dass an erfolglosen Projekten – auch wenn sich deren Misslingen schon frühzeitig abzeichnet – häufig unverhältnismäßig lange festgehalten wird. Dies geschieht um so eher, je stärker Gelingen oder Scheitern des Vorhabens von der Öffentlichkeit beobachtet werden (Beeler & Hunton 1997): Je mehr Leute von einem erfolglosen Projekt Kenntnis haben, desto schwerer dürfte es fallen, ein solches Unternehmen in einem frühen Stadium abzubrechen. Ähnliches ist festzustellen, wenn beispielsweise der Leiter einer Devisenabteilung eine strategische Position aufgebaut hat, die in die Verlustzone gelaufen ist: Sein Erfolg beziehungsweise Misserfolg wird von vielen nachgeordneten Kollegen genauestens beäugt. Daher ist es nicht erstaunlich, wenn gerade Menschen in verantwortlicher Stellung dem Sunk-cost-Effekt und seinen Folgen in besonderem Maße unterliegen. Menschlich gesehen ist es verständlich, dass ein Manager vor seinen Mitarbeitern keine Fehler machen möchte. Für den Erfolg seiner Abteilung hat das jedoch langfristig fatale Auswirkungen. Nicht nur, dass in diesem Einzelfall eine Verlustposition zu lange durchgehalten wird. Aufgrund der Vorbildfunktion, die ein Chef zu erfüllen hat, wird sein Verhalten bei seinen Mitarbeitern Nachahmer finden. Verluste laufen zu lassen könnte zur Handlungsmaxime werden.

Der Sunk-cost-Effekt kann aber auch ganz andere, mitunter verheerende Folgen zeitigen. Man denke nur an den Vietnam-Krieg, der auch deshalb solange fortgesetzt wurde, weil man schon soviel „investiert" hatte, und diese Opfer sollten nicht umsonst gewesen sein.

Dass die Neigung, verlustträchtige Projekte nicht zu beenden, schon allein durch die abnehmende Sensitivität erklärt werden kann, soll folgendes Beispiel nochmals verdeutlichen[4], in dem ein Unternehmer gleichzeitig in drei Vorhaben investiert hat: Eines weist einen Verlust von 1.000 DM auf, es sind also Sunk cost entstanden. Das zweite hat bislang weder Verluste erzeugt noch Gewinne abgeworfen, während das dritte einen Gewinn von 1.000 DM eingebracht hat (vgl. Abb. 4-4).

An welchem der drei Projekte würde nun vorrangig gearbeitet werden, wenn man annimmt, dass mit einem bestimmten Arbeitseinsatz (z. B. zwei Wochen lang Überstunden) in allen drei Fällen eine Verbesserung des Projektstands um genau 1.500 DM erreicht werden könnte?

Die Entscheidung würde sich am jeweiligen subjektiven Wertzuwachs orientieren, den man mit dem Projekt erreichen kann. Am geringsten ist der Wertzuwachs im Gewinnprojekt, denn aufgrund der abnehmenden Sensitivität würden die zusätzlichen 1.500 DM nicht als großer Erfolg empfunden werden. Größer ist der Wertzuwachs beim „neutralen" Projekt, da sich hier die anfänglich noch hohe Sensitivität im Gewinnbereich

[4] In der Abbildung 4-4 wird deshalb auf den Knick in der Wertfunktion, wie er durch die Verlustaversion verursacht wird, verzichtet.

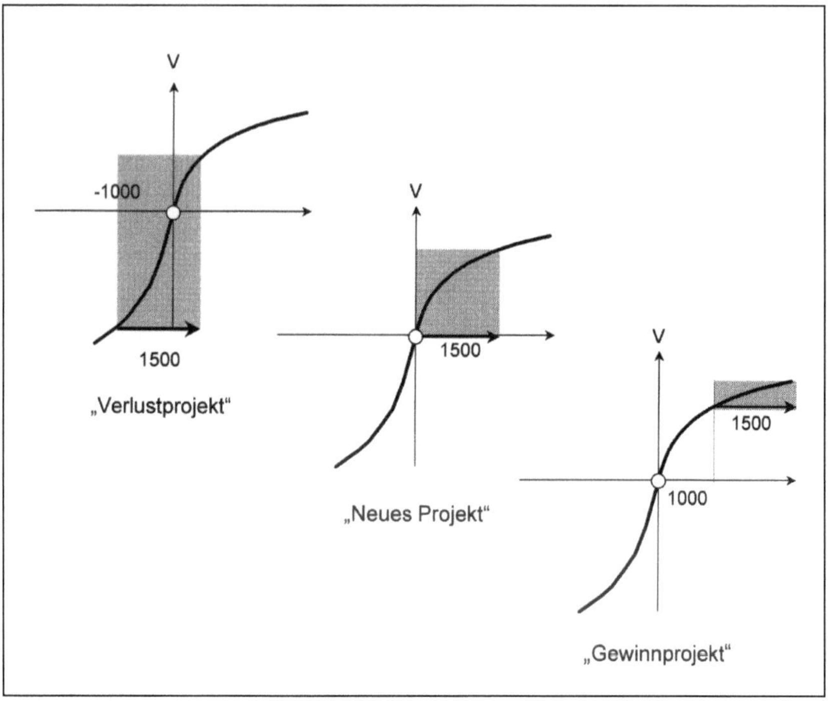


Abbildung 4-4: Wirkung eines Arbeitsaufwands in drei unterschiedlichen Projekten

in der Nähe des Bezugspunktes auswirkt. Noch höher ist der Wertzuwachs jedoch im Verlustprojekt, weil vor allem der erste Wertzuwachs im Verlustbereich besonders stark zur Geltung kommt. Somit wird deutlich, dass bereits allein die abnehmende Sensitivität die Tendenz verstärkt, Verlustprojekte nicht zu beenden, sondern weiter in sie zu investieren.

## 1.4 Abnehmende Sensitivität und die Bewertung extrem erlebter Verluste oder Gewinne

In den bisherigen Ausführungen zur relativen Bewertung wurden Ausprägungen untersucht, die nicht sehr weit vom Bezugspunkt entfernt liegen. Unter dieser Voraussetzung wurde gezeigt, wie ein risikoscheues Verhalten im Gewinnbereich und ein risikofreudiges im Verlustbereich begründet werden können. Nicht selten gibt es jedoch Fälle, in denen, von einer bestimmten Entfernung an, die Sensitivität in der Wertfunktion wieder zunimmt, was sich unmittelbar auf die Risikoeinstellung auswirkt (Kahneman & Tversky 1979). Werden beispielsweise Verluste betrachtet, die so hoch sind, dass schwerwiegende beziehungsweise existenzielle Nachteile mit ihrem Eintreten verbunden sind, werden Menschen im Verlustbereich von einem bestimmten Punkt an risikoscheu.

Man denke zum Beispiel an einen Familienvater, der sein Glück in einem Spielkasino sucht, um der Familie einen tollen Urlaub finanzieren zu können. Er wird möglicherweise einige Ersparnisse aufs Spiel setzen, vielleicht wird er sogar einen Kredit aufnehmen, falls ihm kein Anfängerglück beschieden war. Er wird mit dem als Familienvater gebotenen Verantwortungsgefühl vermutlich aber nicht soweit gehen, dass die Existenz seiner Familie bedroht wird, etwa indem er das gerade knapp finanzierte Eigenheim aufs Spiel setzt.

Ein anderes Beispiel bietet uns ein Devisenhändler, der täglich immer nur innerhalb eines bestimmten Limits selbständig entscheiden darf. Angenommen, er muss bei einer Verlustposition von 200.000 DM den Chef rufen, um das weitere Vorgehen abzustimmen. Dieser Händler ist nun in eine Schieflage geraten, in der er entscheiden muss, ob er durch Glattstellung einen Verlust von 100.000 DM realisieren oder das Engagement weiterführen soll, wobei er mit 50% Wahrscheinlichkeit keinen Verlust hat, dafür aber gleichfalls zu 50% das Risiko eingeht, den Verlust auf eine Höhe von 200.000 DM zu treiben. Dieser Händler wird sich vermutlich aus Angst vor der Blamage gegenüber seinem Chef eher risikoscheu verhalten, den Verlust von 100.000 DM realisieren und anschließend versuchen, in kleinen Schritten den Tag doch noch im Plus abzuschließen. Die für diesen Händler relevante Wertfunktion könnte etwa wie in Abbildung 4-5 aussehen.

In der Wertfunktion kommt hierbei zum Ausdruck, dass der Händler in der Nähe eines Verlustes von 200.000 DM extrem sensibel wird. Man kann sich diese Situation so vorstellen, dass in der Bewertung des Händlers zwei Bezugspunkte eine Rolle spielen. Ein Bezugspunkt liegt bei einem Tagesabschluss ohne Gewinn. Sind jedoch Ausprägungen in der Umgebung von 200.000 DM zu bewerten, so kommt auch dem zweiten, zunächst nur latent relevanten Bezugspunkt Bedeutung zu. Hierbei gilt es zu beachten, dass in der unmittelbaren Umgebung beider Bezugspunkte eine abnehmende Sensitivität gilt. Dies ist auch für den zweiten Bezugs-

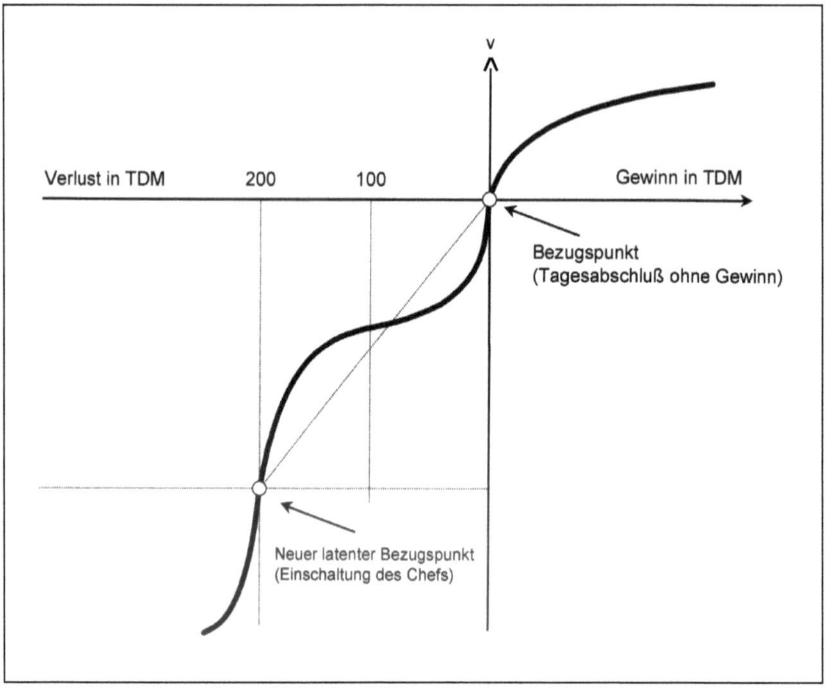


Abbildung 4-5: Risikoscheu im Verlustbereich bei extremen Ausprägungen

punkt plausibel, da es ganz entscheidend darauf ankommt, ob dieser Betrag über- oder unterschritten wird.

Dass sich der Händler mit dieser Wertfunktion in der oben angegebenen Entscheidungssituation risikoscheu verhält, ist leicht zu erklären. So besitzt ein Verlust von 200.000 DM, wie es die Abbildung veranschaulicht, gegenüber einem Verlust von 100.000 DM einen mehr als doppelt so hohen (negativen) Wert. Nach der Multiplikation mit der Wahrscheinlichkeit von 50% ist die Gesamtbewertung des Verlustes von 200.000 DM immer noch schlechter als die Bewertung des sicheren Verlustes von 100.000 DM, der Händler präferiert den sicheren Verlustbetrag.

Extreme Ausprägungen können nicht nur im Verlustbereich auftreten, auch im Gewinnbereich sind sie vorstellbar. Man denke nur an einen Menschen, der seines Berufes überdrüssig ist und „aussteigen" möchte. Er spielt intensiv Lotto, um einmal soviel Geld zu gewinnen, dass er sich auf Mallorca ein kleines Haus kaufen und den Rest seines Lebens sorglos am Strand liegen kann. Doch ließe sich dieser Traum nur mit einer bestimmten Summe auch verwirklichen. Dementsprechend würde die Wertfunktion auch in diesem Fall, analog zu der in Abbildung 4-5, in der Umgebung dieses Gewinnbetrags eine hohe Sensitivität besitzen. Die abnehmende Sensitivität wird in diesem Beispiel unterbrochen, weil es entscheidend darauf ankommt, ob sich der Möchtegern-Aussteiger seinen Wunsch erfüllen kann oder nicht. Risikofreudiges Verhalten bei Lotterien, die die entsprechende Summe ausschütten, ist die Folge.

Deutlich wird an allen diesen Beispielen, dass das Auftreten zusätzlicher Bezugspunkte bei extremen Ausprägungen etwas mit der Verfügbarkeit von Zielen zu tun hat, die bei „normalen" Ausprägungen keine Entscheidungsrelevanz besitzen. Erst wenn Ziele im Gewinnbereich in greifbare oder im Verlustbereich in gefährliche Nähe rücken, üben sie auf die Bewertung der Gesamtsituation einen entscheidenden Einfluss aus.

## 1.5 Relative Bewertung im Lichte des Mental accounting

Der Grundgedanke des sogenannten Mental accounting besagt – wie im vorangehenden Kapitel bereits erläutert –, dass Entscheider dazu tendieren, die mit den jeweiligen Transaktionen verbundenen Zahlungen auf unterschiedlichen „geistigen Konten" zu verbuchen. Wesentlich dabei ist, dass diese mentalen Konten unabhängig voneinander gesehen werden, das heißt, man führt für jedes einzelne Geschäft, das man abschließt, ein eigens dafür eingerichtetes Konto im Hinterkopf – oftmals geschieht dies nur unbewußt. Die Bedeutung des Mental accounting als Erklärung für eine Reihe typischer Verhaltensweisen tritt jedoch erst im Zusammenhang mit der in diesem Kapitel dargestellten relativen Bewertung zu Tage, denn jedes dieser mentalen Konten hat einen eigenen Bezugspunkt mit einer S-förmigen Wertfunktion (Tversky & Kahneman 1981).

Im Grunde genommen wurde das Mental accounting in den obigen Beispielen immer schon vorausgesetzt, da stets auf die Zahlungen einzelner Projekte (Kauf einer bestimmten Aktie, Reparatur eines Autos, etc.) abgestellt wurde. Gezeigt wurde allerdings nur, wie innerhalb eines Kontos das Entscheidungsverhalten durch Bezugspunkte und abnehmende Sensitivität bestimmt wird. Dass diese Beeinflussbarkeit tatsächlich als Fehlverhalten einzustufen ist und zu ökonomischen Nachteilen führt, war zwar erkennbar, lässt sich jedoch besser veranschaulichen, wenn eine parallele Betrachtung mehrerer Projekte vorgenommen wird.

### *Ökonomische Nachteile des Sunk-cost-Effekts*

Man stelle sich noch einmal einen Unternehmer vor, der zwei Vorhaben begonnen und dafür entsprechende mentale Konten „eröffnet" hat. Beim ersten Projekt ist bedauerlicherweise ein Verlust von 1.000 DM entstanden, während das andere einen Gewinn von 1.000 DM aufweist. Und nun muss der Unternehmer entscheiden, in welches der beiden Vorhaben er seine Arbeitsenergie stecken soll. Dabei spitzt sich die Situation noch zu: Angenommen, er kann beim „Verlustprojekt" (bei dem also bereits Sunk cost angefallen sind) mit seinem Arbeitseinsatz nur 1.500 DM erwirtschaften, während er beim „Gewinnprojekt" mit demselben Einsatz einen zusätzlichen Profit von 3.000 DM erreicht.

In der folgenden Abbildung (4-6) wird eine Konstellation bei entsprechend abnehmender Sensitivität dargestellt, in der der Unternehmer das Verlustprojekt deshalb wählt, weil ihm dies trotz des niedrigen Überschusses einen höheren subjektiven Wertzuwachs vermittelt als der doppelte Überschuss im Gewinnprojekt. Überflüssig zu erwähnen, dass dieses Verhalten einem zwar freiwilligen, aber dennoch irrationalen Verzicht auf 1.500 DM gleichkommt.

### *Ökonomische Nachteile der abnehmenden Sensitivität: Der „Leberwurst-Effekt"*

Eine Hausfrau fährt in die Stadt, um einen neuen Backofen für ihre Küche auszusuchen und zugleich ¼Pfund Leberwurst für das Abendessen mit ihrem Mann zu kaufen. Sie lässt sich zunächst im Kaufhaus A beraten und geht anschließend noch zu einem weiteren Kaufhaus B. Ein Modell, welches beide Kaufhäuser anbieten, gefällt ihr am besten. Im Kaufhaus A ist dieses Modell bei einem Preis von 2.480,- DM um 10 DM billiger als im Kaufhaus B. Weil sie schnell nach Hause möchte, entschließt sie sich dazu, den Backofen im Kaufhaus B zu bestellen, auch wenn er 10 DM teurer ist. „Die 10 DM machen es jetzt auch nicht mehr aus", denkt sie sich.

Man stelle sich nun vor, dass bei einem identischen Preis des Backofens in beiden Kaufhäusern die Leberwurst im Kaufhaus A nur 2 DM im Vergleich zu 6 DM im Kaufhaus B kostet. Unter dieser Bedingung werden die meisten Hausfrauen sich doch entschließen, den Weg zum anderen Kaufhaus in Kauf zu nehmen. Während der Hausfrau im ersten Fall die 10 DM zu wenig waren, den Weg in Kauf zunehmen, reichen im zweiten Fall sogar schon 4 DM! Vielleicht hätte es sich im ersten Fall ja doch gelohnt, 10,- DM am Backofen zu sparen, muss man sich fragen.

Der Grund für diesen „Leberwurst-Effekt" liegt offensichtlich in dem Zusammenspiel von Mental accounting und abnehmender Sensitivität. Während in der Bewertung des Backofenpreises die abnehmende Sensitivität im Konto Backofen dazu führt, dass die 10 DM kaum wahrgenommen werden, ist dies beim Leberwurstpreis nicht der Fall. Hier liegt

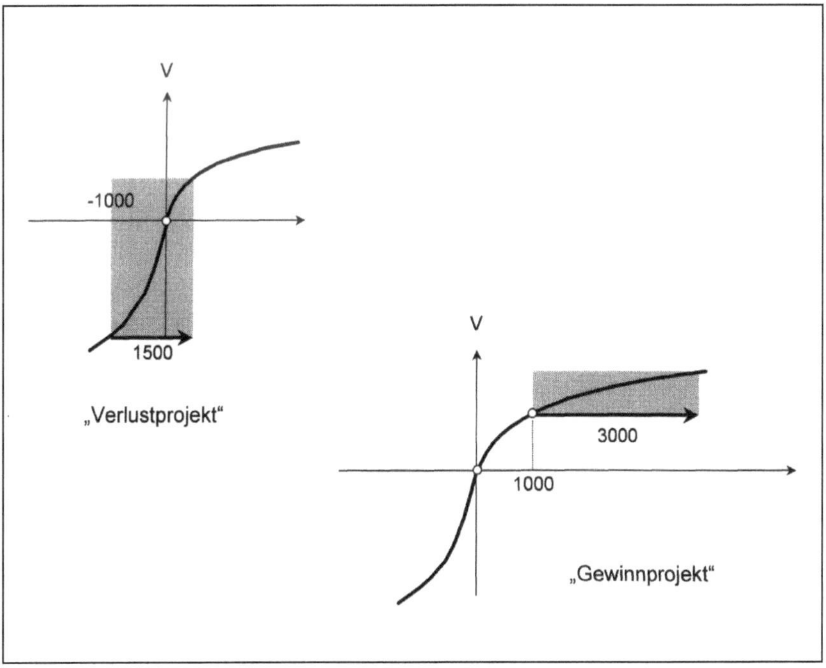


Abbildung 4-6: Wertsteigerungen in unterschiedlichen Mental accounts

der Unterschied zwischen 2 DM und 6 DM unmittelbar in der Nähe des Bezugspunkts, so dass noch eine hohe Sensitivität gegeben ist.

Für einen Teilnehmer an den Finanzmärkten bedeutet dies im übertragenen Sinne, dass jedes einzelne Engagement separat betrachtet wird. Damit erhält jede Position ein eigenes geistiges Konto und einen Bezugspunkt, den jeweiligen Einstandspreis. Erst nach der endgültigen Schließung des Engagements erlischt auch das mentale Konto, wobei der jeweilige Gewinn beziehungsweise Verlust auf ein übergeordnetes „Performance-Konto" übertragen wird, das ebenfalls gesondert wahrgenommen wird und somit einen eigenen Referenzpunkt besitzt.

Das kann sogar dazu führen, dass mehrere Engagements mit kleinen Gewinnen nur deswegen glattgestellt werden, um beispielsweise den Verlust einer anderen Position aussitzen zu können, das heißt ihn nicht realisieren zu müssen. Die kleinen Gewinne werden nämlich – jeder für sich betrachtet – relativ stark wahrgenommen, während eine Verschlechterung der Verlustposition um den gleichen Betrag wegen der abnehmenden Sensitivität nicht den gleichen Effekt hätte. Dies geschieht selbst dann, wenn volkswirtschaftliche oder technische Analysen dringend nahelegen, an diesen positiven Engagements festzuhalten. Damit stellt das Phänomen des Mental accounting einen der wichtigsten Erklärungsansätze für die Verhaltensweisen von Marktteilnehmern dar.

Eine ähnliche Wirkung des Mental Accounting tritt dann zutage, wenn Engagements aufgrund hoher Zinszahlungen oder anderer Zusatzerträge eingegangen werden. So wird zum Beispiel eine Währung A gegen eine Währung B gekauft, weil das Zinsniveau der Währung A wesentlich höher als das der Währung B liegt, das heißt, der Akteur erhält während der Positionshaltung die Zinsdifferenz beider Währungen gutgeschrieben. Diese Erträge werden mental unabhängig von der Grundposition auf ein separates Konto „verbucht". Dabei kann man davon ausgehen, dass zumindest anfänglich (bis ein Gewöhnungseffekt eintritt) jede einzelne Zinszahlung gesondert erfasst wird. Je weniger Zeit zwischen den einzelnen Zinseingängen vergeht, desto mehr mentale Konten werden „eröffnet". Und da bei jedem neuen Konto der Bezugspunkt bei Null steht, werden diese „Gewinne" als überproportional groß empfunden.

Auf der anderen Seite steht das mentale Konto der eigentlichen Position, mit deren Einstandspreis als Bezugspunkt. Solange sie sich im positiven Bereich befindet, ergeben sich keine Probleme. Dies ändert sich jedoch, wenn das Engagement in die Verlustzone abrutscht, da dann mit risikofreudigem Verhalten des Akteurs zu rechnen ist. Insbesondere bei hohen Verlusten, wenn die Sensitivität stark abnimmt, kann das Mental accounting zu unerfreulichen Ergebnissen führen: Zusätzliche Verluste wiegen gegebenenfalls geringer als der Gewinn eines einzelnen Zinskontos. Deswegen wird der Verlust noch später, als dies normalerweise der Fall wäre, realisiert, denn man glaubt, die einzelnen Zinsgewinne würden die Kursverluste weitestgehend auffangen. Ähnliches gilt für Zinsbelastungen, die ebenfalls mental gesondert aufgefasst werden. Wenn dagegen eine profitable Grundposition besteht, wird diese besonders früh glattgestellt, denn jede einzelne Belastung wird stärker als der vielleicht noch geringe Gewinn der Grundposition empfunden.

### *Schönfärberei: Auch eine Art, mehrere Gewinne und Verluste zu bewältigen*

Die verschiedenen, manchmal sogar zahlreichen Möglichkeiten, mentale Konten zu bilden, legen den Schluss nahe, dass es bei der Einrichtung und Verwaltung dieser Konten diverse Gestaltungsmöglichkeiten gibt. Dahinter steckt meist das Bestreben, bei einer Gesamtbilanz aller mentalen Konten möglichst gut dazustehen, und zu diesem Zweck werden mitunter zwischen den einzelnen Guthaben einige mentale Transaktionen vorgenommen. Man spricht in diesem Zusammenhang auch von *Hedonic framing*.[5] Der Mensch gibt sich sozusagen einen für ihn angenehmen und günstigen Bezugsrahmen (Frame) vor, der ihm die höchste Zufriedenheit verschafft (Thaler & Johnson 1990; Linville & Fischer 1991 und Hollenbeck et al. 1994).

Dies soll an einem Beispiel verdeutlicht werden. Ein Anleger hat mit dem Engagement A einen Verlust von 100 DM erlitten, mit einem anderen Engagement B einen Gewinn von 200 DM gemacht. Wie kann er diese Ergebnisse mental verbuchen? Er kann zum einen für jedes Engagement im Kopf ein gesondertes Konto führen und somit zugleich einen Gewinn und einen Verlust wahrnehmen. Man spricht dann von

[5] Hedonismus ist die philosophische Lehre, nach der das Streben nach Sinneslust das höchste ethische Prinzip darstellt.

Segregation. Aufgrund der abnehmenden Sensitivität gilt, dass er sich über die zweiten 100 DM im Engagement B weniger freut, als er sich über den Verlust von 100 DM im Engagement A ärgert. Verbucht er die Engagements aber in einem gemeinsamen Konto (Integration), wird der Verlust gegen einen Teil des Gewinnes verrechnet, und der Anleger nimmt insgesamt einen Gewinn von 100 DM wahr. Eine Integration dieser beiden Engagements führt somit zu einer angenehmeren Darstellung beziehungsweise zu höherer Zufriedenheit (Thaler 1985).

Ähnliches ergibt sich, wenn mehrere Gewinne oder mehrere Verluste mental verbucht werden sollen. An der Abbildung 4-7 kann abgelesen werden, dass es günstiger ist, zwei Gewinne (x und y) getrennt darzustellen (Segregation). Demgegenüber müssten – um das Wohlbefinden zu steigern – Verluste als Gesamtheit (Integration) dargestellt werden. (Thaler 1985).

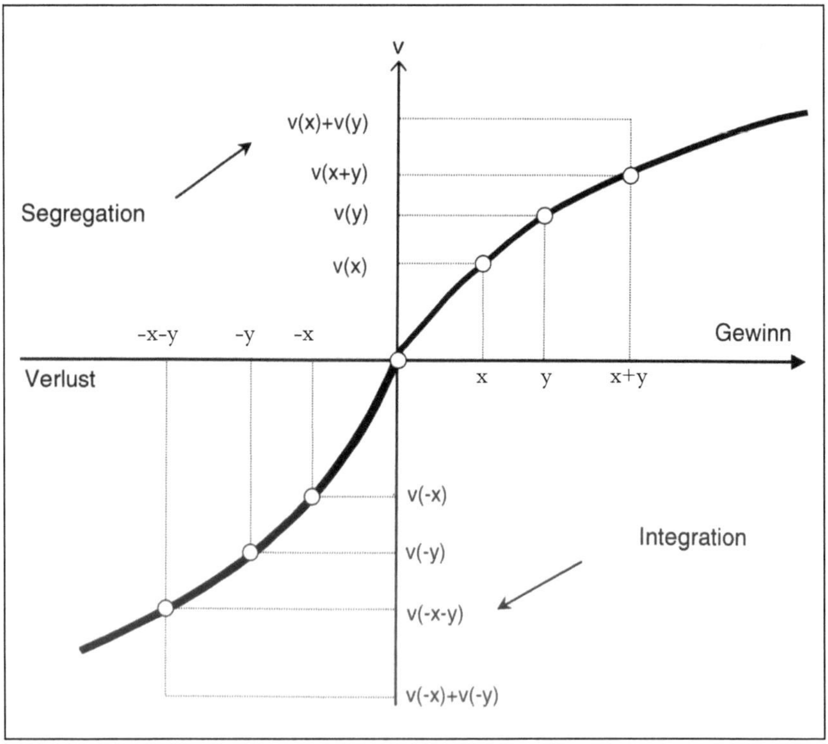


Abbildung 4-7: Integration und Segregation beim Hedonic framing

Diese Erkenntnisse werden vor allem in Werbung und Marketing ausgenutzt. Man denke nur an den Fall, wenn ein Auto bei einem Verkäufer zum Preis von 40.000 DM angeboten wird. In einem anderen Autohaus kostet ein gleich ausgestatteter Wagen 45.000 DM, doch werden verschiedene Rabatte in Höhe von insgesamt 5.000 DM gewährt. Somit beträgt der Endpreis ebenfalls 40.000 DM. Gleichwohl wird ein Kunde, der bei beiden Autohäusern um ein Angebot nachgefragt hat, den Wagen mit großer Wahrscheinlichkeit beim zweiten Unternehmen kaufen. Im ersten Fall steht dem Erwerb des Kraftfahrzeugs ein einziger Verlust von 40.000 DM gegenüber. Der Preis von 45.000 DM im zweiten Fall dürfte indes als Verlust (aufgrund der abnehmenden Sensitivität) nur unwesentlich schwerer empfunden werden. Die verschiedenen Rabatte werden jedoch auf verschiedene Konten mental als Gewinne verbucht. Und aus diesem Grund fühlt sich der Kunde bei der zweiten Offerte deutlich wohler. Diesen psychologischen Effekt machen sich viele Händler bei der Gestaltung von Preisen und Rabatten zunutze. (Herrmann & Bauer 1996; von Nitzsch 1998b).

Integration und Segregation von Gewinnen und Verlusten können aber auch auf der zeitlichen Ebene vorgenommen werden. (Jungermann, Pfister & Fischer 1998). Wenn man beispielsweise in einem Jahr mit seinem Portefeuille eine sehr schlechte, möglicherweise negative Rendite erwirtschaftet hat, liegt es im Sinne des Hedonic framing nahe, dieses Jahr mit dem möglicherweise wesentlich erfolgreicheren Vorjahr zusammen zu betrachten, also zu „integrieren", so dass man insgesamt doch noch gut dasteht.

## 1.6 Abschließende Bemerkungen zum Bezugspunkt

Zu Beginn dieses Kapitels wurde das typische Vorgehen bei der Bewertung von Sachverhalten dargestellt. Dabei zeigte sich, dass ein bestimmter Bezugspunkt im Zusammenspiel mit abnehmender Sensitivität wesentlich das Entscheidungsverhalten beeinflusst. In den anschließenden Ausführungen war jeweils die Lage des Bezugspunkts in plausibler Weise gegeben. So wurde vorausgesetzt, dass ein relativer Gewinn immer dann wahrgenommen wird, wenn sich der jeweilige Vermögensstand erhöht, beziehungsweise ein Verlust, wenn sich das Vermögen verringert. Der Bezugspunkt wurde somit durch den aktuellen Status quo definiert.

Diese Gleichsetzung von Bezugspunkt und jeweiligem Vermögen kann jedoch nicht verallgemeinert werden. Einerseits wurde veranschaulicht, wie leicht sich Bezugspunkte durch die unterschiedliche Präsentation eines Problems verschieben lassen. Andererseits traten bei der Analyse extremer Ausprägungen sogar mehrere Bezugspunkte in Erscheinung. Darüber hinaus ist es leicht vorstellbar, dass Menschen, sofern es zu ihrem Wohlbefinden beiträgt, Bezugspunkte auch schon einmal verändern (Hedonic framing).

Als Beispiel sei an einen Anleger gedacht, der ein Wertpapier zum Preis von 50 Euro erworben hat. Nach einer sehr erfolgreichen Phase erreicht die Aktie ein Jahr später einen Kurs von 150 Euro. Obwohl der Anleger sehr ernsthaft mit dem Gedanken spielt, das Papier zu verkaufen, entscheidet er sich dennoch für eine Fortführung des Engagements. In der Folgezeit ereignet sich jedoch ein Rückschlag nach dem anderen, und der Anleger verkauft deshalb nicht, weil sich – insbesondere wegen der damaligen Überlegungen am Höchststand – der Kurs von 150 Euro als Bezugspunkt verankert hat. Einen Verkauf würde er somit möglicherweise als relativen Verlust zu diesem Punkt wahrnehmen. Als er sich aufgrund der weiterhin schlechten Performance beim Stand von 70 Euro dann endlich doch von dem Papier trennt, ist er dennoch zufrieden. Denn er hat sich, um sich immer noch als Gewinner fühlen zu können, wieder an seinen alten Bezugspunkt, den Einstandspreis von 50 Euro, erinnert: „Ich habe immerhin noch 20 Euro Gewinn gemacht."

Man erkennt an diesem Beispiel zum einen, dass es schwierig ist, einen eindeutigen Bezugspunkt zu definieren. Dies wird zwar meist der Einstandspreis sein; wenn aber Engagements länger laufen, so können einzelne Zwischenkurse mit besonderer Bedeutung (z. B. ein sog. runder DAX-Kurs von 5.000) ebenfalls als Bezugspunkte herangezogen werden. Es gibt somit mehrere latente Bezugspunkte. Denn je aktueller die relevanten Zwischenkurse sind, desto höher ist deren Verfügbarkeit als Bezugspunkt und desto eher werden sie zur Bewertung herangezogen.

Zum anderen wird deutlich, dass die Wahl von Bezugspunkten auch stark von persönlichen Charaktereigenschaften abhängt. Die im Beispiel beschriebene Person war ein positiv eingestellter Mensch, der in der Lage ist, sich durch Hedonic framing Zufriedenheit zu verschaffen. Ein Pessimist hätte sich dagegen im Beispiel möglicherweise am Höchststand von

150 Euro festgebissen und noch lange Zeit mit dem relativen Verlust kämpfen müssen.

Offensichtlich ist es nicht immer eine leichte Aufgabe, Bezugspunkte anzugeben. Zugleich darf jedoch nicht übersehen werden, dass es eindeutige Faktoren gibt, die durchaus abschätzbar sind. Neben der aktuellen Vermögenssituation, die zweifelsfrei einen wichtigen Einflussfaktor für den Bezugspunkt darstellt, können Marktteilnehmer bestimmte Gewinn- oder Renditeziele im Auge haben, die möglicherweise als Bezugspunkte fungieren können (Qualls & Puto 1989). So mag ein Anleger beispielsweise die mit einem unsicheren Wertpapier erwirtschaftete Rendite als relativen Verlust empfinden, wenn sie niedriger ausfällt als bei einer sichereren Anlage. Ein Fondsmanager wird von einem relativen Verlust sprechen, wenn er schlechter als der entsprechende Marktindex performt. In gleicher Weise mag ein Unternehmer seinen erwirtschafteten Gewinn als relativen Verlust empfinden, wenn dieser niedriger als der Gewinn vergleichbarer Unternehmen in derselben Branche ist. (Bowman 1980, 1982 und Fiegenbaum & Thomas 1988). Dementsprechend fließen auch Erwartungen in die Festlegung eines Bezugspunktes ein.

Des weiteren können Pläne oder bereits feste Absichten in ähnlicher Weise auf den Bezugspunkt Einfluss nehmen. Hat man beispielsweise die feste Absicht, sein älteres Auto durch ein neues zu ersetzen, so hat man sich schon vor dem ersten Besuch beim Autohändler Pläne über die Kosten und die Finanzierung durch den Kopf gehen lassen. Eine Bewertung der tatsächlichen Kosten erfolgt dann nicht mehr relativ zum aktuellen Vermögensstand, sondern im Verhältnis zu dem, was man auszugeben geplant hat. Ist das Auto billiger als erwartet, freut man sich über einen relativen Gewinn, ist es teurer, wird das als relativer Verlust empfunden.

Um einen Plan aufstellen zu können, muss man sich zuvor über das Auto, das man kaufen möchte, ausreichend informiert haben. So wird man sich normalerweise bei einer so wichtigen Entscheidung auch nach den Angeboten der Konkurrenz erkundigen. Oder man greift auf Erfahrungen aus der Vergangenheit zurück (z. B. Preise der zuletzt erworbenen Pkws). Psychologisch ausgedrückt bedeutet dies, dass man bereits vor einer Entscheidungssituation bestimmten Reizen (in diesem Falle sind das die Preise) ausgesetzt ist. Liegen alle diese Reize auf einem einzigen Niveau, so ist davon auszugehen, dass der Bezugspunkt durch dieses Niveau bestimmt wird. War man jedoch unterschiedlichen Reizhöhen ausgesetzt, so wird der Bezugspunkt einen mittleren Wert aus dem entsprechenden Reizspektrum annehmen.[6] Dabei spielt natürlich auch die Reihenfolge dieser Reize eine wichtige Rolle (Lim 1995).

Fasst man die hier nur knapp skizzierten Einflussfaktoren zusammen, so ist festzuhalten, dass mit dem Bezugspunkt ein Wert angesprochen ist, der in gewisser Weise als „neutral" oder „normal" anzusehen ist. Welchen Reiz Individuen als normal empfinden, hängt zum einen vom aktuellen Status quo ab. Zum anderen beeinflussen Erwartungen oder Pläne das, was als normal empfunden wird.

## 2 Die relative Bewertung von Wahrscheinlichkeiten

Eigentlich sollte man davon ausgehen, dass ein Entscheider eine 50-prozentige Chance tatsächlich auch als 50-prozentige Chance und ein 50%-Risiko ebenfalls als ein solches bewertet. Doch dies ist in der Realität nicht immer der Fall; vielmehr fließen ganz anders eingestufte Wahrscheinlichkeiten in die Entscheidung ein. Als eine Ursache hierfür muss das Phänomen gelten, dass bei zunehmender Entfernung vom Bezugspunkt die Sensitivität abnimmt. Letzterer ist bei der Einschätzung von Wahrscheinlichkeiten jedoch nicht mehr von der persönlichen Situation, den Erwartungen und Plänen des Entscheiders abhängig, sondern liegt naturgemäß bei 0% für Verluste beziehungsweise 100% für Gewinne (Tversky & Kahneman 1992). Denn Verluste sollen möglichst überhaupt nicht, Gewinne dafür aber mit absoluter Sicherheit auftreten. Deswegen wird ein Entscheider die Veränderung der Wahrscheinlichkeit von 100% auf 99% beziehungsweise von 0% auf 1% sehr bewusst registrieren,

[6] Im Rahmen der eingangs vorgestellten Adaptionsniveau-Theorie (Helson 1964) wurde in umfangreichen Experimenten nachgewiesen, dass sich das Adaptionsniveau (d.h. der Bezugspunkt in unserer Terminologie) gut durch das gewogene geometrische bzw. logarithmische Mittel annähern lässt. Diese Ergebnisse bestätigen auch Nwokoye (1975) und Anttila (1977) mit ihren Untersuchungen zum Thema Preisgünstigkeitsurteile.

wohingegen die Veränderung einer Wahrscheinlichkeit von beispielsweise 43% auf 44% von den meisten Entscheidern gar nicht wahrgenommen wird.

Neben der abnehmenden Sensitivität gibt es zwei weitere interessante Verhaltensmuster bei der Bewertung von Wahrscheinlichkeiten, von denen ganze Wirtschaftszweige profitieren. Als erstes ist hier der sogenannte Certainty-Effekt zu nennen, der besagt, dass Menschen absolute Sicherheit im Vergleich zu unsicheren Ereignissen überproportional hoch bewerten. Alles, was nicht sicher ist, wird deutlich schlechter beurteilt als Sicherheit (Kahneman & Tversky 1979). Hierbei gilt das Motto: „Eine 100-prozentige Wahrscheinlichkeit ist immer noch schlechter als Sicherheit."

Wer sich diesen Effekt veranschaulichen möchte, muss sich nur einmal vorstellen, er würde Russisches Roulette spielen. So sollte man sich hierbei fragen, wieviel man dafür zu zahlen bereit wäre, dass anstelle von zwei Patronen im Revolver nur eine einzige eingelegt wird. Und welchen Preis würde man dann bezahlen, damit auch noch die letzte Patrone aus der Trommel herausgenommen wird? Doch sicher einen deutlich höheren. Es sei denn, jemand spielt gerne mit seinem Leben. Die meisten Menschen indes würden sich die absolute Sicherheit für Leib und Leben einiges kosten lassen.

Die zweite Eigenschaft ist die Überbewertung von geringen Wahrscheinlichkeiten. Die folgenden beiden Experimente sollen diese typische Fehleinschätzung veranschaulichen (vgl. Kahneman & Tversky 1979, in Klammern steht, wie viele der Probanden sich jeweils für eine der Alternativen entschieden):

---

Es besteht die Wahl zwischen

a) einer 1 zu 1000 Chance, 5000 DM zu gewinnen (72%)

und

b) einem sicheren Gewinn von 5 DM (28%)

---

Die Mehrheit entschied sich für die riskante Alternative. Das Gleiche tun an jedem Wochenende Millionen von Menschen, wenn sie einen Lottoschein abgeben. Selbst wenn ihnen von statistisch begabten Freunden vorgerechnet wird, wie gering eigentlich die Gewinnchancen sind, kalkulieren sie (unbewusst) in ihren Überlegungen mit höheren Werten und kaufen einen Lottoschein, dessen Preis (aufgrund der hohen Abgaben der Lottogesellschaften) erheblich über dem Gewinnerwartungswert liegt. Wer hat nicht schon einmal davon geträumt, was er sich alles leisten könnte, welche Wünsche er sich erfüllen könnte, wenn er tatsächlich gewänne? Viele Menschen sind gerne dazu bereit, für diesen Traum einen kleinen Einsatz zu bezahlen.

---

Es besteht weiterhin die Wahl zwischen:

c) einem 1 zu 1000 Risiko, 5.000 DM zu verlieren (17%)

und

d) einem sicheren Verlust von 5 DM (83%)

---

Die Mehrheit entschied sich dieses Mal risikoscheu, da sie das Risiko, möglicherweise 5.000 DM zu verlieren, als zu hoch einschätzten. Man beachte: Im Experiment stand von vornherein fest, wie hoch das Risiko war. Das ist in vielen Situationen des täglichen Lebens jedoch nicht der Fall. Deswegen ist die Neigung zur Überschätzung geringer Risiken in vielen Lebensbereichen noch stärker ausgeprägt. Von diesem Phänomen profitiert übrigens weltweit die Versicherungsindustrie. Für wie viele Haftpflichtversicherungen wird mit dem Schreckens-Szenario geworben: „Stellen Sie sich vor, Ihr Hund läuft über die Straße und zwingt einen Tanklastzug zum Ausweichen... Benzin läuft aus... Sieben Millionen Mark Sachschaden!“ Einer der sehr seltenen, aber um so teureren Unfälle. So handelt es sich bei der Entscheidung, eine Versicherung abzuschließen, um den Vergleich eines sicheren Verlustes (Versicherungsprämie) mit einem meist unwahrscheinlichen Ereignis (Risiko des Versicherungsfalls).

# 3 Wie sich Zeit auf die Bewertung auswirkt

Neben der relativen Bewertung von Wahrscheinlichkeiten gibt es die unterschiedliche Einschätzung von Handlungsalternativen je nach dem Zeitpunkt, wann diese eintreten. Der natürliche Bezugspunkt ist hierbei regelmäßig die Gegenwart, das „Jetzt". Mit zunehmender Entfernung von diesem Zeitpunkt spielen Zeiträume eine immer geringere Rolle. Der Unterschied, ob sich etwas heute oder morgen ereignet, wird sehr intensiv wahrgenommen. Wenn sich jedoch ein Termin, der erst in zehn Jahren anberaumt ist, um einen Tag verschiebt, dürfte dies den meisten Menschen wohl egal sein. Hier zeigt sich die abnehmende Sensitivität auf der zeitlichen Ebene. Auch der Faktor Zeit hat also einen wesentlichen Einfluss darauf, wie Entscheider das Ergebnis einer Handlung bewerten. So ist etwa davon auszugehen, dass Menschen ein Gut lieber sofort als später bekommen möchten – mit der Konsequenz, dass sich in ihrer Wertschätzung der Nutzen eines Gutes verringert, je später es zur Verfügung steht, das heißt sein Nutzen wird diskontiert (Roelofsma, Peter & Keren 1993).

Die ökonomischen Folgen dieser relativen Bewertung können am sogenannten „common difference effect" erläutert werden (Loewenstein & Thaler 1989; Loewenstein 1992). Folgendes Beispiel, das einem Experiment mit Studenten entnommen wurde (Roelofsma & Keren 1993, in Klammern steht der Prozentsatz der Probanden, die sich für die jeweilige Alternative entschieden), soll diesen Effekt verdeutlichen:

---

Es besteht die Alternative

a) heute 100 DM (82%)

oder

b) in vier Wochen 110 DM (18%)

zu erhalten.

Welche Situation ist zu bevorzugen?

Daneben besteht die Wahl zwischen

c) in 26 Wochen 100 DM (37%)

oder

d) in 30 Wochen 110 DM (63%)

---

Während sich im ersten Fall eine große Mehrheit für den sofortigen Erhalt der 100 DM entschied (obwohl ein vierwöchiges Warten mit einer Rendite von 10% pro Monat belohnt worden wäre), spielte der Zeitfaktor bei der zweiten Wahl keine Rolle. Dabei war der Abstand zwischen den Zahlungszeitpunkten in beiden Fällen gleich lang. Eine ökonomisch rationale Erklärung dieses Effektes wäre theoretisch möglich, wenn im Markt eine extrem fallende Zinskurve zu verzeichnen wäre oder wenn die Probanden in den ersten vier Wochen mit einem höheren Zins kalkulieren würden als in dem Zeitraum nach 26 Wochen. Berücksichtigt man jedoch, dass sich hinter den angebotenen Alternativen ein Jahreszins von über 100% verbirgt, scheint diese Erklärung abwegig, da der Opportunitätszins der Probanden für die ersten vier Wochen noch darüber liegen müsste. Dass sich die meisten Probanden im ersten Vergleich für die 100 DM entschieden haben, bleibt demnach eine Folge der abnehmenden Sensitivität.

Das Experiment zeigt zugleich, dass dieselbe Zeitspanne (hier: vier Wochen) nicht als gleich lang empfunden wird. Vielmehr hängt das Zeitgefühl vom jeweiligen Abstand zum Bezugspunkt (die Gegenwart) ab. Dabei wird die Zeitspanne um so geringer bewertet, je weiter entfernt diese vom Bezugspunkt liegt. Man denke beispielsweise an ein Kind, das sich auf den Sommerurlaub mit den Eltern freut. Teilen die Eltern dem Kind im Februar mit, dass sich der Urlaub um 14 Tage von Mitte Juli auf Ende Juli verschoben hat, wird das dem Kind nicht viel ausmachen, da der Urlaub ohnehin erst in einigen Monaten angetreten wird. Er ist auf der Zeitachse noch recht weit vom Bezugspunkt „Gegenwart“ entfernt. Erfährt es aber unmittelbar vor dem geplanten Urlaubsbeginn von der Terminverschiebung, dürfte es schwer enttäuscht sein und die 14 Tage ihm wie eine Ewigkeit erscheinen.

An dieser Stelle wird die Parallele zum Certainty-Effekt deutlich, der besagt, dass Entscheider absolute Sicherheit im Vergleich zu noch so hohen Wahrscheinlichkeiten unverhältnismäßig stark bevorzugen. In Hinblick auf den Faktor Zeit entspricht dies einer überproportionalen Präferenz für sofortige Ergebnisse im Vergleich zu Ergebnissen, die erst mit zeitlicher Verzögerung eintreten. Wir wollen diesen Effekt deshalb „Immediately-Effekt" nennen. Er erklärt, analog zum Certainty-Effekt, warum die Mehrheit in der Testgruppe den sofortigen Erhalt von 100 DM bevorzugt.

# V. WER SIEHT SICH NICHT GERNE IN EINEM GÜNSTIGEN LICHT? Die Konsequenzen psychologischer Bedürfnisse

Die in den Kapiteln 3 und 4 dargestellten Schwächen bei der Wahrnehmung, Verarbeitung und Bewertung von Informationen basieren im Wesentlichen auf physiologischen Gegebenheiten. So wurde verdeutlicht, welche Mechanismen der Mensch einsetzt, um mit seiner naturgemäß eingeschränkten Kapazität, Informationen zu verarbeiten, die Komplexität von Entscheidungssituationen zu bewältigen und schnell zu Urteilen zu gelangen. Im Kapitel 4 wurde schließlich gezeigt, welche Konsequenzen sich aus dem Phänomen der relativen Bewertung ableiten lassen.

In diesem Kapitel werden nun Schwächen insbesondere bei der Wahrnehmung und Bewertung untersucht, die aus bestimmten psychologischen Bedürfnissen resultieren. Dabei stehen zwei Beweggründe im Vordergrund: Zum einen möchte jeder Mensch seine eigene Lage und die der unmittelbaren Umwelt möglichst unter Kontrolle halten, zum anderen will er stets auf ein in sich schlüssiges System von Meinungs-, Glaubens- und Wissenseinheiten zurückgreifen können. Hierbei ist leicht einzusehen, dass das zweite Motiv das erste bedingt. Denn eine Kontrolle auf der Basis widersprüchlicher Wahrnehmungen, Meinungen, Wissen, Überzeugungen und Einstellungen (sog. Kognitionen) scheint kaum möglich.

# 1 Harmoniebedürftig: Die Sehnsucht nach Dissonanzfreiheit

Wer hat sich nach einer Entscheidung nicht schon gefragt, ob er tatsächlich die richtige Wahl getroffen hat? Wäre die Alternative nicht doch besser gewesen? In vielen Situationen des täglichen Lebens plagen einen solche quälenden Gedanken. Man denke nur an eine Einladung eines Vorgesetzten zum Abendessen. Nun sitzt man mit seinen Kollegen am Tisch und soll als erster aus der Speisekarte wählen. Eine schwierige Situation mit vielen Entscheidungsmöglichkeiten. Man wählt natürlich schon allein aus Anstand nicht das teuerste Gericht, aber mit dem preiswertesten mag man sich auch nicht begnügen. So landet man mit seiner Wahl irgendwo in der Mitte der Speisekarte, etwa bei Kalbsnierchen in Calvadossauce. Die Bestellungen werden reihum aufgenommen. Dabei steigt der „Mut" der übrigen Gäste, auch etwas teurere Gerichte zu bestellen. Schließlich ist der Gastgeber an der Reihe und entscheidet sich für den „Rehrücken Baden-Baden", die Krönung der Karte. Und schon bereut man seine Wahl, denn eigentlich hätte einen selbst das Wildgericht auch am meisten gereizt, doch hätte es nicht unverschämt ausgesehen, wenn man den Rehrücken geordert hätte? Nun bereut man die eigene Bescheidenheit, und noch bevor das Essen serviert wird, legt sich bereits ein drückendes Gefühl auf den Magen.

Um sich aus diesem Dilemma zu befreien, existieren theoretisch zwei Möglichkeiten. Eine davon wäre, die getroffene Entscheidung zu revidieren und einfach etwas anderes zu bestellen. Dies schickt sich in diesem Kreis jedoch überhaupt nicht, denn wer möchte schon bei seinem Gastgeber – und Vorgesetzten – den Eindruck erwecken, wankelmütig oder gar unbescheiden zu sein. Die zweite Möglichkeit ist dagegen diskreter und leichter zu bewerkstelligen: Man passt die Wahrnehmung seiner Entscheidung an. Dies könnte dadurch erfolgen, dass man einerseits seine eigene Wahl schönfärbt. In unserem Beispiel hieße das, dass man sich die Kalbsnierchen auf der Zunge zergehen lässt, ja, es sind die besten, die man seit langer Zeit genießen durfte. Oder man wertet die nicht gewählte Alternative, den „Rehrücken Baden-Baden", ab: Sieht er nicht etwas zu dunkel oder gar angebrannt aus? Vielleicht ist er zäh, und die Beilagen sind nicht mehr ganz frisch. Gott sei Dank hat man sich zurückgehalten.

Ähnlich könnte es auch einem Akteur an den Finanzmärkten ergehen, der sich für den Erwerb eines Wertpapiers X entschieden hat, aber nicht so recht weiß, ob der Kauf einer anderen Aktie nicht doch ratsamer gewesen wäre. Auch hier könnte die Entscheidung durch Verkauf der Aktie X revidiert werden, was allerdings mit Transaktionskosten verbunden wäre. Ist die Aktie zudem gefallen, müsste auch noch ein Verlust realisiert werden. Da es dem Anleger in dieser Situation sehr schwer fallen dürfte, die Aktie zu verkaufen, wird er versuchen Argumente und Informationen zu finden, die die ursprüngliche Entscheidung rechtfertigen. Informationen, die gegen den Kauf der Aktie sprechen, wird er hingegen möglichst ignorieren. Dieses Verhalten wird in der Psychologie mit Hilfe der Theorie der kognitiven Dissonanz erklärt, die auf die Arbeiten des Psychologen Leon Festinger aus dem Jahr 1957 zurückgeht.

## 1.1 Die Theorie der kognitiven Dissonanz

Nach fast allen Entscheidungen, bei denen zwischen zwei oder mehreren Alternativen gewählt werden muss, geraten Menschen in einen Zwiespalt. Dieser Zwiespalt wird dadurch hervorgerufen, dass die Alternative, für die man sich entschieden hat, häufig auch negative Eigenschaften besitzt und andererseits die verworfene Alternative auch positive Merkmale aufweist. Diese Eigenschaften beziehungsweise Informationen stehen natürlich im Widerspruch zur Meinung des Entscheiders, der überzeugt ist, die bestmögliche Wahl getroffen zu haben. Ein solcher Widerspruch wird in der Psychologie als kognitive Dissonanz bezeichnet. Das Wort „kognitiv" ist vom Begriff der Kognition abgeleitet, worunter allgemein jegliche Form von Bewusstseinsprozessen (Informations-, Glaubens- oder Wissenseinheiten) verstanden wird. Stehen diese Kognitionen im Einklang zu einander, so besteht eine konsonante Beziehung, stehen sie dagegen im Widerspruch zu einander, so besteht die beschriebene dissonante Beziehung.

Die Kernaussage der kognitiven Dissonanztheorie lautet nun, dass jeder Mensch versucht, Unstimmigkeiten in Wahrnehmung und Denken möglichst schnell zu beseitigen, da er diese als unangenehm empfindet. Und wie gelingt ihm dies? Indem er einzelne Kognitionen so manipuliert, dass sie zu den anderen passen.

Betrachten wir nochmals das Beispiel des Restaurantbesuches. Die

Wahl fiel auf die Kalbsnierchen in Calvadossauce. Alle Kognitionen, die gegen diese Wahl sprechen, erzeugen eine kognitive Dissonanz. Welche sind dies? Zunächst einmal die positiven Eigenschaften der nichtgewählten Alternative, also das entzückte Gesicht des Chefs, als er sich den Rehrücken schmecken lässt, aber auch der Duft des Wildgerichtes, der einem in die Nase steigt. Besonders groß wird die Dissonanz, wenn die Kalbsnierchen möglicherweise gar nicht so lecker sind, wenn also die gewählte Alternative auch noch negative Eigenschaften aufweist. Um dieses drückende Gefühl zu beseitigen, sucht man nach Kognitionen, die konsonant zur getroffenen Entscheidung sind. So bildet man sich eben ein: „Ja, es sind die besten Kalbsnierchen, die ich seit langer Zeit gegessen habe." Eine andere Möglichkeit besteht darin, dissonante Kognitionen in konsonante umzudeuten. Folglich wird der „knusprigbraune Rehrücken" zu einem „schon leicht angebrannten", verwandelt sich der „köstliche Duft des Wildbrets" in einen „leicht muffigen Hautgout". Außerdem kann man dissonante Kognitionen ignorieren, indem man einfach wegschaut.

Für die Entstehung von Konsonanz und Dissonanz spielen zwei Zusammenhänge eine wesentliche Rolle. Zum einen sind nur solche Wahrnehmungen von Bedeutung, die zueinander in einer „relevanten" Beziehung stehen und für den Entscheider augenfällig sind (Beckmann 1984), das heißt sie müssen aktuell die Aufmerksamkeit auf sich ziehen. So besteht zwischen den Kognitionen beziehungsweise Wahrnehmungen: „Die Kalbsnierchen sehen wirklich fabelhaft aus" und „Der Ober trägt eine Fliege" keine relevante Beziehung.

Zum anderen ist für das Auftreten von Dissonanz eine bestimmte „Selbstverpflichtung", ein sogenanntes Commitment zwingend notwendig. Commitment liegt vor, wenn man „emotional an der getroffenen Entscheidung hängt" (Brehm und Cohen 1962), es besteht also eine Bindung daran. Je stärker diese ist, je größer also das Commitment ist, desto höher wird die Dissonanzstärke. Ist indes kein Commitment vorhanden, so liegt auch keine Dissonanz vor. Im Restaurantbeispiel liegt ein eben solches Commitment vor. So hat man mit großem Appetit die Karte durchgeblättert, anschließend freiwillig die Kalbsnierchen gewählt und trägt somit auch die Verantwortung für die Wahl. Diese Entscheidung rückgängig zu machen würde bedeuten, dass man in den Augen seines Chefs als „wankelmütig oder gar unverschämt" dasteht. Folglich bleibt einem gar nichts anderes übrig, als zu seiner Entscheidung zu stehen.

## 1.2 Bestimmungsgründe für das Commitment einer Entscheidung

Wie hoch das Commitment und damit die mögliche Dissonanz bei einer Entscheidung ist, hängt von vier Faktoren ab: Entscheidungsfreiheit, irreversible Kosten, Verantwortung und Normabweichung.[1]

### *Entscheidungsfreiheit*

Aus der Forschung zur Dissonanztheorie ist bekannt, dass Dissonanz nur dann entstehen kann, wenn man seine Entscheidung freiwillig trifft, das heißt sich aus mindestens zwei Alternativen ohne Zwang eine aussucht (Frey & Gaska 1998). Erhält man beispielsweise von seinem Chef die eindeutige Weisung, eine bestimmte Handlung vorzunehmen, liegt keine Selbstverpflichtung vor, man hängt emotional nicht an der Entscheidung. Wenn die Aktion dann einen unglücklichen Ausgang nimmt, hat dies der Chef zu verantworten. Hat man zum Beispiel beim Restaurantbesuch gar nicht die Möglichkeit, selbst aus der Karte zu wählen, da der Chef vorher bereits für alle ein Menü bestellt hat, wäre das Commitment sehr gering, so dass man auch gar nicht erst in den beschriebenen Zwiespalt geriete.

An Kapitalmärkten dagegen wird das Commitment stets sehr hoch sein, da man gewöhnlich nicht zu einer Anlage gezwungen wird. Vielmehr trifft man die Anlageentscheidung freiwillig. Bei einem Händler, der lediglich im Auftrag eines Kunden eine Wertpapierorder ausführt, wird indes keine Dissonanz entstehen.

### *Verantwortung*

Bei der Zuweisung von Verantwortung muss unterschieden werden, ob man die Verantwortung gegenüber sich selbst oder gegenüber anderen trägt. Grundsätzlich wächst in beiden Fällen mit der Verantwortung auch

[1] Brehm und Cohen (1962) fassen Entscheidungsfreiheit neben dem Commitment als eigenständige Bedingung für das Entstehen einer Dissonanz auf. Zugleich haben sie auch eine etwas engere Sichtweise des Commitment als die hier Vorgestellte.

das Commitment für eine Entscheidung. Hierbei kommt es darauf an, wie die Verantwortung jeweils wahrgenommen wird (Wicklund & Brehm 1976).

Wesentliche Voraussetzung dafür, dass es überhaupt zu einer Verantwortungszuschreibung kommt, ist, dass die Folgen des Handelns in gewisser Weise vorhersehbar gewesen sein müssen. Das heißt, es muss zumindest rückschauend erkennbar sein, dass man eine Entwicklung hätte vorhersehen können (Goethals, Cooper & Naficy 1979). So dürften sich die meisten Fondsmanager nur in geringem Maße für Kursverluste verantwortlich fühlen, wenn diese zum Beispiel durch überraschende, unvorhersehbare politische Ereignisse (man denke an einen Putsch) entstanden sind. Waren die politischen Ereignisse dagegen bereits vorhersehbar, so wird die Verantwortung heruntergespielt. Die meisten Menschen werden dann dazu tendieren, der Umwelt die Schuld an ihren Misserfolgen zuzuschreiben.

Auf der anderen Seite ist jedoch das Phänomen zu beobachten, dass positive Ergebnisse auf eigene Fähigkeiten zurückgeführt werden, und in diesem Fall ist man allzu gerne bereit, die volle Verantwortung zu übernehmen (z. B. Pyszczynski & Greenberg 1987). So wird sich kein Fondsmanager davor scheuen, für Kursgewinne verantwortlich zu sein, auch wenn er diese ungewöhnlichen, überraschenden Ereignissen verdankt. Man bildet sich gern ein, die Entwicklung schon lange vorausgesehen zu haben, nur deshalb sei man schließlich die Position eingegangen.

Bei der Verantwortung gegenüber anderen ist der fundamentale Attributionsfehler von Bedeutung. Wie bereits gezeigt, besteht er darin, dass Außenstehende Erfolg oder Misserfolg einer Aktion eher auf das Können oder Versagen des Handelnden als auf die Bedingungen und Begleitumstände seines Tuns zurückführen. So muss man stets damit rechnen, dass einem von anderen, falls man mit seinen Entscheidungen deren Belange berührt, (vorschnell) die Verantwortung zugeschrieben wird. Dies geschieht selbst dann, wenn Faktoren den Ausgang der Angelegenheit beeinflussen, die man nachweislich weder vorhersehen noch steuern konnte. Ist ein Vermögensverwalter kurz vor dem politischen Ereignis, welches die Kurse ins Rutschen brachte, eine Long-Position eingegangen, so ist er in den Augen der Anleger schlicht unfähig. Hat er, aus welchem Grund auch immer, kurz vorher einen großen Teil der Aktien verkauft, hatte er einen „guten Riecher“, man wird ihm künftig häufiger sein Geld anvertrauen. Dieses Phänomen bewirkt, dass Entscheider immer dann, wenn Dritte – und sei es nur als Beobachter – in ihre Vorhaben involviert sind, ein besonders hohes Commitment eingehen. Das gilt vor allem für Fondsmanager oder Vermögensverwalter, da das Ergebnis ihrer Handlungen stets auch vitale Interessen Dritter (Anleger bzw. Kapitalgeber) berührt.

### *Irreversible Kosten der Entscheidung beziehungsweise Kosten der Entscheidungsrevision*

Zum Commitment gehören auch die Kosten, die eine Entscheidung verursacht hat und die sich nicht mehr rückgängig machen lassen. Hierbei handelt es sich ebenfalls um Sunk cost. Sie, wie auch die Kosten, die erst anfallen, wenn die Entscheidung tatsächlich revidiert wird, begründen eine hohe Selbstverpflichtung.

Nun gibt es jedoch nicht nur reale Kosten, wie zum Beispiel die Reparaturkosten bei einem Auto oder den Kursrückgang einer Aktie. Manche Entscheidung fordert auch ihren psychischen Preis – etwa wenn man sich sehr intensiv und lange mit einer bestimmten Situation auseinandersetzen musste, bis man sich endlich zu einem Entschluss durchringen konnte (Zimbardo 1965). Hat man endlich nach langen Überlegungen die Absicht, etwas Bestimmtes zu tun, so wird man sich nur schwer dazu durchringen, hiervon wieder Abstand zu nehmen. Der Ausspruch „Ich habe mich jetzt darauf eingestellt..." macht deutlich, was damit gemeint ist. Es ist somit ersichtlich, dass nicht erst die Entscheidung selbst, sondern bereits die feste, gedanklich formulierte Absicht, diesen Entschluss zu fassen, dissonante Empfindungen auslösen kann.

### *Normabweichung*

Je stärker eine Handlung von der Norm abweicht, desto größer wird das Commitment. Entscheidungen indes, die im Einklang mit der Norm stehen, fordern eine weit geringere Selbstverpflichtung. Unter „normal" sei in diesem Zusammenhang das verstanden, was eine große Mehrheit im Umfeld des Akteurs tut oder für richtig hält, ungeachtet dessen, ob es tatsächlich richtig oder falsch ist. Man denke beispielsweise an die Einführung des Euro im Jahre 1999, der von Politikern und Volkswirten aller

Herren Länder geradezu euphorisch begrüßt wurde. Wer hätte es zu Beginn des Jahres gewagt, gegen die Meinung der Masse von Experten eine Short-Position in Euro aufzubauen? Ein Verkauf von Euro (z. B. gegen Dollar) hätte in dieser Situation, in der die Mehrheit von der Stabilität des Euros überzeugt war, eine starke Normabweichung bedeutet, man hätte ein hohes Commitment gehabt. Wäre der Euro, wie von der Mehrheit erwartet, dann auch noch gestiegen, hätte man noch ein großes Dissonanzproblem gehabt. Und man hätte sich Vorwürfe anhören müssen: „Wie konnten Sie nur den Euro verkaufen, wo doch jeder halbwegs gebildete Mensch von steigenden Kursen ausgegangen ist!"

Welche Entscheidungen letztlich als normal und welche als normabweichend zu bezeichnen sind, ist in der sog. Normtheorie (Kahneman & Miller 1986) definiert.[2] So gilt das leicht Vorstellbare als normal und das schwer Vorstellbare als normabweichend. Berücksichtigt man nun, dass die augenblickliche Situation oder die gegenwärtige Entwicklung aufgrund ihrer hohen Verfügbarkeit am besten vorstellbar sind, werden Entscheidungen, die diesen Status quo bewahren, für „normal" gehalten. Normabweichend sind dementsprechend Maßnahmen, die zu einer Veränderung der gegenwärtigen Situation oder Entwicklung führen. Wenn man sich daher zu etwas entschließt, was vom Status quo abweicht, steht die eigene Person in einer besonderen und stärker augenfälligen Beziehung zu dieser Entscheidung, das heißt, es besteht eine höhere Selbstverpflichtung als bei einer „normalen" Entscheidung. Stellt sich diese Entscheidung im Nachhinein als falsch heraus, so entsteht starke Dissonanz. Aus diesem Grund werden häufig normabweichende Entscheidungen gemieden. Man denke nur an einen Fußballtrainer, der nach dem Motto „never change a winning team", bei einem wichtigen Spiel an der bisher bewährten Aufstellung festhält und jungen aussichtsreichen Talenten keine Chance gibt.

Auch in Kapitalmärkten ist dieses Phänomen zu beobachten. So neigen viele Anleger dazu, in ihrem Portefeuille bevorzugt Standardwerte zu halten, was einer „normalen" Anlagestrategie entspricht. Kleine unbekannte Nebenwerte (die möglicherweise sogar ein höheres Kurspotential haben) zu kaufen, stellt dagegen eine Normabweichung dar, entsprechend liegt ein hohes Commitment vor (DeBondt & Thaler 1995). Demzufolge wür-

[2] Nach der Normtheorie (Kahnemann & Miller 1986) bildet derjenige Stimulus, der die meisten kognitiven Elemente aktiviert, die Norm.

den Verluste beziehungsweise Gewinne bei diesen Nebenwerten stärker bewertet als bei den Standardwerten.

## 1.3 Folgen aus dem Bedürfnis nach Dissonanzfreiheit

Dissonanz wird als unangenehmer Zustand empfunden, den man möglichst vermeiden oder, falls das nicht möglich ist, zumindest in seiner Intensität verringern möchte. Folglich werden die meisten Menschen versuchen, dissonanten Situationen aus dem Weg zu gehen, und daher Informationen, die ihr Unbehagen erhöhen könnten, meiden oder gar ignorieren. Nach Festinger ist die kognitive Dissonanz mit einem triebartigen Spannungszustand wie etwa dem Hunger vergleichbar, der gelöst oder befriedigt werden muss. Je stärker die Dissonanz ist, desto mehr besteht der Drang, sie zu reduzieren – je größer der Hunger, desto größer das Verlangen, sich satt zu essen.

Es gibt mehrere Möglichkeiten, Dissonanz aufzulösen oder zu reduzieren. Wer Dissonanz verringern will, indem er eine bereits getroffene Entscheidung zurücknimmt, muss sowohl innere wie äußere Hindernisse überwinden. So kann ein solcher Schritt nicht nur mit Kosten, sondern auch mit einigen seelischen Nöten verbunden sein. Man denke beispielsweise an einen Hochschulabsolventen. Erst nach langer Suche hat er endlich seinen vermeintlichen Traumjob gefunden, der ihm zudem noch ein großzügiges Gehalt einbringt. Merkt er nach einiger Zeit, dass er große Schwierigkeiten hat, den Anforderungen gerecht zu werden, könnte er ihn aufgeben und sich nach einer neuen Beschäftigung umsehen, die ihm mehr entspricht. Nur fällt diese Entscheidung leider nicht ganz leicht. Man hat solange nach dieser Stelle gesucht, und jetzt soll man einfach so aufgeben? Auch wären die Eltern bestimmt ziemlich enttäuscht, denn wie stolz waren sie damals, als man ihnen erzählte, was für eine tollen Arbeit man gefunden hatte. Auch vor sich selbst möchte man sich eine solche Niederlage natürlich nicht eingestehen. Ganz zu schweigen von den Mühen, die ein Jobwechsel mit sich bringen würde. Und wer garantiert einem, dass es in dem neuen Unternehmen keine Schwierigkeiten geben wird? Am Ende käme man gar vom Regen in die Traufe.

Auch die Befürchtung, eine Veränderung könnte überdies den Verlust von Vorteilen bedeuten, hemmt die Bereitschaft, eine einmal gefällte

Entscheidung rückgängig zu machen. So empfindet, um auf das Beispiel zurückzukommen, der Berufsanfänger das Betriebsklima bei seinem momentanen Arbeitgeber als ausgesprochen gut, und er hat bereits auch unter seinen neuen Kollegen Freunde gefunden, so dass er auf die Zusammenarbeit mit ihnen nur schwer verzichten möchte. Auch die Bezahlung ist sehr gut. Ein Stellenwechsel würde also die Aufgabe dieser konsonanten Kognitionen bedeuten.

Manchmal ist es aber auch schlicht unmöglich, eine Entscheidung rückgängig zu machen. Man hat gerade sein Traumauto verkauft und möchte es im nächsten Moment zurückkaufen, aber der neue Eigentümer will das Auto um keinen Preis der Welt wieder herausgeben.

Besteht also nicht die Möglichkeit, die Entscheidung rückgängig zu machen, sei es wegen des hohen Commitments oder einfach weil dies unmöglich ist, muss die Dissonanz auf andere Weise aufgelöst werden. Hierzu bieten sich zwei Möglichkeiten an: Die selektive Wahrnehmung und das selektive Entscheiden.

### *Selektive Wahrnehmung*

Als selektive Wahrnehmung wird jenes Phänomen bezeichnet, dass Menschen nach Entscheidungen mit hohem Commitment nur registrieren, was ihren Entschluss in ein günstiges Licht rückt. Dies tun sie vor allem, wenn sich die Anzeichen mehren, dass diese Entscheidung in Wahrheit ungünstig war (Frey 1981a). In dieser Situation lenkt man seine Aufmerksamkeit sowohl auf die Vorzüge der gewählten Alternative wie auch auf die Nachteile der verworfenen Möglichkeit, man beachtet also vor allem Informationen, die für die getroffene Entscheidung sprechen. Gegenteilige Informationen werden indes am liebsten ignoriert oder zumindest in ihrer Tragweite heruntergespielt. Man betrachte beispielsweise folgende kurze Ad-hoc-Meldung einer Aktiengesellschaft:

---

Erreichung der Umsatz- und Gewinnziele noch möglich!
Im letzten Quartal ist sowohl der Umsatz als auch der Gewinn aufgrund einer weiteren deutlichen Verschärfung des Preiskampfes zurückgegangen. Die Geschäftsführung hofft aber, Maßnahmen ergreifen zu können, die es vielleicht ermöglichen, die für dieses Jahr gesteckten Umsatz- und Gewinnziele annähernd zu erfüllen.

---

Welche der Informationen würden Sie als Besitzer mehrerer Aktien dieses Unternehmens besonders beachten und welche würden Sie versuchen herunterzuspielen oder gar zu ignorieren?

Dass eine verzerrte Wahrnehmung das Wohlbefinden steigert, ist sicherlich ein positiver Aspekt. Mit Hilfe dieses unbewussten Automatismus kommt man dem Wunsch nach Dissonanzfreiheit ein gutes Stück näher, ohne dass sich in der Realität irgend etwas geändert hat. Problematisch wird dieses Selbstschutz-Phänomen (Stahlberg, Osnabrügge & Frey 1998) allerdings, wenn außer der bereits getroffenen noch weitere Entscheidungen anstehen. Dann nämlich wird auf einen Informationsstand zurückgegriffen, der (nur damit ein Bedürfnis gestillt werden konnte) verzerrt ist. Dass sich hieraus fehlerhafte Entscheidungen ergeben können, ist naheliegend. So erinnert sich der Anleger im obigen Beispiel nur noch daran, dass das Unternehmen seine selbst gesteckten Umsatz- und Gewinnziele annähernd zu erreichen hofft. Die Investition scheint für ihn nach wie vor sinnvoll zu sein, zumal er sich zu erinnern glaubt, dass die Gewinnziele ohnehin sehr hoch gesteckt waren und die Aktie vor noch nicht einmal acht Monaten zum Kauf empfohlen wurde. Als die Kurse dennoch fallen, sieht er dies als optimale Kaufchance und stockt sein Engagement auf. Zu spät wird er erkennen, dass er den harten Wettbewerb und Preiskampf, in dem sich das Unternehmen befindet, zu lange ignoriert beziehungsweise heruntergespielt hat.

Die Tendenz, selektiv wahrzunehmen, ist allerdings nicht bei allen Menschen gleich stark ausgeprägt. Insbesondere lassen sich zwei Gruppen unterscheiden, die der verschlossenen („closed minded") und der aufgeschlossenen („open minded") Menschen (Rokeach 1973). Zur ersten Gruppe gehören jene, die Dissonanz grundsätzlich als schlecht empfinden und konsequent nach Konsonanz streben („consistency seeker"). Deshalb laufen sie Gefahr, durch einseitige Auswahl von Informationen an falschen

Entscheidungen festzuhalten oder sich in neuen Situationen falsch zu verhalten.

Die Aufgeschlossenen stehen Ernst Kaltherz schon wesentlich näher. Sie streben zwar ebenfalls nach Konsonanz, auf dem Weg dorthin sind sie aber durchaus bereit, sich mit dissonanten Kognitionen auseinanderzusetzen. So werden sie die Ad-hoc-Meldung sehr sorgfältig lesen. Ihnen wird auffallen, dass das Unternehmen in einem harten Preiskampf steckt, der womöglich in Zukunft noch große Probleme mit sich bringen kann. Auch werden sie erkennen, dass die Geschäftsführung lediglich hofft, Gegenmaßnahmen ergreifen zu können. Sprechen all diese Informationen gegen ein weiteres Investment, sind sie bereit anzuerkennen, dass die Anlageentscheidung nicht richtig war, sie werden darüber nachdenken, die Aktien zu verkaufen.

Auch „closed minded" Individuen setzen sich zum Teil freiwillig mit dissonanten Kognitionen auseinander, aber nur dann, wenn sie glauben, sie logisch und ohne große Schwierigkeiten widerlegen zu können (Frey 1981b). Interessanterweise werden dissonante Informationen von manchen Menschen sogar bewusst gesucht. Nämlich dann, wenn man glaubt, sie spielend leicht entkräften zu können. So durchforstet man beispielsweise die Zeitungen nach Berichten, die zwar der persönlichen Meinung oder sogar einer bereits gefällten Entscheidung zuwiderlaufen, jedoch in sich logisch nicht stimmig oder offensichtlich schlecht recherchiert sind. Mit Freude wird man solche Artikel in der Luft zerreißen, um damit gleichzeitig einer dissonanten Information ihre Daseinsberechtigung zu rauben. Würde derselbe Entscheider genauso kritisch mit einer konsonanten Information verfahren? Wahrscheinlich nicht.

### *Selektives Entscheiden*

Während die selektive Wahrnehmung der Rechtfertigung einer Entscheidung beziehungsweise der Verminderung von Dissonanz dient, versucht der selektiv entscheidende Mensch so zu handeln, dass seine frühere, vermutlich mit hohem Commitment getroffene Entscheidung in jedem Fall zum gewünschten Erfolg führt, auch wenn er diesen möglicherweise teuer erkaufen muss. Nach dem Motto „Was man einmal begonnen hat, muss man auch zu Ende führen" wird man weiterhin in ein Projekt investieren, damit alle bisherigen Investitionen nicht umsonst waren. Viele

Beispiele zeugen von derartigen Überlegungen. Man denke an etliche kriegerische Auseinandersetzungen, die, obwohl für eine Seite längst verloren, mit unvermittelter Härte weitergeführt worden, um vielleicht doch noch den Sieg davonzutragen. Auch in Aktienmärkten lässt sich dieses Verhalten beobachten, was der Zusammenbruch der Barings Bank eindrucksvoll bestätigt. In der Hoffnung den japanischen Aktienmarkt doch noch in die „richtige" Richtung zu zwingen, setzte Nick Leeson alles auf eine Karte und verlor. Nicht anders, wenn auch in kleinerem Stil, handelt der Anleger, wenn er eine Aktie gekauft hat, die danach nur noch fällt. In der Hoffnung, schneller wieder in die Gewinnzone zu kommen, wird er immer mehr Geld in das Papier investieren, um so seinen Einstandpreis weiter zu verbilligen. Fällt die Aktie dennoch weiter, gibt er irgendwann frustriert auf und hat einen möglicherweise großen Teil seines Vermögens verloren.

Selektives Entscheiden ist letztlich nichts anderes als eine etwas weiter gefasste Version des Dispositions- beziehungsweise des Sunk-cost-Effekts, der schon im vorangehenden Kapitel zur relativen Bewertung vorgestellt wurde. Die Dissonanztheorie verdeutlicht nämlich: Nicht nur irreversible Kosten im Zusammenspiel mit einer relativen Bewertung können dazu führen, an Verlustprojekten festzuhalten. Vielmehr sind es alle Größen, die zu einem hohen Commitment bei der Entscheidung führen. Dabei ist insbesondere an das Maß der Verantwortung sowie an eine mögliche Normabweichung zu denken. Ein hohe Selbstverpflichtung bei einer Entscheidung kann somit den ohnehin schon gefährlichen Sunk-cost-Effekt noch verstärken.

## 1.4 Die Vorwegnahme von Dissonanz (Dissonanzantizipation) bei Bewertungen

Wie bereits dargestellt, kann der Wunsch, Dissonanz zu vermeiden, Wahrnehmung und Entscheidungen nachhaltig beeinflussen. Deswegen berücksichtigen viele Menschen bei ihren Bewertungen bewusst oder unbewusst, ob ihre Entscheidungen in der Zukunft zu Dissonanzen führen können, sofern sie mögliche negative (und somit dissonanzerzeugende) Folgen vorhersehen können (Wicklund & Brehm 1976). Die Folge: Meist werden Handlungsalternativen gewählt, die möglichst zu nur geringer Dissonanz führen.

### *Verlustaversion (Loss Aversion)*

Zahlreiche Untersuchungen haben den Nachweis erbracht, dass Menschen Verluste stärker empfinden als Gewinne in gleicher Höhe (Kahneman & Tversky 1979; Tversky & Kahneman 1991). Man ärgert sich also über den Verlust von 100 DM mehr, als man sich über den Gewinn von 100 DM freut. Dieses als Verlustaversion bezeichnete Phänomen lässt sich mit Hilfe der Dissonanztheorie erklären. Da Verluste offensichtlich nicht für die Richtigkeit einer Entscheidung sprechen, erzeugen sie Dissonanz, die den Entscheider in den oben skizzierten Rechtfertigungsdruck bringt und dabei (psychologische) Kosten verursacht. Diese psychologischen Kosten werden im Gewinnbereich natürlich nicht entstehen, was die Asymmetrie in der Bewertung von Gewinnen und Verlusten erklärt. Ebenso wie die relative Bewertung kann auch die Verlustaversion in der Wertfunktion der Prospect Theorie abgebildet werden. Deutlich wird dies daran, dass die Wertfunktion im Verlustbereich wesentlich steiler verläuft als im Gewinnbereich. Dabei ist, wie bereits gezeigt, die Dissonanz beziehungsweise der Drang, Dissonanz aufzulösen, vom jeweiligen Commitment des Händlers abhängig. Das bedeutet nichts anderes, als dass auch der Grad der Verlustaversion unmittelbar vom Commitment abhängt. Abbildung 5-1 verdeutlicht diesen Effekt.

Das Ausmaß der Verlustaversion ist insbesondere am Bezugspunkt zu erkennen: In einer Vergrößerung der unmittelbaren Umgebung des Referenzpunktes erkennt man zunächst, dass ohne Commitment die Steigung der Wertfunktion um den Bezugspunkt im Gewinn- wie im Verlustbereich identisch ist, also keine Verlustaversion vorliegt. Dies wäre beispielsweise der Fall, wenn ein Verlust aufgrund einer erzwungenen Entscheidung erwüchse. (Man denke an einen Raubüberfall, bei dem man zur Herausgabe von Geld gezwungen wird, oder eine Steuererhöhung, gegen die man nichts unternehmen kann.) Mit zunehmendem Commitment steigt jedoch die Verlustaversion, das heißt, die Steigung der Wertfunktion im Verlustbereich ist bei entsprechendem Commitment deutlich größer als im Gewinnbereich.

Berücksichtigt man, dass jede Normabweichung, das heißt ein bewusstes Abweichen von der augenblicklichen Situation (Status Quo), zu einem Commitment führt, liegt bei der Bewertung einer Entscheidung, die den Status quo verändert, ebenfalls eine Verlustaversion vor. Daraus ergibt sich eine weitere wichtige Auswirkung, der sogenannte Besitztumseffekt.

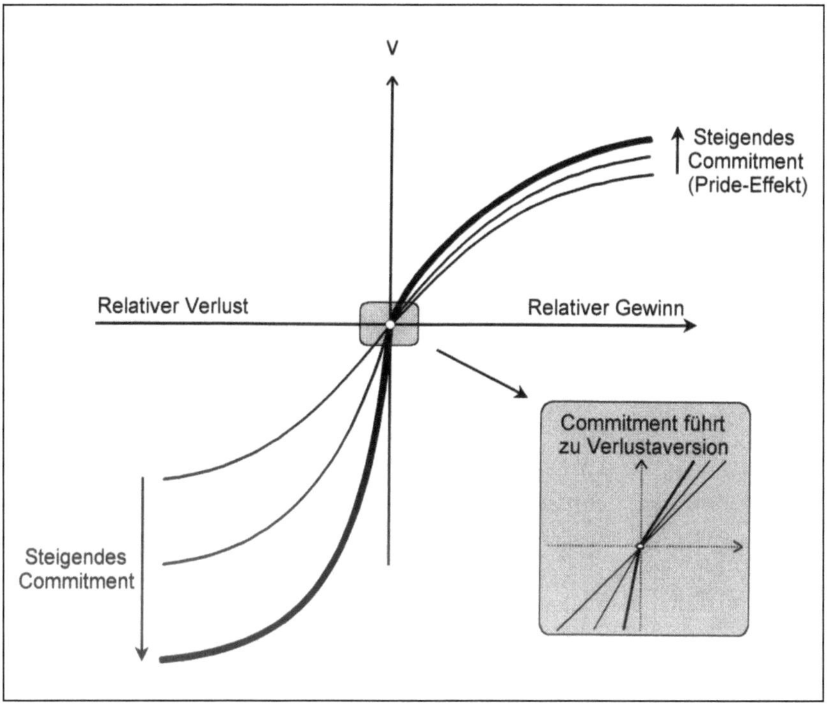


Abbildung 5-1: Verbindung zwischen Commitment und Verlustaversion

## [Exkurs: Der Besitztumseffekt (Endowment Effect)]

Der Besitztumseffekt, auch als Endowment Effect (Thaler 1980) oder Status-Quo-Bias (Samuelson & Zeckhauser 1988) bezeichnet, zeigt sich darin, dass die meisten Menschen für ein bestimmtes Gut, das sie besitzen, einen erheblich höheren Verkaufspreis verlangen würden, als sie im Gegenzug bereit wären, selbst dafür zu bezahlen (Weber 1993). Dieser Effekt ist in zahlreichen Versuchen gezeigt worden und ist auch immer wieder im Alltag anzutreffen. Man denke beispielsweise an ein wertvolles Erbstück, etwa eine Taschenuhr, die schon „viel gesehen hat". So wurde schon von den Eltern des Erben erzählt, dass sie dem Großvater während des Krieges das Leben gerettet habe, weil er sie am rechten Fleck, über dem Herzen in der Brusttasche trug. Eine Kugel sei damals am Uhrendeckel abgeprallt. Als dann eines Tages ein guter Freund das Erbstück bewundert und fragt, zu welchem Preis man bereit wäre, die Taschenuhr zu veräußern, antwortet der stolze Besitzer: „Nicht unter 5000 Mark." Im Antiquitätengeschäft um die Ecke wäre man nicht bereit, mehr als 500 DM für eine solche Uhr zu bezahlen.

Einen ähnlichen Effekt erzielte einer der Autoren, als er während einer Präsentation einem Zuhörer einen Lottoschein (6 aus 49 incl. Spiel 77 und Super 6) für die Ausspielung des kommenden Wochenendes im Wert von 20 DM anbot. Gleichzeitig forderte er den Käufer auf, sich die siebenstellige Zahl des Spiel 77 so gut wie möglich einzuprägen. Als dieser später gebeten wurde, den Lottoschein gegen einen anderen umzutauschen, war er dazu nur gegen Zahlung von 40 DM bereit. Ähnlich verhielten sich die meisten Probanden in einem Experiment (Knetsch & Sinden, 1984), bei dem Lotterielose verkauft wurden.

Man könnte natürlich argumentieren, dass diese Verhaltensweise durchaus rational sei, denn wer würde nicht gerne Dinge, die er besitzt, mit Gewinn verkaufen – sofern er sie überhaupt veräußern möchte. In all diesen Fällen war jedoch die Differenz zwischen Kauf- und Verkaufspreis so hoch, dass sie nicht allein mit Habgier zu erklären war. So wurde in beiden Beispielen erkennbar, dass sich sowohl der Uhrenbesitzer als auch der Zuhörer und die Test-Teilnehmer sehr stark mit ihren Gütern identifizierten, das heißt, es lag jeweils ein hohes Commitment vor. Besonders beim Verkauf eines Erbstücks würde nicht nur eine starke Abweichung von der Norm, sondern auch eine gewisse Verantwortung gegenüber dem Erblasser („so ein geschichtsträchtiges Stück verkauft man nicht einfach") eine Rolle spielen. Hinzu kommt womöglich noch die Vorstellung, die Uhr könnte einem selbst einmal, wie seinerzeit dem Großvater, das Leben retten. Beim Lottoschein bewirkt das Einprägen der Losnummer des Spiel 77 ebenfalls so etwas wie ein Commitment, bedingt durch die psychischen Kosten (Wut und Reue), die entstehen könnten, wenn ausgerechnet der weiterverkaufte Lottoschein bei der Ziehung am nächsten Wochenende die richtige Zahlenfolge besäße. Zudem würde das bewusste Verändern der Situation durch den Verkauf des Lottoscheins eine Normabweichung bedeuten, die zu einer Erhöhung des Commitments und somit zu Dissonanz im Anschluss an diese Entscheidung führen würde.

Der Besitztumseffekt wird anhand nebenstehender Abbildung deutlich, in der zwei Situationen miteinander verglichen werden: Der Kauf

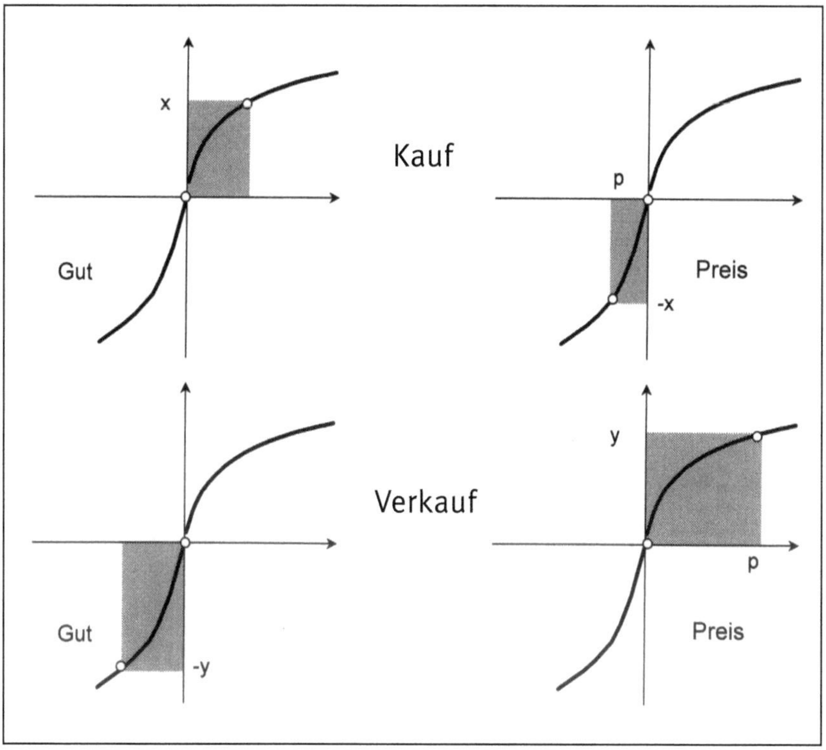


Abbildung 5-2: Erklärung des Besitztumseffekts

eines bestimmten Gutes und der spätere Verkauf desselben.[3] In der Kaufsituation nimmt der Käufer somit im eigens dafür angelegten mentalen Konto den Erhalt dieses Gutes als Gewinn wahr. Dies führt zu einem Wertzuwachs von x. In der Überlegung, welchen Preis er maximal zu zahlen bereit wäre, muss er im Mental account „Geld" den Verlustbetrag finden, der ihm einen negativen Wert in Höhe von -x einbringt. Dieser Betrag ist der maximale Kaufpreis. In der Verkaufssituation liegen die Bezugspunkte anders. Hier stellt das Abgeben des Gutes einen Verlust dar, der zu einem negativen Wert von -y führt. Entsprechend ist der Erhalt des Verkaufspreises im Geldkonto ein Gewinn. Leitet man in analoger Weise den minimalen Verkaufspreis ab, so wird klar, dass dieser deutlich

[3] Hierbei wird davon ausgegangen, dass der Bezugspunkt jeweils auf dem aktuellen Status quo liegt, d.h., dass in diesem Fall der Kauf bzw. Verkauf nicht fest eingeplant ist.

höher liegt als der maximale Kaufpreis (vgl. zu dieser Erklärung auch Tversky & Kahneman 1991). Die Ursache des Besitztumseffekts liegt bei dieser Erklärung allein in der Verlustaversion bei den beiden mentalen Konten.

Der Besitztumseffekt wird (wie bereits erwähnt) auch als Status-Quo-Bias bezeichnet, womit die Tendenz, alles beim alten zu belassen, gemeint ist. Diese Neigung ist deshalb so stark, weil die Nachteile, Bewährtes zu verändern, stärker empfunden werden als die Vorteile, die entstehen könnten, wenn man sich von diesen Errungenschaften trennt. Warum sollte man sich auch beispielsweise von Methoden trennen, die in der Vergangenheit zwar nicht optimal waren, aber Jahr für Jahr einen gewissen, konstanten Erfolg gebracht haben? Deswegen ist es für Menschen relativ schwierig, innovative Wege zu gehen – es sei denn, die neuen Ideen versprechen erheblich mehr Erfolg als die alten. Daraus resultiert auch die sogenannte Markentreue bei Verbrauchern. Warum sollte man die Zahnpasta wechseln, mit der man schon seit Jahren seine Zähne reinigt?

Auch Hersteller machen sich den Besitztumseffekt zunutze, wenn sie Produkte zunächst „zum Ausprobieren" verleihen (von Nitzsch 1998b) oder gar verschenken. Sei es auch nur eine Tageszeitung, welche vierzehn Tage lang kostenlos ausgeliefert wird, bevor das Abonnement bezahlt werden muss. Oder das teure Luxusauto, das für ein Wochenende kostenlos vom Verkaufsleiter zum Probefahren zur Verfügung gestellt wird, obgleich man ursprünglich nur einen Mittelklassewagen kaufen wollte. Wenn man dann am Freitag den Autoschlüssel ausgehändigt bekommt, wird dies – obgleich man weiß, dass man den Wagen später wieder zurückgeben muss – mental als „Gewinn" verbucht.[4] Im Gegenzug erlebt man es als mentalen „Verlust", die Luxuslimousine am Montagmorgen zum Autohändler zurückbringen zu müssen. Das Auto ist dasselbe geblieben, während der Verlust am Montag stärker als der mentale Gewinn vom Freitag wiegt. Diesem Umstand ist es zu verdanken, dass sich manch einer nach so einem Testwochenende leichter zum Kauf eines Autos durchringt, als wenn er sich den Wagen nur beim Händler angeschaut hätte. Auch wenn der Kauf einer Nobelkarosse gar nicht geplant war.

[4] Genau genommen wird die Differenz zwischen dem, was man ursprünglich für den Wagen bezahlen wollte (Bezugspunkt), und dem erhöhten Wert als Gewinn verbucht.

### *Regretaversion*

Regretaversion ist eine weitere Verhaltensanomalie. Darunter versteht man das Bestreben, möglichst keine Fehlentscheidungen zu treffen, weil man weder bereuen noch enttäuscht sein will. Die Menschen betrachten viele Entscheidungen unter dem Gesichtspunkt „Was wäre passiert, wenn ich mich anders entschieden hätte?" Womöglich wiegt die Enttäuschung bei einer Fehlentscheidung dann schwerer als die Freude, wenn der Entschluss zum Erfolg geführt hätte. (Loomes & Sudgen 1982, 1987, Loomes 1988). Je leichter man sich vorstellen kann, was der richtige Schritt gewesen wäre, desto eher bedauert man, das Falsche getan zu haben (Kahneman & Tversky 1982). Aber auch die Folgen eines Fehlverhaltens werden negativer empfunden als der Schaden, der durch Nichtstun entstehen könnte. Dies führt dazu, dass Menschen, sofern sie mit Entscheidungssituationen unter Unsicherheit konfrontiert werden, eher zur Passivität als zum Aktionismus neigen und sich am liebsten auf Altbewährtes verlassen.

Ein Marktteilnehmer, dessen Engagement in den Minusbereich geraten ist, wird daher zögern, diesen Verlust zu realisieren, denn er läuft Gefahr, ausgerechnet am ungünstigsten Punkt auszusteigen. Er hätte dann nicht nur den Verlust genommen, sondern sähe obendrein noch schlecht aus, denn somit wäre erwiesen, dass schon die erste Entscheidung, nämlich eine Position zu eröffnen, falsch war. Doch birgt die zweite Entscheidung (Glattstellung) noch weit schlimmere mentale Folgen als die erste. Wird nämlich das Engagement am schlechtesten Punkt glattgestellt, könnte dies zwar bedeuten, dass die erste Entscheidung eventuell doch richtig war. Allein, man war offensichtlich unfähig, die Chance zu nutzen, und ist stattdessen seinen panischen Gefühlen erlegen. Noch schlechter steht man da, wenn dieser „Fehler" gar von Dritten registriert wird (Shefrin & Statman 1985).

Auf der positiven Seite bewirkt der Stolz (das Gegenstück zur Regretaversion, auch Pride-Effekt genannt), dass Gewinne zu früh realisiert werden. Denn Gewinne, die man sich selbst als Erfolg zuschreiben kann, werden höher bewertet als Gewinne, die man nicht selbst verursacht hat. Auch dieser Effekt wird im Beisein von Zeugen noch verstärkt – denn dann hat man vor aller Welt den Beweis erbracht, dass man richtig gelegen hatte.

Damit wird auch verständlich, warum sich Marktteilnehmer mit einer schiefen Position für ihr Handeln mit „alten" Informationen (denjenigen,

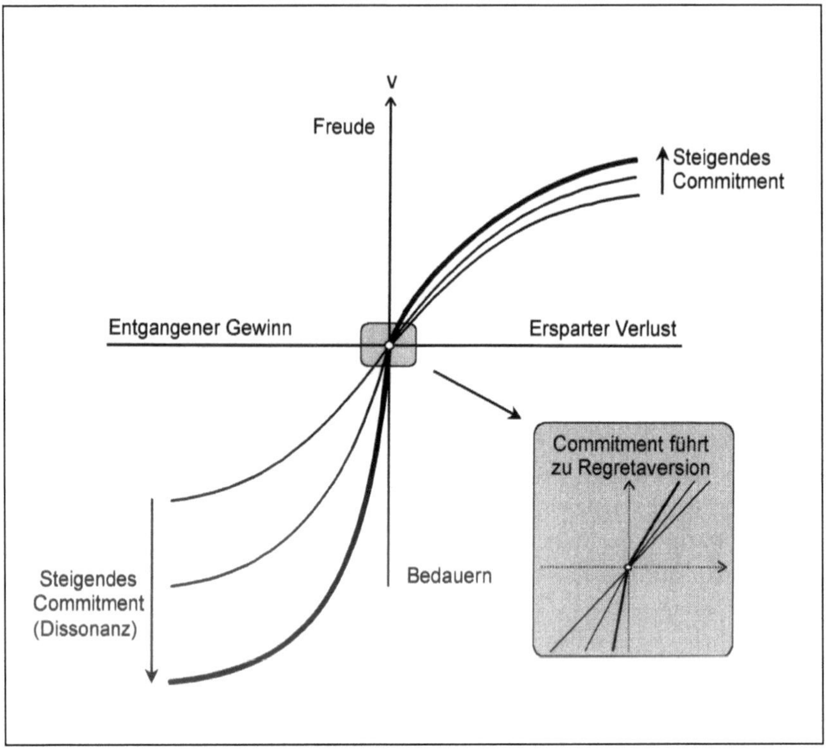


Abbildung 5-3: Regretaversion bei einem nicht zahlungswirksamen Konto

die für eine frühere Entscheidung ausschlaggebend waren) rechtfertigen wollen (Beeler & Hunton 1997) – man möchte die Verantwortung teilen oder gar abwälzen. Im Extremfall heißt es dann: „Die anderen haben das damals genauso gesehen wie ich, also kann ich ja nicht ganz dumm gewesen sein“ oder: „Die Spekulanten sind schuld an meinem Verlust.“ Für Gewinne fühlt man sich hingegen stets allein verantwortlich. Angeblich benötigte man hierfür nicht die Hilfe der Analysten oder die Informationen Dritter. Die Verantwortung abzuschieben bedeutet aber auch, das Commitment zu einer Entscheidung und somit die Dissonanz abzusenken.

Wenn man unter Regretaversion die Furcht davor versteht, Entscheidungen im Nachhinein bedauern zu müssen (Loomes & Sudgen 1982, 1987), ist auf den ersten Blick nicht zu erkennen, worin der Unterschied zu der zuvor dargestellten Verlustaversion besteht. Dieser wird jedoch dann deutlich, wenn man sich vor Augen hält, dass Bedauern auch dadurch entstehen kann, dass eine bestimmte Entscheidung eben nicht getroffen wurde. Hat man beispielsweise entgegen dem Rat eines Freundes eine bestimmte Aktie nicht gekauft, die sich allerdings kurze Zeit später als Renner entpuppt, dann tritt Bedauern über den entgangenen Gewinn ein, obwohl kein realer Verlust entstanden ist. Es zeigt sich also: Auch nichts zu tun ist eine Entscheidung – man kann eben nicht nicht handeln.

Noch klarer wird der Unterschied zwischen Verlustaversion und Regretaversion, wenn man zwei verschiedene Klassen von mentalen Konten annimmt. So gibt es zum einen „zahlungswirksame" mentale Konten, auf denen die tatsächlich fließenden Gelder verbucht werden. (In den bisherigen Überlegungen zum Mental accounting wurde grundsätzlich von diesem Kontotyp ausgegangen.) Zum anderen führt der Mensch aber auch „nicht zahlungswirksame" mentale Konten, die lediglich diejenigen Zahlungen registrieren, die sich ergeben hätten, wenn man eine bestimmte Entscheidung nicht getroffen hätte, was bedeutet, diese Zahlungen beeinflussen den tatsächlichen Vermögensstand nicht.

Hat man beispielsweise eine Aktie verkauft, die daraufhin noch mehr steigt, so wird man permanent den Gewinn ausrechnen, den man hätte machen können, wenn man das Papier gehalten hätte. Wer kennt nicht Sprüche wie „Ich Idiot, hätte ich die Aktie nicht verkauft, hätte ich heute einen Gewinn von 20.000 DM". Analog dazu ermitteln aber auch viele Anleger – zum Beispiel nach einem Verkauf von Aktien, rechtzeitig vor einem beginnenden Abwärtstrend – den Verlust, der ihnen entstanden wäre, wenn sie sich von der Aktie nicht getrennt hätten. „Zum Glück habe ich noch rechtzeitig gehandelt, sonst hätte ich womöglich 50.000 DM verloren", lobt man sich selbst. Voraussetzung für ein nicht zahlungswirksames Konto ist also lediglich, dass man nachvollziehen kann, zu welchem Erfolg beziehungsweise Misserfolg die andere, nicht gewählte Alternative geführt hätte.

Bei der Bewertung eines nicht zahlungswirksamen Projekts tritt an die Stelle eines Verlustes der entgangene Gewinn, der relative Gewinn wird hingegen durch den ersparten Verlust ersetzt. Dissonanz entsteht, wenn man die Entscheidung gegen das Projekt deshalb bereut, weil dieses Gewinn erbracht hätte. Hierbei ist der Grad der Regretaversion, wie auch bei der Verlustaversion, an der Steigung der nicht zahlungswirksamen „Bedauerfunktion" in der Umgebung des Bezugspunkts abzulesen. Liegt ein hohes Commitment bei der Entscheidung gegen dieses Projekt vor, so ist die Dissonanz groß und die Regretaversion stark ausgeprägt. Wie auch bei der Verlustaversion antizipiert ein Entscheider bei der Überlegung, ein bestimmtes Projekt zu realisieren, diese Dissonanz (Loomes & Sudgen 1982, 1987).

Die Folgen solchen Verhaltens zeigen sich beispielsweise, wenn jemand eine Aktie zum Preis von 100 Euro erwirbt. Leider bewegt sich der Kurs lange Zeit kaum, und immer wieder überlegt der Anleger, ob er dieses Papier nicht besser verkaufen sollte. Viele haben ihm schon dazu geraten, er konnte sich bisher aber noch nicht dazu durchringen. Er denkt sich: „Wenn ich die Aktie heute verkaufe und morgen kommt es zu dem Kurssprung, auf den ich schon lange warte, dann ärgere ich mich zu Tode" (Regretaversion). Aufgrund der langen Dauer dieses Investments identifiziert sich der Anleger sehr stark mit seiner Aktie, also ist mit der Entscheidung ein hohes Commitment verbunden. Diese Selbstverpflichtung würde sogar noch stärker werden, sofern sich der Anleger für den Verkauf entschiede und damit vom Status quo (und auch der Norm) abwiche. In diesem Fall würde ein späterer entgangener Gewinn von ihm als besonders schmerzlich empfunden werden. Dass diese Beweggründe wenig vernünftig sind, ist offenkundig. Eine Entscheidung, ein Wertpapier weiter zu halten, sollte nicht davon abhängen, ob man sich womöglich ärgern wird, wenn es ausgerechnet dann steigt, nachdem man es verkauft hat.

Gänzlich anders stellt sich die Situation für einen Anleger dar, der in jüngster Zeit die Notierung der besagten Aktie nur flüchtig zur Kenntnis genommen und sich, ohne große Analysen vorzunehmen, gegen einen Kauf entschieden hat. Auch dieser Anleger wird möglicherweise den weiteren Kursverlauf verfolgen. Würde die Aktie plötzlich deutlich steigen, dürfte auch er sich ärgern, doch fiele sein Bedauern ungleich geringer aus als das des ersten Anlegers, da seine Entscheidung, nicht zu kaufen, mit einem geringen Commitment einhergeht.

### *Zum Umgang mit Verlust- und Regretaversion*

Mit dem Begriff „Verlustaversion" wird das Phänomen bezeichnet, dass Verluste nach Entscheidungen mit einem hohen Commitment deutlich höher bewertet werden als Verluste nach Entscheidungen mit einer minimalen Selbstverpflichtung. Dass dieses Phänomen ökonomisch unvernünftig ist, soll folgendes Beispiel illustrieren.

Der Kämmerer einer Kleinstadt, bekannt für seine sparsame Haushaltsführung, ist mit seiner Frau unterwegs. Auf der Straße wird er von einem Losverkäufer angesprochen. Dieser bietet ihm ein Spiel an, bei dem er mit 50-prozentiger Wahrscheinlichkeit 100 DM zu verlieren droht beziehungsweise mit derselben Wahrscheinlichkeit 150 DM gewinnen kann. Ein kurzer Blick auf den möglichen Gewinn und Verlust macht ihn zwar nachdenklich, trotzdem weist er dieses Angebot empört zurück; er sei doch kein Hasardeur, der auf der Straße zocken geht. Als er nach Hause kommt, findet er in der Post das Schreiben einer Lotteriegesellschaft, die ihn zur Teilnahme an folgendem Gewinnspiel einlädt: Einem 50-Prozent-Verlust-Risiko von 100 DM steht die 50-prozentige Chance, 140 DM zu gewinnen, gegenüber. Der Kämmerer hofft auf sein Glück, unterschreibt in einem unbeobachteten Augenblick den Wettschein und schickt ihn sofort mit der Post zurück.

Beide Wetten sind identisch, nur ist im zweiten Fall die Gewinnausschüttung um 10 DM geringer. Warum aber geht der Kämmerer, der doch sicherlich gut rechnen kann, auf das zweite Angebot ein, während er das erste entrüstet ausgeschlagen hat? Im ersten Fall fühlte er sich beobachtet, und als Kämmerer hat er einen Ruf zu verlieren. Denn dass sich der vorsichtige Verwalter des Stadtsäckels auf ein Lotteriespiel einlässt, käme einer krassen Normabweichung gleich. Obendrein bekäme er großen Ärger mit seiner Frau, würde er einfach so 100 DM verlieren. Im zweiten Fall gibt es für seine Teilnahme an der Lotterie keine Zeugen, von einem Verlust würde niemand, nicht einmal seine Frau erfahren, folglich fällt hier sein Commitment deutlich geringer aus. Ökonomisch betrachtet ist dieses Entscheidungsverhalten natürlich unsinnig.

Ökonomisch rational wird ein Verhalten somit erst dann, wenn das Commitment ohne Einfluss auf das Bewertungs- und Entscheidungsverhalten bleibt. Um vernünftig entscheiden zu können, sollte jeder zunächst einzuschätzen versuchen, wie hoch sein Commitment ist, das heißt überlegen, ob eventuell bereits Sunk cost angefallen sind, oder ob der anstehende Entschluss eine Abweichung von der Norm bedeutet. Denn je höher die Selbstverpflichtung ist, die man mit dieser Entscheidung eingeht, desto eher droht auch die Gefahr, dass man deren mögliche negative Folgen überschätzt. Mit anderen Worten: Die eigene Urteilsfähigkeit ist eingeschränkt, der Blick auf die Lage verzerrt. Nur wer sich dessen bewusst wird, kann diesen Fehler korrigieren.

Besteht auf der anderen Seite Einvernehmen darüber, dass ein Commitment grundsätzlich zu Verzerrungen führt und somit alle Entscheidungen möglichst frei von irgendeinem Commitment zu fällen sind, lösen sich mögliche Probleme aus einer Regretaversion sozusagen von alleine auf. Um auf Finanzmärkten Entscheidungen treffen zu können, die frei von Regret- oder Verlustaversion sind, muss man versuchen, das eigene Commitment so gering wie möglich zu halten. So kann die wichtigste Bestimmungsgröße „Sunk cost“ dadurch umgangen werden, dass man versucht, seinen Einstandspreis zu vergessen, denn nur bei Kenntnis des Einstandspreises neigt man dazu, seinen bisherigen Verlust auszurechnen und die Anlage solange zu halten, bis man wieder im Gewinnbereich ist. All die damit zusammenhängenden Probleme könnte man auf diese Weise vermeiden. Entschließt man sich, eine Aktie zu halten, dann nur, wenn man zum aktuellen Zeitpunkt auch in die Aktie investieren würde, wenn man sie noch nicht in seinem Depot hätte. Lautet die Antwort auf diese Frage „Nein“, besteht auch kein Grund, das Papier länger im Depot zu halten.

## 2 Auf Nummer Sicher gehen – Das Kontrollbedürfnis

Eine Situation zu überschauen, die Dinge im Griff zu haben und möglichst auch noch vorhersehen oder gar dirigieren zu können, wie sich andere Menschen dazu verhalten – nicht nur Zwangscharaktere haben ein starkes Bedürfnis nach Kontrolle. Denn wer möchte sich schon ohnmächtig, den Wechselfällen des Schicksals und der Willkür der anderen hilflos und ohne eigene Steuerungsmöglichkeiten ausgesetzt fühlen? Besonders krass zeigt sich das Kontrollbedürfnis natürlich an den Finanzmärkten, wo es jeden Tag von neuem Gewinner und Verlierer gibt. Deswegen geht es gerade hier darum, der Masse der Marktteilnehmer einen Schritt voraus zu sein, sich die Bewegung der Märkte durch Strategien und Techniken, vor allem aber durch treffsichere Analysen zunutze zu machen und somit zu den Gewinnern zu gehören. Dass es sich beim Kontrollmotiv jedoch um eines der ganz wichtigen psychologischen Grundbedürfnisse handelt, soll im folgenden Abschnitt verdeutlicht werden.

## 2.1 Zur Bedeutung des Kontrollmotivs

Die theoretische Konzeption des Kontrollmotivs (White 1959, DeCharms 1968) geht davon aus, dass jeder Mensch das Bedürfnis hat, sich als Verursacher von Veränderungen seiner Umwelt wahrzunehmen. Hierdurch entstehen Gefühle von Kompetenz und eigener Wertigkeit, so dass der Selbstwert des Menschen positiv beeinflusst wird. Dagegen kann ein Verlust der Kontrolle schwerwiegende negative Auswirkungen auf das Wohlbefinden haben, wie es eine Reihe von Untersuchungen belegt hat. Bei diesen Experimenten zeigte sich, dass ein unbefriedigtes Kontrollbedürfnis sogar zu erheblichen negativen Folgen in der Physis beiträgt. Mäuse, denen Krebszellen injiziert wurden, zeigten ein signifikant höheres Krebswachstum, wenn sie unkontrollierbaren negativen Reizen ausgesetzt waren (Sklar & Anisman 1981). Auch wurde beobachtet, dass unheilbar krebskranke Menschen, die in ein Pflegeheim verlegt wurden, dann länger lebten, wenn sie aus einer anderen Institution und nicht von zu Hause dorthin eingewiesen wurden (Schulz & Aderman 1973). Die Forscher begründeten dies damit, dass die Kranken im zweiten Fall unter einem höheren Kontrollverlust leiden würden, der sich negativ auf den Krankheitsverlauf auswirkt.

In einer weiteren Erhebung zur Bedeutung des Kontrollmotivs wurde untersucht, inwieweit ein unangenehmer Störton das Lösen einer Konzentrationsaufgabe behindert (Glass & Singer 1972). Die Forscher bildeten zwei Gruppen, wobei die erste den Ton nicht abstellen konnte. Die zweite Gruppe hingegen hatte jederzeit die Möglichkeit, über einen Schalter den Störton abzustellen. Dabei drängte die Versuchsleitung diese zweite Gruppe jedoch, die Aufgabe ohne Abschalten zu vollenden. Hierbei zeigte sich, dass die zweite Gruppe auch ohne Abschalten des Störtons zu signifikant besseren Ergebnissen in der Konzentrationsaufgabe gelangte. Offenbar behinderte also nicht nur der Ton, sondern auch die fehlende Kontrolle, das Ausgeliefertsein, das Konzentrationsvermögen der ersten Gruppe.

Mit den Folgen einer längeren Phase des Ausgeliefertseins beschäftigt sich die Theorie der gelernten Hilflosigkeit (Seligman 1975; Abramson, Seligman & Teasdale 1978): Als Folge einer fehlenden Kontrollwahrnehmung stellen sich drei Beeinträchtigungen ein. Erstens lässt das Kontrollbedürfnis nach, zweitens nimmt die Fähigkeit ab, Wirkungszusammenhänge zu erkennen, und drittens entsteht Furcht, die mit zunehmender Sicherheit über die Unbeeinflussbarkeit in Depression übergehen kann (Osnabrügge, Stahlberg & Frey 1998). Bezogen auf Kapitalmärkte kann man davon ausgehen, dass sich Anleger, die über einen langen Zeitraum die Erfahrung machen mussten, dass die Börse unkontrollierbar ist, zurückziehen und dem Aktienhandel für eine längere Zeit fernbleiben (Bungard & Schulz-Gambard 1990).

## 2.2 Fünf Formen der Kontrolle

In welchem Ausmaß ein Mensch die Kontrolle bei sich (interne Kontrolle) verankert oder sein Schicksal von anderen Menschen oder „blinde Mächte“ gesteuert sieht (externe Kontrolle), wird mit dem sogenannten „Locus of Control“ (Rotter 1966) dargestellt. Demnach sollen vor allem erfolgreiche Menschen einen internen Locus of Control besitzen, während sogenannte „Loser“ häufig angeben, dass sie eigentlich nichts für ihre Lage könnten. An ihrem Pech seien die anderen schuld, ja, das Leben allgemein habe es nicht gut mit ihnen gemeint und sie arg gebeutelt.

An dieser Stelle soll nun gezeigt werden, was unter interner Kontrolle zu verstehen ist. Zu diesem Zweck sollen fünf Kontrollvarianten vorgestellt werden. Die erste zeigt die stärkste Form der Kontrolle an – mit jeder nachfolgenden Variante lässt die Kontrolle nach. Zur Befriedigung des Kontrollbedürfnisses kommt es dabei nicht darauf an, ob man die Situation wirklich im Griff hat oder sich das nur einbildet. Dies bedeutet, dass im Folgenden nicht die tatsächliche Kontrolle, sondern die erlebte, wahrgenommene (oder synonym: kognizierte Kontrolle) dargestellt wird (Osnabrügge, Stahlberg & Frey 1998). Man könnte auch sagen: Menschen haben ein Bedürfnis, der Überzeugung zu sein, Kontrolle zu besitzen.

### *Kontrolle durch Beeinflussung*

Wer den Eindruck hat, den Lauf der Dinge maßgeblich beeinflussen zu können, erlebt die stärkste Form von Kontrolle, die überdies das Kontrollbedürfnis restlos befriedigt. Ein typisches Beispiel hierfür sind Millionen von Autofahrern, für die das eigene Fahrzeug nicht nur Freiheit symbolisiert, sondern die außerdem meinen, in den meisten Situationen „Herr der Lage“ zu sein, wenn sie selbst am Steuer sitzen. Dass sie den Wagen lenken, verleiht ihnen ein sicheres Gefühl und die Überzeugung, einen drohenden Unfall abwenden zu können, zumal sie ihrem eigenen Reaktionsvermögen am meisten trauen. Im Taxi, im Zug oder im Flugzeug müssen sie sich indes auf die Fahrkünste anderer verlassen – von der Notbremse in U-Bahnen und Zügen einmal abgesehen. Im Flieger, hoch in den Lüften, dürfte das Gefühl des Ausgeliefertseins am größten sein – vielleicht liegt in diesem Mangel an Kontrollmöglichkeit eine der Ursachen für Flugangst.

Für die Finanzmärkte muss man annehmen, dass Anleger in der Regel keine Möglichkeit besitzen, Kursverläufe zu beeinflussen, mithin keine Kontrolle ausüben können. Tatsächlich gibt es nur sehr wenige Personen oder Institutionen, die mit hohen Volumina Märkte lenken können. Auch Börsengurus oder andere berühmte Leute, die ständig in den Medien präsent sind, können mit ihrem Votum den Markt nur kurzfristig beeindrucken. Dies ist freilich meist nur in engen Märkten möglich, was schon des öfteren durch die Empfehlungen von „Börsengurus“ im Neuen Markt eindrucksvoll bestätigt wurde. Die hieraus resultierenden Kursübertreibungen waren aber häufig nur von sehr kurzer Dauer.

Auch hohe Kapitaleinsätze reichen oft nicht aus, um Märkte in eine gewünschte Richtung zu lenken. Dies haben schon die Notenbanken vieler Länder leidvoll erfahren müssen, wenn massive Interventionen letztlich doch nicht die Abwertung einer Währung verhindern konnten. Man möge aber auch an Nick Leeson denken, der dies am eigenen Leib erlebte, als er 1995 das Bankhaus Barings ruinierte: Hierzu ein Zitat aus dem Handelsblatt vom 18.7.1995: „Leeson versuchte, den Nikkei-Index zu stützen und – so vermessen das heute erscheinen mag – den Markt zu halten... Kurzfristig stieg der Nikkei-Index auch an. Dann brachen die Kurse aber endgültig ein.“ Im Allgemeinen dürften sich die meisten Marktteilnehmer der Tatsache bewusst sein, dass sie das Kursgeschehen nicht beeinflussen können. Mithin haben sie auch nicht den Eindruck, sie könnten den Markt in irgendeiner Form kontrollieren.

### *Kontrolle durch Vorhersage*

Sind Ereignisse zu einem gewissen Grad prognostizierbar, kann sich der Einzelne darauf einstellen und seine Handlungen so ausrichten, dass das

Ereignis für ihn möglichst angenehm ausfallen wird (Perkins 1968, Thompson 1981). Dabei lässt sich das, was geschieht, zwar nicht wie in der ersten Variante direkt beeinflussen, doch kann man zumindest die eigene künftige Lage um dieses Ereignis herum gestalten.

Man denke beispielsweise an den Manager eines börsennotierten Unternehmens, der über Umsatz und Erträge seines Betriebes bestens Bescheid weiß. Dieser Manager wäre möglicherweise aufgrund seiner Insiderkenntnisse in der Lage, die Kursentwicklung ziemlich genau vorherzusagen, und könnte entsprechende Transaktionen vornehmen, kurz: Er hätte die totale Kontrolle über sein Vermögen. Von dieser Ausnahme, die zudem schwerwiegende rechtliche Folgen für den Manager mit sich bringen würde, einmal abgesehen, dürften indes die meisten Anleger nicht in der Lage sein, die künftige Kursentwicklung vorherzusagen.

Um so erstaunlicher ist es, dass nur die wenigsten Anleger sich darüber im Klaren sind, wie wenig sich das Kursgeschehen vorhersagen lässt. Immerhin bildet sich auch ein ganzes Heer volkswirtschaftlich oder technisch orientierter Analysten ein, kraft eigener Prognosen die Märkte fest im Griff zu haben: Vorhersagen vermitteln das Gefühl, den Markt kontrollieren zu können. Und je logischer sie zusammengestellt sind, für desto wahrscheinlicher halten es die meisten, dass sie sich bewahrheiten werden. Dieses Phänomen wird als „Kontrollillusion“ bezeichnet und begegnet einem an der Börse extrem häufig. In einem späteren Kapitel soll darauf noch einmal ausführlicher eingegangen werden.

### *Kontrolle durch Kenntnis der Einflussgrößen*

Bei dieser dritten Kontrollvariante ist sich der Entscheider lediglich der Faktoren bewusst, die ein bestimmtes Ereignis bedingen, ohne dass er auf dessen Eintritt oder Ausgang in irgendeiner Form Einfluss nehmen kann. Dieses Wissen versetzt ihn immerhin in die Lage, seine eigene Situation beurteilen zu können, und mindert somit das Gefühl der Hilflosigkeit. Möglicherweise gelingt es ihm sogar, aus der Situation für sich selbst das Beste herauszuholen. Man mag in diesem Beispiel an ein Hedging von Risiken denken, das natürlich nur dann sinnvoll möglich ist, wenn die Ursache der Risiken bekannt ist. Hat ein Anleger zum Beispiel russische Ölaktien erworben und möchte sich gegen die damit verbundenen Risiken absichern, muss er alle wesentlichen Einflussfaktoren kennen. Hierzu zählen unter anderem die Wechselkurse, schwankende Ölpreise, die Kreditwürdigkeit und die Wechselfälle der Politik.

Dieser Kontrollvariante lässt sich ein breites Spektrum von Entscheidungssituationen zuordnen, die sich jedoch in dem Grad, wie stark die Kontrolle (bzw. negativ formuliert, das Kontrolldefizit) erlebt wird, unterscheiden. Ein Entscheider hält eine Situation dann für weitgehend kontrollierbar, wenn er sich vollständig informiert und kompetent fühlt, so dass er die Eintrittswahrscheinlichkeit eines Ereignisses zuverlässig berechnen zu können glaubt. Ein Beispiel für eine solche Situation wäre ein Münzwurfspiel, bei dem man bei Kopf (d.h. mit 50% Wahrscheinlichkeit) einen Gewinn von 110 DM erreicht und bei Zahl (ebenfalls 50% Wahrscheinlichkeit) einen Verlust von 100 DM. In diesem Fall ist alles bekannt, was für eine Entscheidung von Bedeutung sein könnte, so dass das Risiko exakt eingeschätzt und somit kontrolliert werden kann.

Noch günstiger erscheint die Lage, wenn bekannt ist, dass sich die Entscheidungssituation in näherer Zukunft häufig wiederholen wird. So stelle man sich beispielsweise vor, dass das obige Münzwurfspiel 100 mal gespielt werden darf. In diesem Fall würde jemand, der die Wahrscheinlichkeitsrechnung beherrscht, nach dem Gesetz der großen Zahlen erkennen, dass man mit einer hohen Anzahl von Ausspielungen nahezu mit Sicherheit den jeweiligen Erwartungswert des Spiels erhält. Demnach würde ein Teilnehmer bei einer 100fachen Ausspielung den Betrag von ca. 500 DM nahezu ohne Risiko gewinnen.[5] Bei einer entsprechend großen Anzahl von Ausspielungen würde man sich vermutlich auch dann noch fürs Mitspielen entscheiden, wenn der Gewinnbetrag auf 101 DM verringert würde. Der Entscheider hat die Lage nahezu vollständig „unter Kontrolle“, was in der sogenannten „One-shot-Situation“, wenn die Münzen nur einmal geworfen werden, zumindest in diesem Maße nicht gilt (Samuelson 1963, Benartzi & Thaler 1995).

Für Finanzmärkte sind jedoch Situationen wie im obigen Münzwurfspiel, die sich durch vollständige Informationen und eindeutige, verlässlich angegebene Wahrscheinlichkeiten auszeichnen eher untypisch. In der Regel ist es dem Akteur bewusst, dass er nur unvollständige Informationen über sein mögliches Engagement besitzt, zugleich kann er höchstens vage Vorstellungen über Wahrscheinlichkeiten entwickeln. Fordert man

---

[5] 500 DM ergeben sich, wenn man in 100 Fällen mit 50-prozentiger Wahrscheinlichkeit 10 DM (110 DM Gewinn – 100 DM Verlust) gewinnt (= 10 DM x 0,5 x 100).

ihn in dieser Situation dennoch auf, eine exakte Wahrscheinlichkeit anzugeben, so ist diese Quantifizierung mit Ambiguität behaftet, das heißt, man ist sich über die angegebenen Wahrscheinlichkeit nicht sicher.

Wenn beispielsweise ein renommierter Analyst, der sich eingehend mit der aktuellen Zinssituation beschäftigt hat, prognostiziert, dass die Zinsen mit einer Wahrscheinlichkeit von 60% steigen werden, ist dies anders zu werten, als wenn der Großvater erklärt, dass sein Innerstes ihm sagt, die Zinsen könnten steigen, und auf weitere Nachfrage hinzufügt, dass dies wohl mit einer Wahrscheinlichkeit von 60% passieren könnte. Beide Aussagen scheinen identisch, sie unterscheiden sich aber hinsichtlich ihrer Zuverlässigkeit. So ist die Wahrscheinlichkeitsaussage des Großvaters viel unsicherer, das heißt mit höherer Ambiguität behaftet als die des Analysten.

Nicht nur die Aussagen Dritter, auch die eigene Einschätzung von Wahrscheinlichkeiten kann mit Ambiguität behaftet sein. Beispiel: In einer Urne befinden sich 50 rote und 50 schwarze Bälle, in ein zweiten Gefäß wurden ebenfalls 100 rote und schwarze Bälle getan, allerdings ist in diesem Fall nicht bekannt, wieviele rote und schwarze Bälle es jeweils sind. Bei einem Spiel soll aus einer der beiden Urnen – für eine muss man sich von vornherein entscheiden – ein Ball gezogen werden. Ist er rot, erhält man 100 DM, ist er schwarz, geht man leer aus. Welche Urne würden Sie bevorzugen? Wie die meisten Menschen dürften voraussichtlich auch Sie die erste Urne wählen, denn die Gewinnchance ist hier mit 50% bekannt, während ungewiss bleibt, wie sich das Verhältnis der schwarzen und roten Kugeln in Urne 2 gestaltet. Typischer Kommentar: „Bei Urne 1 kenne ich meine Gewinnchancen ganz genau, aber bei Urne 2 kann ich sie nicht genau einschätzen.“ Die Angabe einer Gewinnwahrscheinlichkeit für die zweite Urne wäre mit großer Ambiguität behaftet.

In Situationen mit hoher Ambiguität können Anleger vor allem dann geraten, wenn sie sich in für sie neue Märkte begeben. Man betrachte den Anleger, der bisher lediglich deutsche Standardwerte gehandelt hat und hier auch die wesentlichen Einflussfaktoren kennt, sich also sehr kompetent fühlt und deshalb der Meinung ist, die Sache einigermaßen kontrollieren zu können. Wie wird sich dieser Anleger wohl bei einem Engagement in asiatischen Nebenwerten fühlen. Hier kennt er fast keine Einflussfaktoren, seine Wahrscheinlichkeitsaussagen sind mit hoher Ambiguität behaftet. Der Anleger wird sich in dieser Situation eher inkompetent, ja sogar hilflos fühlen, es ist somit nicht davon auszugehen, dass er der Meinung ist, auch nur annähernd so etwas wie Kontrolle ausüben zu können. Wie zahlreiche empirische Untersuchungen bestätigen, gehen die meisten Anleger solchen unkontrollierbaren Situationen lieber aus dem Wege. So investieren sie lieber in ihrem Heimatland, wo sie sich schließlich auskennen, als im Ausland. Dieser Effekt wird in der Literatur auch als „Home-asset-preference-Effekt" oder „Domestic bias" (Folkerts-Landau & Ito 1995; French & Poterba 1991) bezeichnet.

### *Nachträgliches (retrospektives) Erklären von Ereignissen*

Die vierte, schwache Kontrollvariante besteht darin, ein Ereignis, nachdem es eingetreten ist, also rückblickend (retrospektiv) zu erklären. Dabei wird nicht nur eine bestimmte Situation oder eine Abfolge von Ereignissen nachträglich sinnvoll und geordnet dargestellt. Vielmehr kommt es darauf an, aus der Erklärung des bereits Geschehenen Erkenntnisse über künftige, ähnliche Ereignisse zu gewinnen (Thompson 1981, Osnabrügge, Stahlberg & Frey 1998). Ein Ereignis zu erklären bedeutet ja vor allem, dessen Ursachen analysiert zu haben. Und wenn man letztere steuern könnte, würde man künftig auch vergleichbare Situationen unter Kontrolle bekommen. Das Phänomen, dass viele Opfer von Vergewaltigungen dazu neigen, sich selbst die Schuld an ihrem Schicksal zu geben, mag hierin eine Erklärung finden (Medea & Thompson 1974). So kann sich das Opfer nach dieser Schuldübernahme suggerieren, es hänge allein von seinem eigenen Verhalten ab, ob es noch einmal überfallen würde, es könne also das Risiko einer erneuten Vergewaltigung selbst herabsetzen, mithin Kontrolle ausüben. Mit dieser Strategie gelingt es dem Opfer, den Locus of control im eigenen Selbst zu verankern, statt sich der Gefahr eines weiteren Übergriffs und potentiell der Gewalt anderer ausgeliefert zu fühlen. Und diese vermeintliche Sicherheit hilft, das Erlebte psychisch zu bewältigen.

In Finanzmärkten spielt diese vierte Kontrollvariante insofern eine Rolle, als dass das Erkennen von Ursache und Wirkung in Märkten natürlich auch für spätere Engagements von außerordentlich hohem Nutzen sein kann. Hat sich beispielsweise gerade ein Crash ereignet, bei dem man sehr viel Geld verloren hat, so schwört man sich, alles zu unternehmen, damit man beim nächsten Mal die Gefahr rechtzeitig erkennt und Verluste vermeidet. Also beginnt man, nach Erklärungen für den Crash zu suchen. Dabei entsteht insbesondere die Gefahr, dass man zur Befriedigung des drängenden Kontrollbedürfnisses vorschnell Erklärungen heranzieht, die nicht unbedingt richtig sein müssen. Bald wird man zum Beispiel erkennen, dass sich auch dieser Crash, wie schon einige andere zuvor, im Oktober ereignete. Ich hätte es wissen müssen, sagt man sich, nächstes Jahr werde ich meine Aktien rechtzeitig im September verkaufen und so einem ähnlichen Desaster aus dem Wege gehen. So bildet sich dann der Mythos vom Crash-Monat Oktober. Dass der Kursverfall ganz andere Ursachen hatte, wie etwa eine Währungskrise, die nur zufällig im Oktober ausbrach, wird dabei häufig übersehen.

### *Kontrolle durch Schönfärberei*

Bei der fünften und schwächsten Kontrollvariante handelt es sich um die Fähigkeit, mögliche negativen Folgen des eigenen Handelns zu bagatellisieren. Diese Art der Kotrolle wenden beispielsweise Menschen an, die ein unangenehmes Ereignis sehr schnell vergessen oder ihre Gedanken konsequent auf dessen (wenige) positive Aspekte lenken können (Thompson 1981). Gleichfalls gelingt es ihnen auch, dem Schicksalsschlag in einem übergeordneten Plan Sinn zu verleihen: „Jetzt weiß ich, wofür das gut war und was ich beim nächsten Mal besser machen kann".

Verluste werden somit gern heruntergespielt, so als handelte es sich bei ihnen um ein Lehrgeld, das man eben zu zahlen habe. Und für dieses Wissen, so redet man sich ein, hätte man bei Seminaren vielleicht sogar noch mehr bezahlen müssen, man hat also ein gutes Geschäft gemacht. Eine Art, Verluste zu beschönigen, gibt folgendes Zitat von Gross (1982) treffend wieder: „Honey, it's only a paper loss. Just wait, it will come back." Das Charakteristische an dieser Kontrollvariante ist, dass sie ausschließlich über eine veränderte Wahrnehmung oder auch Einstellung zu einem Sachverhalt zu höherer Zufriedenheit führt. Die Realität bleibt dabei (leider) dieselbe.

## 2.3 Bestimmungsgrößen für Kontrolle

Typisch für das Anlegerverhalten an den Finanzmärkten ist vor allem die dritte Kontrollvariante, bei der man Ursachen, Einflüsse und Faktoren einer bestimmten Situation zu erkennen versucht, um sich auf künftige, ähnliche Geschehnisse besser einstellen zu können. Dabei sind drei Faktoren besonders wichtig. Zum einen ist dies die Höhe und das jeweilige Vorzeichen der Geldbeträge, die Gegenstand der Entscheidung sind. Zum anderen spielen die Unsicherheit über die Wahrscheinlichkeit, mit der die erwünschten oder gefürchteten Folgen einer Entscheidung eintreten werden (Ambiguität), sowie allgemein die Kompetenz des Entscheiders eine große Rolle. Und drittens ist zu untersuchen, ob die Ergebnisse mehrerer Entscheidungen einzeln oder als Ganzes wahrgenommen werden.

### *Höhe und Vorzeichen der Beträge*

Eine erste Bestimmungsgröße bei einer Entscheidung ist die Höhe der in Betracht kommenden Geldbeträge, wobei die Frage, ob es sich um einen Gewinn oder Verlust handelt, natürlich auch eine große Rolle spielt. So dürfte bei extrem niedrigen Einsätzen kaum das Gefühl aufkommen, einer Situation ausgeliefert zu sein. Das Risiko hat hier eher den Charakter eines Spiels.[6] Bei großen, insbesondere negativen Beträgen (Verlusten) wird jedoch möglicherweise deutlich in das Leben des Entscheiders eingegriffen. Zu denken ist hier an einen möglichen Haftpflichtschaden, der ohne Absicherung durch eine Versicherung zu so hohen Zahlungen führen kann, dass damit lebenslang eine erhebliche Verringerung des Wohlstands verbunden ist. In eine derart unsichere Situation will niemand geraten, so dass ein starker Wunsch nach mehr Kontrolle entsteht, der sich erst durch einen Versicherungsabschluss befriedigen lässt. Parallel dazu kann sicherlich auch der Exporteur mit hohen offenen Dollarpositionen besser schlafen, wenn er sich durch ein entsprechendes Termingeschäft beziehungsweise eine Option gegen eine für ihn ungünstige Kursentwicklung abgesichert hat.

Auch ein Anleger, der bisher sein Geld nur in Europa angelegt hatte, könnte möglicherweise erwägen, russische Anleihen zu erwerben, sofern

[6] Thaler & Johnson (1990) zeigen, dass es bei kleineren Beträgen zum sogenannten „House-money-Effekt kommen kann. Haben Menschen beispielsweise im Spielkasino bereits einen bestimmten Betrag gewonnen, so werden sie das gewonnene Geld so lange einsetzen (sich also risikofreudig verhalten), wie lediglich ein Teil davon auf dem Spiel steht. Sie verhalten sich aber risikoavers, wenn der mögliche Verlust den vorher gewonnenen Betrag übersteigt. Thaler und Johnson bezeichnen dies als „Break-even-effect“.

es sich bei dem Investment nur um einen geringen Betrag handelt, nach dem Motto: „Ich will einfach einmal etwas riskieren." Diese Anlage hat in den Augen des Anlegers aber eher den Charakter eines Spieles – mehr Geld aufs Spiel zu setzen würde hingegen nicht in Frage kommen.

### *Kompetenz und Ambiguität*

Ob unser Anleger in eine russische Anleihe investiert oder nicht, hängt zusätzlich ganz wesentlich von seinen Kenntnissen beziehungsweise seiner Kompetenz ab. Kennt er die wichtigsten Einflussfaktoren und ist er in der Lage, Wahrscheinlichkeiten anzugeben, die keine Ambiguität aufweisen, also über eine hohe Verlässlichkeit verfügen, so wird er glauben, alles im Griff zu haben. Hat der Anleger nur geringe Kompetenz, und kann er nur vage Wahrscheinlichkeitsaussagen machen, wächst hingegen der Eindruck, die Situation nicht unter Kontrolle zu haben (Heath & Tversky 1991, Keppe 1997). Dieses Kontrolldefizit empfinden die meisten Menschen als unangenehm, weshalb sie nicht kontrollierbaren Situationen lieber aus dem Wege gehen (Ambiguitätsaversion). Typischer Kommentar „Schuster, bleib bei Deinen Leisten!" Lediglich dann, wenn der eingesetzte Betrag gering ist und damit die Verlustrisiken überschaubar sind, wird sich der eine oder andere möglicherweise dazu durchringen, vielleicht doch zu investieren. Je höher aber der zu investierende Betrag ausfällt, desto höher wird auch das auf mangelnde Kompetenz zurückgehende Kontrolldefizit empfunden.

### *Einzelbewertung oder Gesamtbetrachtung von Handlungsergebnissen (Integration und Segregation beim Mental accounting)*

Die dritte und zugleich sehr wichtige Bestimmungsgröße wird dann wirksam, wenn sich eine risikobehaftete Situation wiederholt. So wurde oben am Beispiel des Münzwurfspiels gezeigt, dass sich mit zunehmender Anzahl von Ausspielungen Risiken kompensieren, so dass sich das Kontrolldefizit vermindert. Dabei kommt es darauf an, ob man die Ausspielungsergebnisse der Serie einzeln oder als Gesamtes wahrnimmt. Führt ein Entscheider demnach die Ergebnisse aller Ausspielungen auf einem einzigen mentalen Konto zusammen (Integration), so ist sein Kontrolldefizit bei einer großen Anzahl von Ausspielungen geringer als bei einem Entscheider, der nur einmal das Spiel macht beziehungsweise der jedes Spiel gesondert bewertet (Segregation).

Für Kapitalmärkte bedeutet dies, dass diejenigen Anleger das geringste Kontrolldefizit spüren, die jeweils nur in größeren Zeitabständen auf ihre Performance achten. Anleger dagegen, die sich den zum Teil hohen täglichen Kursschwankungen aussetzen und jeden Tag nachschauen, ob ihre Aktien gewonnen oder verloren haben, werden die Risiken als viel größer empfinden und eher das Gefühl haben, den Märkten ausgeliefert zu sein. So verglich man in einem Experiment (Benartzi & Thaler 1995) das Verhalten von Anlegern, die Kursverläufe genau verfolgen, mit Anlegern, die langfristig denken und dies nicht tun. Hierbei stellte man fest, dass die Anleger der erstgenannten Gruppe insgesamt risikoscheuer handelten und insgesamt eine schlechtere Performance aufwiesen.

Doch können mentale Konten nicht nur zeitlich, sondern auch inhaltlich voneinander abgegrenzt werden. In diesem Zusammenhang ist auf das Beispiel des dritten Kapitels zu verweisen, in dem Aktien (Badeartikel und Regenbekleidung) mit einem gegenläufigen Risiko analysiert wurden. Hierbei wurde deutlich, dass ein Entscheider, der zu ausgeprägtem Mental accounting neigt, beide Engagements aufgrund des jeweils hohen Kontrolldefizits ablehnt. Hingegen würde ein Entscheider, der die Engagements in einem Konto zusammenfasst, die Kompensation der Risiken erkennen und in seiner Gesamtposition nach Erwerb der Aktien nur ein geringes Kontrolldefizit spüren

## 2.4 Konsequenzen des Kontrollbedürfnisses

Auf die Konsequenzen, die aus dem Kontrollbedürfnis resultieren, soll zum besseren Verständnis – analog zu den Folgen des Bedürfnisses nach Dissonanzfreiheit – detailliert eingegangen werden.

Als selektive Wahrnehmung wurde die Strategie bezeichnet, bestimmte Informationen einfach auszublenden, um kognitive Dissonanz zu vermeiden. Die selektive Wahrnehmung soll also Dissonanzen verringern helfen. Analog dazu soll die Kontrollillusion das Kontrolldefizit zumindest scheinbar verringern und somit das Bedürfnis nach Kontrolle befriedigen. Wie der Name bereits sagt, bilden sich die Menschen allerdings nur ein, sie seien Herr der Lage – in Wahrheit haben sie die Situation durchaus nicht unter Kontrolle (Langer 1975).

Mit selektivem Entscheiden wurde die Verhaltensweise beschrieben, dass Menschen in bestimmten Situationen so entscheiden, dass Dissonanzen verringert werden. Ein wichtiges Beispiel stellt der Sunk-cost-Effekt dar, nach dem Menschen durch (unvernünftige) Entscheidungen versuchen, dissonanzbehaftete Verlustprojekte doch noch in den Gewinnbereich zu bringen. Das Pendant beim Kontrollbedürfnis wird durch die Kontrollverlust-Phänomene dargestellt, die in gleicher Weise unvernünftige Entscheidungsmuster (z. B. Panik-Reaktionen) darstellen.

Als dritte Konsequenz des Bedürfnisses nach Dissonanzfreiheit wurde mit Verlust- beziehungsweise Regretaversion ein Effekt vorgestellt, der sich bereits vor einer Entscheidung durch Antizipation möglicher Dissonanzen einstellt. Menschen bewerten Verluste überproportional stark, weil diese Dissonanzen hervorrufen. Analog kann man das Konzept der Risikoaversion aus der Bewertung eines Kontrolldefizits herleiten: Menschen verhalten sich risikoavers, weil sie in einer riskanten Situation ein nicht erfülltes Kontrollbedürfnis als bedrückend empfinden. Die Tabelle 5-1 fasst die gezeigten Gemeinsamkeiten zwischen den Konsequenzen aus den beiden Motiven noch einmal zusammen.

| | Bedürfnis nach Dissonanzfreiheit | Bedürfnis nach Kontrolle |
|---|---|---|
| Bedürfnisbefriedigung durch die Wahrnehmung einer Situation | Selektive Wahrnehmung | Kontrollillusion |
| Bedürfnisbefriedigung durch entsprechendes Entscheiden | Selektives Entscheiden | Kontrollverlust-Phänomen |
| Bewertung eines möglichen Defizits | Verlust- und Regretaversion | Risikoaversion |

Tabelle 5-1: Gemeinsamkeiten zwischen den Konsequenzen aus dem Bedürfnis nach Dissonanzfreiheit und dem Kontrollbedürfnis

### *Kontrollillusion*

Von Kontrollillusion spricht man, wenn Menschen glauben, Herr einer bestimmten Situation zu sein, obwohl dies in der Realität nicht der Fall ist. Bezieht man die Kontrollillusion auf die Vorhersehbarkeit von Ereignissen, so spricht man auch von Overconfidence (Lichtenstein, Fischhoff & Phillips 1982): Menschen neigen dazu, ein übermäßiges Vertrauen in die eigenen Fähigkeiten (in diesem Fall sind es die eigenen Prognosen) zu setzen – eine Fehlerquelle, die systematisch eine verzerrte Wahrnehmung erzeugt. In der Praxis führt dies dazu, dass Analysten beispielsweise Prognosebänder häufig zu eng auslegen. Dabei gilt: Je größer das Selbstvertrauen, desto eher besteht die Gefahr der Selbstüberschätzung.[7] Dies gilt vor allem für Bereiche, über die man nicht so gut Bescheid weiß – meist übertrifft das Selbstvertrauen den Wissensstand bei weitem. Auch dieses Verhalten entspringt dem Bedürfnis nach Kontrolle – und dass man sich einbildet, ein Wissensgebiet zu beherrschen, obgleich man darüber höchstens oberflächliche Kenntnisse besitzt, ist ein klarer Fall von Kontrollillusion. Erstaunlich dabei ist der Zusammenhang zwischen Overconfidence und Kompetenz. Denn es wurde nachgewiesen (March & Shapira 1987), dass Manager ihre Erfolgswahrscheinlichkeiten insbesondere dann überschätzen, wenn sie sich für fachkundig halten.

Kontrollillusion ist für Finanzmärkte ein außerordentlich wichtiges Phänomen. So treffen bei jedem Geschäft zwei Seiten aufeinander. Die eine Seite (der Käufer) prognostiziert für das betreffende Wertpapier zukünftig steigende Kurse, die andere Seite (der Verkäufer) geht von fallenden Kursen aus. Die Märkte leben davon, dass die Akteure unterschiedliche Prognosen treffen und an diese Prognosen auch glauben. So würde ohne eine entsprechende Kontrollüberzeugung wohl kaum ein Geschäft zustande kommen (Maas & Weibler 1990b). Das folgende Zitat (DeBondt & Thaler 1995, S. 393) verdeutlicht dies: „Overconfidence explains why portfolio managers trade so much, why pension funds hire active equity managers, and why even financial economists often hold actively managed portfolios – they all think they can pick winners." Problematisch wird

[7] Es sei darauf hingewiesen, dass zwischen Selbstvertrauen und -überschätzung kein linearer Zusammenhang besteht.

die Kontrollillusion genau dann, wenn Engagements ihretwegen zu groß und die damit verbundenen Risiken unterschätzt werden. Hat ein Marktteilnehmer beispielsweise ein paar Mal hintereinander Glück gehabt, so fängt er an, seine Fähigkeiten zu überschätzen, geht aus reiner Gier „aufs Ganze“ und übernimmt somit Risiken, vor denen er zurückgeschreckt wäre, hätte die Kontrollillusion ihn nicht blind für eine realistischere Betrachtung der Lage gemacht.

Kontrollillusion ist jedoch nicht allein darauf zurückzuführen, dass Menschen ihr Kontrollbedürfnis befriedigen wollen. Die drei folgenden Aspekte machen diesen Effekt in gleicher Weise sichtbar.

### (1) Zusätzliche Erklärungen für Kontrollillusion

Jeder Mensch dürfte mehr oder weniger unbewusst denken: „Je mehr Kontrolle ich ausüben kann, desto eher werde ich den Gang der Dinge für mich positiv beeinflussen können.“ Wie bereits dargelegt, wird dieses Schema im Rahmen der conditional probability fallacy leicht umgekehrt. Falls jemand mehrmals hintereinander erfolgreich war, gewinnt er die Überzeugung, „offensichtlich“ alles unter Kontrolle zu haben. Die Repräsentativitätsheuristik unterstützt somit die Kontrollillusion (Abramson & Alloy 1980).

Auch aus der Attributionstheorie lässt sich das Phänomen der Kontrollillusion ableiten. Wichtiger Bestandteil dieser Theorie ist die sogenannte „selbstwertdienliche Attribution“, wonach für eigene Taten gilt: Gelingen sie, ist das allein den persönlichen Talenten zuzuschreiben, geht etwas schief, sind natürlich andere oder widrige Umstände daran schuld. Ist ein Marktteilnehmer an den Finanzmärkten erfolgreich, so hält er dies allein für sein Verdienst. Nach einer längeren Erfolgsserie wird er sich dann einer stark ausgeprägten Kontrollillusion hingeben: Ihm gelingt scheinbar alles. Bleibt der Erfolg indes aus, erinnert der Anleger sich (und andere) daran, dass jeder Börsengewinn vor allem auch immer eine Glückssache ist. Und diesmal hat er eben Pech gehabt. Somit trägt auch die selbstwertdienliche Attribution zur Entstehung von Kontrollillusion bei.

### (2) Gelernte Sorglosigkeit

In enger Verbindung zur Kontrollillusion ist das Phänomen der gelernten Sorglosigkeit zu sehen. Davon spricht man, wenn ein Akteur nach einer Serie von erfolgreichen Engagements nicht mehr das Gefühl kennt, Verluste zu erleiden, und demzufolge bereit ist, immer größere Risiken einzugehen (Frey & Schulz-Hardt 1996, Schulz-Hardt, Frey & Lüthgens 1996). Nick Leeson war beispielsweise über lange Zeit derart erfolgreich, dass er von seinen Kollegen in Singapur schon als der „Mann mit der goldenen Nase" bezeichnet wurde. Scheinbar mühelos konnte er für die Barings Bank große Gewinne erwirtschaften. Die Folgen seiner sich bis zu Leichtsinn und Größenwahn steigernden Sorglosigkeit sind weithin bekannt.

In diesen Zusammenhang passt auch die Verfügbarkeitsheuristik, die schließlich besagt, dass mit abnehmender Verfügbarkeit von Ereignissen deren Bedeutung für die Bewertung einer Situation nachlässt. Je länger es also her ist, dass Verluste geschrieben wurden beziehungsweise je weniger auffällig oder anschaulich ein Verlust in der Erinnerung verhaftet ist, desto weniger spielen Risiken in der Bewertung von Engagements eine Rolle und desto größer und riskanter werden die Engagements. Somit führt eine erlernte Sorglosigkeit zu denselben Konsequenzen wie die Kontrollillusion.

### (3) „Das habe ich kommen sehen!" (Hindsight-Bias)

Unter dem Hindsight-Bias versteht man die Neigung vieler Menschen, dasjenige zu überschätzen, was sie vor einem Ereignis über dessen Ausgang gewusst oder geahnt haben (Fischhoff 1975), nach dem Motto: „Das habe ich kommen sehen." Man findet diesen Effekt zum Beispiel in der Aussage eines Händlers, der, nachdem er die Chance verpasst hat, eine Long-Position auf den gestiegenen Dollarkurs einzugehen, sinniert: „Ich wusste, dass der Dollar steigt. Warum habe ich Idiot denn nicht gekauft?" Wahrscheinlich hat er es aber gar nicht gewusst. Vermutlich weiß niemand genau, ob ein Kurs steigen oder fallen wird. Im Nachhinein meinen sich jedoch Menschen daran zu erinnern, dass sie den richtigen Riecher gehabt hatten. Vermutlich hätte derselbe Anleger bei einem gefallenen Dollarkurs behauptet, er wäre schon die ganze Zeit bearish gestimmt gewesen.

Der Zusammenhang mit der Kontrollillusion ist darin zu sehen, dass Menschen es sich selbst nicht eingestehen wollen, wenn sie eine bestimmte Situation so wenig unter Kontrolle hatten. Deshalb bilden sie sich gerne ein, damals doch eigentlich gewusst zu haben, was passieren würde. So ist es in der Tat erstaunlich, wieviele Anleger nach einem Crash berichten, sie hätten das alles kommen sehen, man habe doch schon lange erkennen können, dass alles so kommen würde und die Kurse im Grunde viel zu hoch gewesen waren. Fraglich bleibt nur, warum gerade diese Anleger, die doch den Crash vorhergesehen hatten, ihre Aktien nicht verkauft haben, um größere Verluste zu vermeiden. Der Hindsight-Bias kann somit auch als nachträgliche Kontrollillusion interpretiert werden.

### *Kontrollverlust-Phänomene*

Viele der bereits vorgestellten empirischen Untersuchungen zur Bedeutung des Kontrollbedürfnisses beschäftigen sich vor allem mit dem Kontrollverlust. Davon spricht man, wenn ein Mensch zunächst davon ausgeht, ein bestimmtes Ereignis oder einen Zustand zu beherrschen oder zumindest stark zu beeinflussen, später aber erkennen muss, dass er (z. B. infolge einer Kontrollillusion) diese Kontrolle überhaupt nicht ausüben kann. Diese Erkenntnis kann zu schwerer Frustration und Verunsicherung bis hin zu Angst, wenn nicht Panik führen (Miller & Norman 1979; Sauer & Müller 1980). Menschen mit starkem Kontrollbedürfnis leiden besonders unter der Erfahrung des Kontrollverlusts (Fazio et al. 1981).

Tritt Kontrollverlust auf, gibt es zwei Möglichkeiten zu reagieren. Zum einen kann man sich an jemanden wenden, der offensichtlich noch Herr der Lage ist.[8] Dies kann zum Beispiel ein bekannter Analyst oder Börsenguru sein, dessen Prognosen zumindest in der Vergangenheit immer oder häufig eingetroffen sind. Dass das nicht unbedingt etwas zu heißen hat, wurde schon im Abschnitt zur Repräsentativitätsheuristik erläutert. Dennoch fühlt sich der Anleger dem Marktgeschehen weniger ausgeliefert, wenn er dem Rat des Analysten befolgt.

---

[8] Rothbaum et al. (1982) sprechen in diesem Zusammenhang auch von stellvertretender Kontrolle.

Dieser Zusammenhang konnte für den amerikanischen Aktienmarkt nachgewiesen werden (Schachter et al. 1986). Dabei wurde untersucht, wie die Lektüre der Kolumne „Read on the street“ des *Wall Street Journal* das Verhalten der Anleger beeinflusst. Dort schreiben anerkannte Börsenexperten ihre Meinung zur augenblicklichen und künftigen Entwicklung der Kapitalmärkte. In Zeiten steigender Aktienkurse hatten diese Kommentare nur eine geringe Wirkung auf das Anlegerverhalten, in Zeiten fallender Kurse, als die meisten Anleger Probleme (Kontrollverlust) hatten, war die Wirkung dagegen signifikant höher.

Oder man sucht sich Gleichgesinnte in einer Gruppe, zum Beispiel in einem Investmentclub. Der Anleger ist dann nicht mehr alleine, denn durch den Meinungsabgleich in der Gruppe entsteht eine sogenannte Illusion of validity, die gleichfalls das Kontrollgefühl wiederherstellt. „Schließlich können sich so viele nicht irren“, denkt man.

Gelingt es dem Anleger jedoch nicht, die Kontrolle auf dem beschriebenen Weg zurückzugewinnen, tritt die zweite Reaktionsvariante ein. Dann werden allgemeine und schnell verfügbare Reaktionsmuster aktiviert, was nichts anderes bedeutet, als dass er in Stress gerät. Und unter Stres verhalten sich Menschen nicht viel anders als Tiere in freier Wildbahn: Sie werden entweder wütend und greifen an, oder sie ziehen sich zurück.

In Finanzmärkten erleben Marktteilnehmer einen Kontrollverlust, wenn sie beispielsweise nach einer langen Phase anhaltender Gewinne geglaubt hatten, den Markt fest im Griff zu haben, und im Glauben, unverwundbar zu sein, größere Engagements eingegangen sind. Doch plötzlich läuft alles gegen sie. Das Gefühl des sicheren Erfolgs entpuppt sich als Kontrollillusion. Dazu mag kommen, dass sich die Akteure diesen überraschenden Verlauf noch nicht einmal rückwirkend erklären können (vgl. vierte Kontrollvariante) oder sich Widersprüche in ihren Informationen häufen (Maas & Weibler 1990b). Um das Engagement zu retten und um die vermeintliche Kontrolle zurückzugewinnen, reagieren viele mit Trotz: „Jetzt erst recht!“ Eine im Wert gefallene Aktie wird dann noch nachgekauft, „um den Einstandspreis zu reduzieren“. Erst wenn deutlich wird, dass diese Aktionen nicht zum gewünschten Erfolg führen und sich die Lage noch weiter verschlechtert, folgt in den meisten Fällen der Rückzug: Womöglich schon unter Panik werden Verkaufsorders gegeben, die zu allem Überfluss auch noch unlimitiert sind. Alles nur, damit dieses drückende Gefühl des Ausgeliefertsein endlich aufhört. Besonders gefährlich wird eine solche Situation jedoch, wenn viele Marktteilnehmer gleichzeitig ein solches Verhalten zeigen und durch dieselbe Tür ins Freie gelangen wollen...

### *Die Bewertung eines Kontrolldefizits: Risikoaversion*

Würden Sie sich eher als risikofreudig oder risikoavers beschreiben? Das kann man so pauschal nicht beantworten, werden Sie vermutlich sagen. Dabei haben Sie völlig recht. So gibt es Menschen, die auf der einen Seite zwar ihr Geld in sehr riskante Geschäfte/Projekte investieren, die aber andererseits in ihrer Freizeit niemals so gefährliche Sportarten wie etwa Fallschirmspringen ausüben würden. Offensichtlich hängt die individuelle Risikobereitschaft ganz wesentlich von der jeweiligen Situation beziehungsweise noch etwas genauer von dem jeweils empfundenen Kontrolldefizit ab. Ist man der Meinung, die Risiken beherrschen oder gar kontrollieren zu können, so verhält man sich kaum noch risikoscheu und wird sogar risikofreudig. Spürt man dagegen ein Kontrolldefizit, verhält man sich risikoavers und meidet die als bedrohlich empfundene Situation (von Nitzsch/Friedrich 1999). Somit wird erklärbar, warum ein risikofreudiger Anleger nicht unbedingt auch ein begeisterter Fallschirm- oder Bungeespringer sein muss.

Wenn also die Risikoaversion Resultat eines Kontrolldefizits ist, sind mit den Bestimmungsgrößen für ein Kontrolldefizit auch gleichzeitig die Bestimmungsgrößen für die Stärke der Risikoaversion hergeleitet. Dies bedeutet:

- Die Risikoaversion wächst mit zunehmender Höhe der bei der Entscheidung auf dem Spiel stehenden Beträge, zugleich ist sie bei negativen Beträgen höher als bei positiven

- Risikoaversion wächst mit sinkender Kompetenz beziehungsweise dann, wenn die Wahrscheinlichkeit, mit der ein Ereignis eintreten wird, nicht klar eingeschätzt werden kann

- Risikoaversion wächst mit der Neigung, die Ergebnisse einer Entscheidung auf jeweils gesonderten Mental accounts zu verbuchen

Hieraus folgt, dass niemand pauschal eine bestimmte Risikoeinstellung besitzt, sondern dass die Haltung gegenüber Risiken vielmehr je nach Entscheidungssituation ganz unterschiedlich ausfallen kann.[9]

Ein Kontrolldefizit muss aber nicht immer zu Risikoaversion führen. So gibt es durchaus auch Situationen, in denen Menschen Kontrolldefizite positiv erleben. Dies ist etwa dann der Fall, wenn man die Chance auf einen Gewinn als winzig, das Risiko eines drohenden Verlustes hingegen als riesengroß einschätzt. In dieser Situation stehen Menschen nicht eindeutig fassbaren Wahrscheinlichkeiten (vgl. auch Camerer & Weber 1992) (ausnahmsweise) nicht ablehnend gegenüber, sondern wählen diese sogar unter mehreren Möglichkeiten aus. Es ist die Hoffnung, dass der schier unmögliche Gewinn doch noch erzielt, der fast sichere Verlust vielleicht doch noch abgewendet werden kann. Dieser „Logik" gehorcht jeder Lottospieler. Und wer möchte schon am Samstag vorgerechnet bekommen, wie dumm es war, wieder einen Lottoschein zu kaufen und wie unwahrscheinlich der ersehnte Gewinn tatsächlich ist. Lieber verweilt man in jener angenehmen Unwissenheit, die der Hoffnung auf das große Los immer noch ein Türchen offenlässt.

Zudem brauchen Menschen ein gewisses Maß an Reizen, um nicht in Apathie und Stumpfsinn zu versinken. Nicht umsonst gilt es als besonders schlimme Strafe, jemanden in einem völlig dunklen und stillen, also absolut reizarmen Raum einzusperren. Insofern kann selbst ein gewisses Risiko als reizvoll erlebt werden – eben jener „Nervenkitzel", der Menschen ebenso in Spielcasinos wie auf Rennpisten oder steile Berghänge treibt (Brengelmann 1991), womit sich das Phänomen der Risikofreude erklären ließe.

[9] Insbesondere ließe sich auch eine mit steigendem Vermögen abnehmende Risikoscheu (siehe z.B. Oehler 1998) darüber erklären, dass Menschen mit steigendem Vermögen ein Kontrolldefizit als weniger belastend empfinden.

## 3 „Ist Risikoscheu vernünftig?" oder „Macht Geld glücklich?"

Am Ende der Ausführungen zum Bedürfnis nach Dissonanzfreiheit (vgl. im Abschnitt 1) wurde festgehalten, dass eine rationale Entscheidung dadurch gekennzeichnet ist, dass ausschließlich deren Folgen bewertet werden. So wurde beispielsweise am Sunk-cost-Effekt verdeutlicht, dass es nicht rational ist, Kosten aus der Vergangenheit zu berücksichtigen, da sich ansonsten Entscheidungen ergeben könnten, die nicht optimal wären. Denn ausschlaggebend wäre gewesen, dass man sich von ihnen vor allem eine Verringerung von Dissonanz erhofft hätte.

Setzt man den Stellenwert des Bedürfnisses nach Konsonanz mit dem des Kontrollmotivs gleich, so ergeben sich interessante und zugleich sehr weitreichende Konsequenzen für die Diskussion der Frage, welche Risikoeinstellungen als rational zu gelten haben. So ließe sich etwa in Analogie zur Irrationalität des Sunk-cost-Effekts behaupten, es sei nicht vernünftig, ein risikoscheues Verhalten an den Tag zu legen. Schließlich wird Risikoscheu genauso durch ein unbefriedigtes Kontrollbedürfnis hervorgerufen, wie die Aversion gegenüber Dissonanzen eine Reaktion auf das Bedürfnis nach Dissonanzfreiheit darstellt.

Dass es jedoch nicht ganz abwegig ist, zum Beispiel dem Dispositionseffekt einen gewissen Grad an Vernunft beizumessen, lässt sich wie folgt veranschaulichen. Man betrachte einen Anleger mit einer in den Verlust geratenen Aktienposition. Aus reinen Vernunftgründen sollte sich der Anleger von der Position trennen, wenn er das Geld anderswo besser anlegen kann. Aus monetärer Sicht wäre diese Entscheidung sinnvoll, doch ginge sie zu Lasten der Zufriedenheit und des Wohlbefindens des Anlegers, denn er müsste sich zum einen eingestehen, in der Vergangenheit eine Fehlentscheidung getroffen und mit seinem Aktienpaket aufs falsche Pferd gesetzt zu haben, zum anderen würde er sich jeder Möglichkeit berauben, dass Engagement vielleicht doch noch gewinnbringend abzuschließen. Verzichtet der Anleger hingegen darauf, seinen Verlust zu realisieren, und hält er stattdessen die Aktien, bis diese eines Tages doch noch Gewinne abwerfen, hat er letzten Endes ein erfolgreiches Engagement, auch wenn es einige Zeit gedauert hat. Hierdurch konnte er zwar andere, lukrativere Geschäfte nicht tätigen, doch ist er insgesamt zufriedener.

Eine Antwort auf die Frage, ob es (nicht in ökonomischer Hinsicht, sondern in einem ganzheitlichen Sinne) vernünftig ist, sich Zufriedenheit mittels eines Verzichts auf profitablere Engagements zu erkaufen, soll hier bewusst nicht gegeben werden. Letztlich geht es hierbei ja um die Frage, ob Geld oder die Befriedigung anderer Bedürfnisse (das Bedürfnis z. B. nach Kontrolle und Dissonanzfreiheit) glücklich macht. Fest steht jedoch, dass eine Befriedigung dieser Bedürfnisse ökonomisch erkauft werden muss. Das Streben nach einer Befriedigung des Kontrollbedürfnisses geht mit der Bezahlung einer Risikoprämie einher, zur Verringerung einer Dissonanz muss man, wie gezeigt wurde, Entscheidungen in Kauf nehmen, die nicht immer optimal sind.

# VI. NICHT ALLE MENSCHEN SIND GLEICH: Drei Typen von Marktteilnehmern

Nachdem in den vorangehenden Kapiteln gezeigt wurde, dass sich Marktteilnehmer in vielen Situationen des täglichen Handels – selbst wenn sie es wollten – nicht immer rational verhalten, stellt sich natürlich für den Leser die Frage, welchen Nutzen er aus diesen Erkenntnissen ziehen kann. Gleichzeitig möchte er wissen, wie sich die dargestellten Irrtümer und Fehler vermeiden lassen. Manch einer wird sagen: „Das habe ich schon einmal irgendwo gehört", und mag sich in der einen oder anderen Szene wiedererkannt haben. Manch einer wird einwenden, das alles sei doch nichts Neues: „Das mit der kognitiven Dissonanz ist doch ein alter Hut, und über Kontrollillusion habe ich auch schon einmal etwas gehört." Selbsterkenntnis allein reicht jedoch nicht aus, um das Verhalten an den Märkten zu verbessern und somit höhere Gewinne zu erzielen. Und das letzte Zitat zeugt nicht gerade von der Bereitschaft, an sich zu arbeiten und etwas Neues hinzuzulernen.

Behavioral Finance an den Börsen und in den Handelsbüros der ganzen Welt ist keine „weiche Psychologie", die das erklären helfen soll, was andere Analysemethoden nicht deutlich machen können. Und es geht auch hier nicht um belanglose Zufälligkeiten, sondern um immer wiederkehrende Verhaltensmuster und -abläufe, die mitunter sogar in großen spekulativen Blasen kulminieren, denen dann viele Analysten nur mit verständnislosem Kopfschütteln begegnen können. Was da vor ihren Augen passiert, erscheint ihnen vollkommen irrational. Gegen die Irrationalität zu halten, kann jedoch ausgesprochen teuer werden – zumindest kostet es viel psychische Energie – und manchmal eben auch sehr viel Geld.

Wer indes aufgrund der bisherigen Erkenntnisse aus der Lektüre dieses Buchs diese Irrationalitäten am Markt besser verstehen kann und zugleich bereit ist, sein eigenes alltägliches Handeln an den Märkten sensibler und kritischer zu beobachten, hat schon gewonnen. Nicht nur an den Finanzmärkten, sondern auch im Alltag dürften dann die Gewinne steigen und sich die Verluste verringern. Denn der Markt ist nichts anderes als ein Spiegel zwischenmenschlicher Aktionen und Reaktionen. Überall, wo sich Menschen begegnen, kann sofort ein Markt entstehen, auf dem Güter, Dienstleistungen, Ideen etc. ausgetauscht werden. In solchen Märkten wird es einem, der über die psychologisch verursachten Effekte der Marktteilnehmer besser Bescheid weiß, mit ein wenig Geschick mehr und mehr gelingen, seine Güter teurer zu verkaufen oder billiger zu erwerben.

Damit dieser Weg zum erfolgreicheren Handeln jedoch nicht Stückwerk und auf einige, wenige Ausnahmesituationen begrenzt bleibt, wurde eine Systematik erarbeitet, die vordergründig oftmals einfach erscheinen mag, in der Realität dagegen meist nur schwer umzusetzen ist. Denn die eigene Psyche verhindert häufig die geforderte Disziplin. Im entscheidenden Augenblick wählt man dann doch lieber den Weg des zunächst geringsten Widerstands. Eine Abweichung von der Norm, von dem, was man bislang getan hat, oder davon, wie man in der Vergangenheit seine Probleme zu lösen pflegte, scheint mit einem Mal zu schmerzhaft zu sein: „Ich würde ja gerne..., aber ich kann nicht...", heißt es. Und mit diesem „aber" bleibt man im Gestrüpp der eigenen Disziplinlosigkeit hängen, und manchmal hat man sogar Glück und wird dafür nicht einmal durch Misserfolg bestraft.

Natürlich gibt es für die menschlichen Schwächen an den Märkten kein Allheilmittel. So mag es dem Leser vielleicht aufgefallen sein, dass er sich in den zuvor dargestellten Beispielen manchmal stark, ein anderes Mal weniger angesprochen fühlte. Für den einen mag der Abschnitt über Kontrolle wichtiger, für einen anderen die Erkenntnisse über die kognitive Dissonanz wesentlich gewesen sein. Ein Dritter wiederum mag zu der Überzeugung gelangt sein, dass er in Zukunft die täglichen Abläufe und Routinen seines Handelns einer bewussten Prüfung unterziehen sollte. Viele aber wissen überhaupt nicht so recht, wo sie anfangen sollen, weil sie den Eindruck haben, alles zuvor Beschriebene träfe auf sie zu. Deswegen scheint es sinnvoll, die Marktteilnehmer nach verschiedenen Typen beziehungsweise in mehrere Kategorien einzuteilen. Hierbei sollte eine Einteilung gewählt werden, in der man sich möglichst schnell wiederfindet, um in einem zweiten Schritt zielgerichtet gegen die für den jeweiligen Typus geltenden Schwächen vorzugehen.

Denn die Charakterzüge eines Menschen sind ausschlaggebend dafür, in welchem Stadium einer Transaktion er vor allem aufpassen muss und für welche Trugschlüsse er besonders empfänglich ist. Weil dies alles überwiegend auf Strukturen des menschlichen Gehirns beruht, soll als Erklärung für eine solche Typenlehre in etwas idealisierter Weise die Theorie vom sogenannten „drei-einigen Gehirn" (Triune brain) des Neurophysiologen Paul D. MacLean (MacLean 1977, 1978, 1983, 1985, 1990, 1993) herangezogen werden. Dabei wird später gezeigt werden, dass diese Typen recht gut zu bestimmten Gruppen von Marktteilnehmern passen[1]. Jeder Typ und somit jede Gruppe von Marktteilnehmern hat dabei ein charakteristisches psychologisches Profil, das im Hinblick auf bestimmte Rationalitätsschwächen eine hohe Anfälligkeit aufweist. Bevor jedoch auf diese Verknüpfungen näher eingegangen werden kann, folgen zunächst einige Ausführungen zu dem drei-einigen Gehirn.

# 1 Das drei-einige Gehirn

Der Neurophysiologe Paul D. MacLean, Leiter des Laboratoriums für Hirnentwicklung und Verhalten, am National Institute of Health in Maryland, USA, vertritt die Ansicht, dass das menschliche Gehirn funktional gesehen aus drei selbständigen Gehirnen besteht (MacLean 1990), die sich im Laufe der Evolutionsgeschichte entwickelt haben. Sie unterscheiden sich sowohl in ihrer Struktur als auch in ihrer chemischen Zusammensetzung. Obgleich sich ihre jeweiligen Funktionsweisen teilweise überlappen, arbeitet jedes einzelne Gehirn selbständig. Wenngleich viele Probleme durch eine mangelnde Koordination zwischen den drei unterschiedlichen Gehirnen entstehen können, sind ihre Strukturen dennoch nicht voneinander getrennt zu betrachten, sondern es handelt sich um drei Systeme, welche in eines, das sogenannte „drei-einige Gehirn" (Triune Brain) integriert werden.

Das älteste dieser drei Gehirne, ist das sogenannte Reptiliengehirn

[1] Die neurobiologischen Grundlagen, auf Grund derer MacLean diese Theorie entwickelte, sollten in diesem Zusammenhang außer Acht gelassen werden.

(auch als R-Komplex bezeichnet), welches vor ca. 500 Millionen Jahren entstanden ist (Holler 1996). Der weitere Verlauf der Entwicklung brachte mit der Entstehung der Säugetiere vor 200 bis 300 Millionen Jahren das „zweite Gehirn", das sogenannte limbische System („lymbic system") hervor.[2] Das jüngste Gehirn entstand im Wesentlichen (Vroon 1993) vor etwa 100.000 Jahren und kennzeichnet die Säugetiere der Neuzeit, sowie vor allem die Gattung Mensch: die Hirnrinde beziehungsweise der Neocortex, der für das Denken, Lernen, Problemlösen, die Sprache etc. verantwortlich ist.

Während der Evolution hat nicht – wie man vielleicht meinen könnte – ein Gehirn das niedriger entwickelte ersetzt, sondern wurde zu den bereits bestehenden von der Natur hinzugefügt. Nach MacLean kann man das menschliche Gehirn mit drei biologischen Computern vergleichen, von denen jeder eine eigene „Intelligenz", sein eigenes Gedächtnis, Empfindungen und andere Funktionen besitzt. Man könnte meinen, dass das Gehirn im Laufe der Evolution drei Kutscher mit jeweils unterschiedlichem Gemüt mitbekommen hat, die alle auf ihm thronen, so MacLean.

MacLean stellte die Hypothese auf, dass die beiden älteren Strukturen des Gehirns, der R-Komplex und das limbische System, nicht nur die menschlichen Verhaltensweisen beeinflussen, sondern auch viele der Probleme, mit denen der Mensch täglich konfrontiert wird, verursachen. Sie sind nicht in der Lage, mit den Teilen des Gehirns, die für die Sprache zuständig sind, zu kommunizieren, was jedoch nicht bedeuten soll, dass sie weniger intelligent sind oder gar dem Unbewussten zugeordnet werden können. Nach MacLean besitzen die Ausstrahlungen der Psyche – wie übrigens alle anderen Arten der Information – keine stoffliche Substanz. Um sie mitteilen zu können, müssen sie in Verhalten „übersetzt" werden. Folglich kann man menschliches Verhalten in non-verbales und verbales Verhalten unterteilen.

So lassen die non-verbalen Handlungsweisen der Menschen unzweifelhaft Parallelen zu tierischen Verhaltensmustern erkennen. Dies ist nicht weiter erstaunlich, da das menschliche Gehirn wie oben beschrieben im Laufe der Evolution auf dem tierischen aufgebaut wurde und zumindest in einigen Teilen mit dem von Tieren Gemeinsamkeiten aufweisen muss.

---

[2] MacLean schlug diesen Ausdruck als Bezeichnung für den limbischen Cortex und die Teile des Gehirnstamms, mit denen dieser in erster Linie verbunden ist, vor

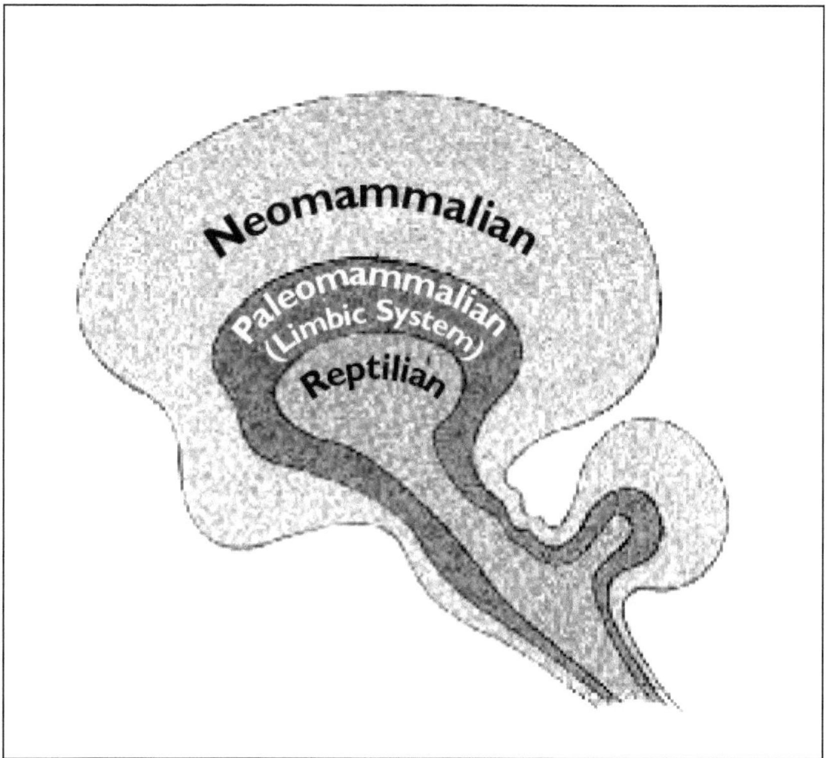


Abbildung 6-1: Schematische Darstellung des „Triune Brain“ (Quelle: MacLean 1990) Dargestellt sind das Reptiliengehirn (Reptilian), das limbische System (limbic system) sowie das jüngste Gehirn (Neomammalian)

Natürlich fand es MacLean nicht angemessen, non-verbales Verhalten von Menschen mit dem von Tieren zu vergleichen, so dass er sich dazu entschied, für jede Art von nicht-verbalen Mitteilungen die Bedeutung des griechischen Wortes „prosemantisch“ zu verwenden. Es heißt soviel wie „signalisieren“, sei es stimmlich, körperlich oder chemisch.

Betrachtet man das Reptiliengehirn, so gehören zu den non-verbalen Verhaltensweisen unter anderem die Wahl und Schaffung eines Heimes, Errichtung und Begrenzung eines eigenen Territoriums, die Jagd, der Herdentrieb, die Bildung sozialer Gruppen, etc. Reptilien haben ein geradezu perfektes Gedächtnis für das, was ihre Vorfahren über Jahrtausende erfahren haben. Trotzdem sind sie vermutlich nicht in der Lage, aus neuen Situationen zu lernen. Die entsprechenden menschlichen Handlungsweisen finden dabei vor allem in alltäglichen Routinen ihren Ausdruck, wobei man sich gerne auf Althergebrachtes verlässt. Dazu gehören auch ureigene Rituale, das Nachahmen von Vorgängen, immer wiederholte Zeremonien und durch Aberglauben bedingte Handlungen sowie alle Arten von Täuschung.

Die Verhaltensunterschiede zwischen Reptilien und Säugetieren (und Vögeln) im Evolutionsprozess – wenn man einmal davon absieht, ob es sich um Warmblüter oder nicht handelt – manifestieren sich in drei wesentlichen Entwicklungen, die dem limbischen System zugerechnet werden. Dies ist zum einen das Ernähren und Aufziehen junger Nachkommen. Auf der anderen Seite entstand zum ersten Mal eine auf Hören und stimmliche Mitteilung basierende Kommunikation, um für die Verbindung zwischen dem Muttertier und den Nachkommen zu sorgen, sowie das Spiel unter den Jungen, also etwas, das man mit emotionalem Verhalten bezeichnen kann, das für die Selbsterhaltung notwendig ist. Darauf weisen auch klinische Untersuchungen hin: „Das limbische System steuert das emotionale Verhalten und damit das Emotionsgefüge von Mensch und Tier.“ (Dorsch 1994) Darunter fallen auch Affekte wie Furcht, Panik, Wut, Liebe, Ekstase etc. (Holler 1996). Das limbische System scheint somit gleichzeitig die Quelle menschlicher Werturteile zu sein, es entscheidet, ob man etwas richtig oder falsch findet, und koordiniert das emotionale Verhalten.

Der Neocortex zeichnet sich vor allem durch seine Lernfähigkeit und die Fähigkeit des Denkens aus. Letzteres kann als ein Medium bezeichnet werden, Impulse aus dem non-verbalen Teil des Gehirns zu organisieren, zu interpretieren und zu verstehen (Joseph 1988). Der Neocortex orientiert sich in erster Linie an der Außenwelt und scheint als „Problemlöser“ und Gedächtnis zu fungieren (MacLean 1983). Man könnte den Neocortex für sich allein betrachtet mit einem „herzlosen Computer“, der ausschließlich vernunftsmäßige Entscheidungen trifft, vergleichen. Er kann den älteren beiden Teilen des Gehirns somit dabei helfen, das menschliche Überleben zu sichern und zu fördern. Trotzdem gibt es Anzeichen dafür, dass es für den Organismus schwierig ist, diese Entscheidungen ausschließlich vernunftgesteuert zu treffen, da er auf der anderen Seite permanent Signale aus seinem „Inneren“ erhält, die eine ausschließlich rationale Verhaltensweise verhindern. Letztlich sorgt die Natur dafür, dass der Neocortex seine Information zum größten Teil von den Sinnesorganen, über das Sehen, Hören und Fühlen (Tasten) erhält. Im Gegenzug ist er allerdings häufig nicht in der Lage, Impulse des limbischen Systems zu unterdrücken beziehungsweise zu regulieren.

MacLean hat seine Aussagen über das Gehirn anhand zahlreicher Studien und Versuche an Tieren überprüft, während er entsprechende Experimente an Menschen nicht durchführen konnte. Er war jedoch augrund seiner Tätigkeit in der Lage, Menschen mit verschiedensten Gehirnkrankheiten wie zum Beispiel Epilepsie zu untersuchen. Diese Erkenntnisse ließen ihn schließlich zu dem Schluss kommen, dass die drei Gehirne jeweils eine Mentalität hervorbringen: den Instinkt, das Gefühl und die Vernunft, die häufig miteinander in Konflikt geraten. Somit bildet unser Gehirn keine Einheit, sondern kann als eine „Aufeinanderstapelung" dreier Systeme (Vroon 1993) gesehen werden.

So ist es naheliegend, dass jeder Mensch dazu tendiert, ein Element des „drei-einigen Gehirns" etwas stärker als die beiden anderen zu benutzen. Dies soll natürlich nicht heißen, dass sich jemand, der bevorzugt sein „Reptiliengehirn" aktiviert, mitunter wie ein Tier benimmt. Vielmehr kann davon ausgegangen werden, dass die Neigung, eine der drei oben genannten Mentalitäten: Instinkt, Gefühl oder Vernunft – man könnte auch vom Handeln, Fühlen und Denken sprechen – zu bevorzugen, den Charakter eines Menschen im Wesentlichen prägt. Deswegen soll in der Folge einerseits vom Bauchmenschen, der seine Entscheidungen nach Instinkt fällt, gesprochen werden, während diejenigen, welche aus dem Gefühl heraus handeln, Herzmenschen genannt werden sollen. Die Entscheidungen des Kopfmenschen kennzeichnet indes ein starkes Streben nach Vernunft.

Natürlich lässt sich nicht jeder Mensch eindeutig einem dieser Typen zuordnen, da man nicht nur einen Teil des Gehirns bevorzugt benutzen kann, sondern, wenn auch zu einem geringeren Anteil, von dessen anderen beiden Komponenten ebenfalls Gebrauch machen wird. Letztlich wird es sich bei allen Menschen stets um Mischtypen handeln, wobei sich allerdings bei jedem die Betonung eines der drei Charaktermerkmale erkennen lässt.

Entscheidend ist jedoch, dass sich ein Zusammenhang zwischen den drei Charaktertypen Kopf-, Herz- und Bauchmensch und der Anfälligkeit für die in den Kapiteln 3 bis 5 beschriebenen kognitiven Irrtümern und Fehlleistungen feststellen lässt. Da erscheint es sinnvoll, sich auf fünf wesentliche „Rationalitätsfallen" zu beschränken, die im Folgenden skizziert werden.

## 2 Psychogramm eines Anlegers: Die fünf wichtigsten Rationalitätsfallen

In den Kapiteln 3 bis 5 wurden eine Vielzahl möglicher Schwächen im Entscheidungsverhalten von Marktteilnehmern beschrieben. Das Kapitel 3 ging darauf ein, welche Heuristiken beziehungsweise Daumenregeln Menschen verwenden, um die Komplexität von Entscheidungssituationen zu reduzieren als auch schnell zu einem Urteil zu kommen. Wie sich hierbei systematische Fehler einschleichen und zu welchen Konsequenzen dies führt, wurde eingehend behandelt.

Anschließend wurde im Kapitel 4 auf ein besonderes Charakteristikum in dem Vorgehen bei einer Bewertung eingegangen: Menschen bewerten grundsätzlich relativ und nicht absolut. So gibt es bei jeder Bewertung einen Bezugspunkt, der zur Unterscheidung zwischen relativen Gewinnen und relativen Verlusten führt. In vielen Fällen wird dieser Referenzpunkt für die Marktteilnehmer durch den Einstandspreis repräsentiert. Dabei ergeben sich unter anderem deshalb systematische Abweichungen vom rationalen Verhalten, weil die meisten Akteure unterhalb des Einstandspreises meist zu risikofreudig sind, während sie im Gewinnbereich zu schnell Risiken aus dem Weg gehen.

Kapitel 5 schließlich beschrieb, welchen negativen Einfluss bestimmte Motive oder Emotionen auf die Rationalität haben können. Zum einen streben Marktteilnehmer nach Dissonanzfreiheit. Sie möchten immer die richtigen Entscheidungen treffen und tun einiges (oft Unvernünftiges), um sich selbst und auch andere glauben zu machen, dass ihnen dieses auch gelingt. Beispielsweise nehmen sie nur noch Informationen zur Kenntnis, die ihre (möglicherweise ungünstige) Entscheidung in ein gutes Licht rücken; sie nehmen neue Nachrichten nur noch selektiv wahr. Verlustengagements werden nicht glattgestellt, denn damit wäre doch ihre Fehlentscheidung wie in Stein gemeißelt. Zum anderen haben Marktteilnehmer ein starkes Bedürfnis nach Kontrolle, sie lieben es ganz und gar nicht, einer Situation ausgeliefert zu sein. Hieraus ergeben sich zwei Konsequenzen: Erstens überschätzen die meisten ihre eigenen Fähigkeiten, Kursentwicklungen zu antizipieren, was zu sehr riskanten Entscheidungen führen kann, die den

Marktteilnehmern mitunter hohe Verluste bereiten können. Zweitens ist letztlich das Bedürfnis nach Kontrolle dafür verantwortlich, dass Marktteilnehmer, sofern sie diese zu verlieren glauben, in Stress, Angst oder gar Panik geraten und deshalb nicht mehr überlegt handeln.

Lässt man diese kurze Zusammenfassung über die dargestellten irrationalen Verhaltensmuster noch einmal in der vorgestellten Reihenfolge Revue passieren, so kristallisieren sich im Wesentlichen fünf Aspekte heraus, die im Folgenden als die fünf zentralen Rationalitätsfallen bezeichnet werden.

~~~

## Rationalitätsfalle 1: Anwendung von Heuristiken („Vorschnelles Handeln")

Der Marktteilnehmer nimmt sich nur wenig Zeit, die aktuelle Lage einzuschätzen, und greift auf vergleichsweise wenig Informationen zurück. Sein Problem besteht insbesondere darin, dass die für ihn leicht verfügbaren Informationen sein Urteil und somit seine Engagements zu stark bestimmen. Dies führt nicht selten zu Fehleinschätzungen und Entscheidungen, die man als nicht optimal bezeichnen muss. Zugleich denkt er in bestimmten Mustern beziehngsweise Stereotypen. Er wird hierbei ebenfalls leicht zum Opfer bestimmter Trugschlüsse und Irrtümer. Beispielsweise sieht er Zusammenhänge, nur weil sie gut in ein Schema passen, auch wenn sie tatsächlich gar nicht bestehen.

## Rationalitätsfalle 2: Relatives Bewerten („Zu starke Orientierung an Einstandspreisen")

Der Akteur führt typischerweise für jedes Engagement ein eigenes „Konto" im Kopf. Er orientiert sich sehr genau am Einstandspreis und möchte jedes seiner Konten mit Gewinn abschließen. Dabei neigt er bei einem negativ verlaufenden Engagement zur Risikofreude, das heißt, er lässt Verluste laufen. Gerne erhöht er seine Position zu günstigeren Kursen, um somit den Einstandspreis zu verbilligen. Zugleich ist er bei einem gut laufenden Engagement zu risikoscheu und tendiert deswegen zu verfrühten Gewinnmitnahmen.
~~~

### Rationalitätsfalle 3: Streben nach Dissonanzfreiheit („Das Festhalten an Entscheidungen")

Der Marktteilnehmer kann sich nur schlecht eingestehen, dass er bei einem Engagement einen Fehler gemacht haben soll. Er klebt förmlich an seiner Entscheidung und sucht nach Möglichkeiten, diese missliche Situation auszugleichen. Sein Problem besteht insbesondere darin, dass er sein Verlustengagement zumindest noch zum Einstandspreis abschließen muss, auch wenn dies nicht mehr sinnvoll oder möglich erscheint. Deshalb neigt er dazu, die Gewinnchancen seiner im Wert stark gefallenen Aktien zu überschätzen, nur um sich selbst (oder anderen) keinen Fehler eingestehen zu müssen. Aus demselben Grund nimmt er nur Informationen wahr, die ihm gelegen kommen, während er unangenehme Neuigkeiten weitgehend verharmlost oder gar ignoriert.

### Rationalitätsfalle 4: Kontrollillusion („Überschätzen der Kontrollmöglichkeiten")

Hier neigt man dazu, seine Fähigkeiten zur Kursprognose insbesondere nach einigen erfolgreichen Engagements zu überschätzen. Man glaubt, die Situation gut im Griff zu haben, und nimmt überhöhte Risiken auf sich. Die Folge: Man läuft Gefahr, an seinen Prognosen beziehungsweise Anlageentscheidungen zu lange festzuhalten. Der Akteur hat in der Regel viel Geld in einige wenige Wertpapiere investiert, von deren Erfolg er felsenfest überzeugt ist. Häufig agiert dieser Anleger in einem einzigen Marktsegment. Sein Ziel ist es, vor aller Welt gut dazustehen und so schnell wie möglich reich zu werden.

### Rationalitätsfalle 5: Kontrollverlust-Phänomene („Angst vor nicht kontrollierbaren Engagements")

Der Akteur hat ein hohes Bedürfnis, das Risiko seines Engagements zu kontrollieren. Er möchte gut informiert sein und gerät unter starken Stress, wenn er erkennen muss, dass er die Situation kaum kontrollieren kann. Insbesondere bei heftigen Kursschwankungen fühlt er sich hoff-

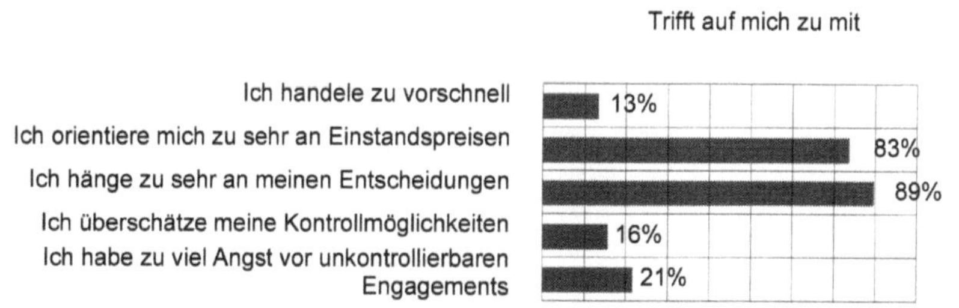


Abbildung 6-2: Beispiel eines Anfälligkeitsprofils

nungslos ausgeliefert. Verluste machen ihn nervös und lassen ihn unüberlegt handeln. Aus diesem Grund meidet dieser Akteur solche Situationen und verpasst somit möglicherweise eine Vielzahl lukrativer Investments.

~~~~

Aus den Befragungen von mehr als 30.000 Marktteilnehmern über den von uns entwickelten Psycho-Trainer[3] wissen wir, dass es so gut wie keinen Marktteilnehmer gibt, der sich von allen Fehlern freisprechen kann. Für manchen können nur eine oder zwei der beschriebenen Fallen gefährlich werden, andere hingegen müssen extrem vorsichtig sein, da sie sich für alle Rationalitätsfallen empfänglich zeigen.

Vor diesem Hintergrund lässt sich jeder Marktteilnehmer recht gut durch ein sogenanntes „Anfälligkeitsprofil" beschreiben, das individuell aufzeigt, für welche Fallen er besonders empfänglich ist. Abbildung 6-2 zeigt, wie ein solches Anfälligkeitsprofil aussehen könnte. Die Balkengrößen, also die Prozentzahlen geben dabei an, vor welchen Rationalitätsfallen sich die fiktive Testperson hüten sollte. In der Abbildung wird das Profil eines Marktteilnehmers gezeichnet, der sich stark an Einstandspreisen orientiert und zugleich an seinen Entscheidungen hängt. Dafür handelt er nicht vorschnell und überschätzt auch nicht seine Kontroll-

[3] Der Psycho-Trainer kann im Internet über die Web-Homepage von Börse Online (www.boerse-online.de) von jedem Interessierten in Anspruch genommen werden.
~~~~

möglichkeiten. Auch seine Angst vor unkontrollierbaren Engagements ist vergleichsweise gering.

Dieser Anleger dürfte insbesondere mit dem Dispositionseffekt zu kämpfen haben, er wird also Gewinne zu schnell realisieren und Verluste laufen lassen. Zugleich wird er nur bestimmte, seine Engagements unterstützende Informationen an sich herankommen lassen, was zu zusätzlichen Problemen führen kann.

Das Profil in der Abbildung ist aber nur ein Beispiel. So könnte beispielsweise ein anderer Marktteilnehmer häufig mit Hilfe von Faustregeln entscheiden und sich zudem sehr stark an Einstandspreisen orientieren. Ein anderer mag sich zwar ausführlich informiert haben und sich auch wenig um Einstandspreise scheren. Dafür ist er aber übermäßig von der Qualität seiner Prognosen überzeugt.

Das wirft die interessante Frage auf, ob es möglich ist, für die in Abschnitt VI.1 vorgestellten drei Typen (Bauchmenschen, Herzmenschen und Kopfmenschen) möglicherweise ein jeweils „passendes" Anfälligkeitsprofil zu entwickeln. Gibt es vielleicht sogar einen bestimmten Personenkreis beziehungsweise eine Berufsgruppe unter den Marktteilnehmern, die man einem Typ oder einem entsprechenden Anfälligkeitsprofil zuordnen könnte?

## 3 Die drei Typen von Marktteilnehmern

Zunächst erscheint es ratsam, die oben entwickelte Typenlehre auf die Finanzmärkte zu übertragen. Dies ist problemlos möglich, schließlich handelt es sich auch bei Marktteilnehmern um Menschen aus Fleisch und Blut, oder sagen wir besser: Menschen mit einem drei-einigen Gehirn. Gleichwohl wird nicht jeder Marktteilnehmer in dieses Schema passen. Hierzu ist der menschliche Charakter einfach zu vielschichtig und facettenreich. Dennoch ist zu erwarten, dass sich der Leser in mindestens einem Typ weitaus mehr wiedererkennt als in einem anderen. Möglicherweise gelangt man auch zu der Erkenntnis, man selbst sei eher ein Mischtyp, zum Beispiel zwischen Bauch und Kopf, wobei einer der beiden Typen vielleicht ein bisschen stärker ausgeprägt ist als der andere. Doch das muss jeder selbst herausfinden.

## 3.1 Aus dem Bauch heraus: Der intuitive Typ

Auch nach Millionen von Jahren zeigen sich im menschlichen Verhalten immer noch Reste der im Reptiliengehirn gespeicherten instinktiven Handlungsmuster. Dazu gehören beispielsweise das Bedürfnis, sich ein eigenes „Nest", also ein Eigenheim zu bauen und das eigene Territorium, sprich: Privatgrundstück zu sichern und zu begrenzen. Aber vor allem sind es die alltäglichen Routinen, für die dieser älteste Teil des Gehirns – der dominante Part beim Bauchmenschen – verantwortlich ist. Dazu gehören auch die immer wiederkehrenden Rituale, die dem Menschen normalerweise gar nicht bewusst sind, Automatismen wie etwa das frühmorgendliche Aufstehen, sich Waschen, Kaffee kochen, Frühstücken und so weiter. Es sind „Programme", die sich im Laufe des Lebens oft gar nicht oder nur wenig verändern.

Das Leben des Bauchmenschen besteht aus solchen Routinen und schnell verfügbaren Handlungsmustern. Problematisch wird es erst, wenn seine Programme gestört werden. Man stelle sich vor, man ist gerade um sechs Uhr in der Frühe aufgestanden und es klingelt an der Türe – zu dieser frühen Tageszeit sicher ungewöhnlich. Sofort ist man in Alarmbereitschaft versetzt, die sich in Angst („Hoffentlich ist nichts passiert"), Zorn („Wer besitzt denn die Frechheit und klingelt um diese Zeit?") oder gar in einer Lähmung (man reagiert überhaupt nicht) äußern kann.

In Finanzmärkten entsprechen diese Routinen gewinnbringenden Engagements. So liegen sicherlich Lebensaufgabe und Berufsziel des Bauchmenschen nicht darin, Verluste einzufahren, vielmehr ist er ganz und gar auf Gewinne „programmiert". Und dabei verlässt er sich auf die positiven Eigenschaften seines „Reptiliengehirns", er hat den sogenannten „Riecher" für profitable Geschäfte und günstige Situationen, er handelt intuitiv.

### *Der für den Bauchmenschen typische Marktteilnehmerkreis*

Der Bauchmensch wird immer dort zu finden sein, wo solche intuitiven Entscheidungen benötigt werden, das heißt in einem Umfeld, das intensives Handeln, insbesondere in einem kurzfristigen Zeithorizont erfordert. Denn selbst wenn der Bauchmensch ausreichend Zeit hätte, um eine Situation sorgfältig zu analysieren, er würde es nicht machen. Warum denn auch? Er kann Entscheidungen viel besser aus dem Bauch heraus fällen. Deshalb vermuten wir Bauchmenschen insbesondere in der Gruppe der Marktteilnehmer mit kurzfristigem Planungshorizont.

Zu dieser Gruppe zählen zunächst die sogenannten Day Trader. Gerade in letzter Zeit haben sich die Rahmenbedingungen für diese Akteure erheblich verbessert, das Intraday-Geschäft ist heutzutage für viele Privatleute nichts Außergewöhnliches mehr. Denn das Angebot im Bereich „Online-Brokerage" ist gut und preiswert geworden, die Entwicklung schreitet rasant voran. Trotz der vergleichsweise guten Versorgung mit Informationen über das Internet, bleibt dem Day Trader jedoch meist keine Zeit, diese Informationen zu analysieren. Er reagiert beispielsweise unmittelbar auf eine Ad-hoc-Meldung oder ein Gerücht, um bei den Ersten zu sein. Er definiert sich über sein Handeln nach dem Motto: „Ich handele, also bin ich".

Zu den intuitiven Marktteilnehmern zählen auch die Händler zum Beispiel in Devisen- oder Aktienhandelsbüros. Deren Haupttätigkeit besteht im Pricing (Stellen von Marktpreisen) und sofortigem Glattstellen angedienter Positionen. Wenn diese dennoch gehalten werden sollten, so ist die Dauer dieser Engagements meist auf wenige Stunden, normalerweise aber höchstens auf ein oder zwei Tage begrenzt. In der Regel sollen hier nur geringe Kursschwankungen ausgenutzt werden, wobei häufig ein besonders schnelles Agieren erforderlich ist. Dabei kann der Händler den sogenannten Spannenvorteil ausnutzen, also die Differenz zwischen An- und Verkaufskurs beziehungsweise Geld- und Briefkurs des Wertpapiers oder der Devise. Der Spannenvorteil kann jedoch oftmals nur in ruhigen Märkten voll ausgeschöpft werden – unter volatilen und hektischen Bedingungen ist dies dagegen nicht immer möglich. Wenn Händler in dieser Zeit von Dritten Positionen angedient bekommen, müssen sie sehr schnell reagieren, damit die Glattstellung nicht mit einem Verlust einhergeht.

Daneben gibt es Händler, die Engagements im Namen ihrer Bank eingehen. Es sind die Eigenhändler, die „Proprietary Trader". Sie versuchen, mit Hilfe von Informationen und Meinungen größere Kursentwicklungen auszunutzen. Manchmal halten sie aber auch – bei entsprechender Disziplin und Ausdauer – ihre Positionen über mehrere Wochen hinweg und können somit nicht eindeutig dieser Gruppe zugeordnet werden. Doch meist bewegt sich dieser Kreis nur in einem Rahmen von wenigen

Tagen, manchmal auch nur von Stunden. Proprietary Trader sind von Natur aus meist „Einzelkämpfer". Sie beziehen zwar viele Informationen und Daten über den Austausch mit anderen Marktteilnehmern – aber die Entscheidung über Aufbau und Glattstellung eines Engagements treffen sie am Ende fast immer allein.

Der kurzfristig orientierte Händler steht überdies unter dem hohen Druck des Gewinnen-Müssens, da seine Erträge jederzeit messbar sind. Normalerweise findet eine derartige Gewinnermittlung mindestens einmal täglich statt. Dabei spielt häufig nicht nur der eigene Gewinn eine Rolle. Vielmehr werden die Resultate der Kollegen miteinander verglichen. Diese Gegenüberstellung bildet nicht nur die Beurteilungsgrundlage für eine spätere Belohnung in Form der Bonifikation, sondern ist auch eine Frage der Ehre, da sie über den jeweiligen sozialen Status in der Gruppe entscheidet. Man stelle sich nur die Situation eines Händlers vor, der drei Tage hintereinander einen Verlust melden muss, während die übrigen Mitstreiter ein profitables Ergebnis bekanntgeben. Mag dies für den einen ein Stimulus für eine bessere Leistung sein, bedeutet dies für andere erhöhten Erfolgszwang, begleitet von psychischen Symptomen wie Versagensängsten, Frustrationen etc. Ähnliches gilt zwar für den privaten Investor, jedoch mit der Einschränkung, dass für ihn normalerweise kein Konkurrenzdruck Dritter (es sei denn durch Bekannte oder Freunde, die er beneidet) besteht – den einzigen Druck übt vielmehr sein eigener Geldbeutel aus.

Mit stärkerem psychischen Druck ist jedoch sehr häufig eine erhöhte Anzahl von Transaktionen verbunden. Sei es, dass der Händler verlorenen Boden wieder wettmachen und wieder gut aussehen möchte, sei es aber auch nur das bereits beschriebene Motiv: der Neid auf den Gewinn der anderen. Erfahrungsgemäß wird der Akteur mit Steigerung der Handelsfrequenz nicht notwendigerweise profitabler, sondern er reagiert im Prinzip auf jede neue Nachricht und auf jede auch noch so geringe Kursentwicklung.

### *Das Anfälligkeitsprofil des intuitiven Marktteilnehmers*

Da sich der intuitive Akteur also nur wenig Zeit für seine Entscheidungen nimmt, muss er sich die Vorteile unbewusst ablaufender Routinen zunutze machen. Und weil bei ihm alles schnell gehen muss, neigt er in hohem Maße dazu, komplexe Sachverhalte stark zu vereinfachen. Zu diesem Zweck wird der Bauchmensch auf Heuristiken zurückgreifen, um die Lage blitzschnell beurteilen zu können – selbst mit der Gefahr, dass es sich dabei nur um einfache Börsenweisheiten handelt. Für langwierige Beurteilungen nimmt er sich ohnehin keine Zeit. Daher greift er auch auf nur vergleichsweise wenig Informationsmaterial zurück. Einzig die für ihn schnell verfügbaren Nachrichten bestimmen seine Einschätzungen und somit seine Engagements. Deshalb wird er auch leicht Opfer der eigenen selektiven Wahrnehmung. Es können ihm vor allen Dingen unerwartete Informationen entgehen, für deren Wahrnehmung er mehr Zeit als für leicht verfügbare Informationen bräuchte.

In jedem Fall ist der Bauchmensch am meisten gefährdet, auf all jene Heuristiken hereinzufallen, die in diesem Buch behandelt werden. Fehler entstehen vor allem dann, wenn mehrere Positionen gleichzeitig schnell geöffnet und geschlossen werden sollen, da die Menge der benötigten Informationen meist zu hoch und manchmal auch zu komplex sein dürfte, als dass sie in kurzer Zeit bewältigt werden könnte. Ein Zeitverlust hätte aber möglicherweise zur Folge, dass der Einstieg in das Engagement zu spät kommt, da andere Marktteilnehmer gegebenenfalls schon auf die verfügbaren Informationen gehandelt haben. Das Öffnen und Glattstellen der Position geschieht somit häufig zu hektisch, das heißt manchmal auch zu schnell. Damit besteht die Gefahr, dass die Handelshäufigkeit so stark zunimmt, dass die (zu kleinen) Gewinne am Ende nicht einmal zur Deckung der Transaktionskosten (z. B. Handelsspannen, Provisionen etc.) ausreichen.

Die wichtigste und am einfachsten zu erinnernde Information ist für den Bauchtyp der Einstandspreis seines Engagements. Er bewertet jedes Engagement separat, denn die Einstandspreise sind meist das einzige, was in seinem Gedächtnis hängen bleibt. So ist es nicht erstaunlich, wenn gerade er in erster Linie versuchen wird, Gewinne frühzeitig zu realisieren, während man auf der anderen Seite mit Verlusten nichts zu tun haben möchte, zumindest ist bei den Menschen kaum eine Verhaltensweise ritualisiert, die auf Verlusterzielung ausgerichtet ist. Hier entstehen dann auch die meisten Probleme, weil der Dispositionseffekt hier seine ganze, fatale Wirkung entfalten kann. Also gilt auch hier: Hohe Anfälligkeit hinsichtlich der Rationalitätsfalle „Orientierung an Einstandspreisen“.

Der Bauchmensch wird versuchen, auf neue Ereignisse und Entwicklungen mit Taten zu reagieren. Dies gilt ebenso bei Bedrohung wie bei

Belohnungen. Seine Motive sind rein materieller Natur, das heißt, er möchte Verdientes beziehungsweise aufgelaufene Gewinne bewahren. Aus dem „Schutz des Territoriums" beim Tier hat sich bei ihm das Verhaltensmuster „Erhaltung des Erreichten" entwickelt. Seine Entscheidungen trifft er ohne lange Überlegungen. Er strebt lediglich danach, das in der Situation „Normale" zu tun, Abweichungen von der Norm sind seine Sache nicht. Dies wiederum führt dazu, dass er an den einzelnen Entscheidungen nicht übermäßig hängen wird. Sicherlich möchte auch er am liebsten alle seine Engagements im Plus beenden. Er weiß jedoch, dass mit vielen erfolgreichen Versuchen zwangsläufig auch weniger erfolgreiche Versuche verbunden sein müssen.

Doch ist auch der Bauchmensch nicht davor gefeit, Verluste zu lange laufen zu lassen, zumal es ihm meist leicht fällt, sein „normales" Handeln nachträglich zu begründen. So beweist er großes Talent darin, im Nachhinein noch Informationen und Prognosen zu besorgen, die seine ursprüngliche Handlungsweise rechtfertigen. Dies wird in der Regel darauf hinauslaufen, dass er schlüssig darlegen kann, warum er recht hat, während sich der Markt irrational verhält. Kein Grund also, den aufgelaufenen Verlust zu realisieren. Boshafterweise könnte man sogar annehmen, dass ein direkter Zusammenhang zwischen der Größe des Verlustes und der Länge der rechtfertigenden Ausführungen besteht. Man glaubt fest daran, dass sich letzten Endes doch noch die Vernunft durchsetzen wird.

Im Grunde ist der Bauchmensch sehr von sich selbst überzeugt. „Ich werde schon das Richtige machen; schließlich kann ich mich auf meine Intuition verlassen", denkt er bei sich. Jederzeit ist er bereit, handelnd einzugreifen, und durch diese stete Bereitschaft zum Handeln empfindet der Bauchmensch zugleich auch eine gewisse Kontrolle über die Situation. So glaubt er felsenfest daran, dass er durch eigenes Zutun problematische Situationen retten oder günstige Situationen schnell für sich ausnutzen kann. Überhaupt würde er am liebsten die Kurse seiner gehandelten Aktien, Futures, Devisen etc. permanent abrufen, um eine noch höhere Performance zu erreichen. Manch einer besorgt sich dann ein entsprechendes Informationssystem, das ihn in Echtzeit mit den Märkten verbindet, und entwickelt sich somit zum Screen-Junkie. Der Bauchmensch kann sich immer auf seine Handlungsmuster verlassen. Er ist der Macher, er kann etwas bewegen. Hat er tatsächlich einmal mehrere Engagements hintereinander erfolgreich abgeschlossen, passiert es jedoch sehr schnell, dass er sich einbildet, er könne alles erreichen, mit anderen Worten: Er beginnt seine eigenen Möglichkeiten zu überschätzen und neigt zur „Overconfidence". Die Folge: Er läuft Gefahr, durch zu riskante Positionen erhebliche Verluste einstecken zu müssen.

Die Maxime des instinktiv handelnden Akteurs lautet: Schnell entscheiden, rasch investieren und dann Gewinne so bald wie möglich mitnehmen. Doch wenn sich die Märkte plötzlich anders als erwartet verhalten, wird seine Routine unterbrochen. So können ihm unlogisch erscheinende Entwicklungen und überraschende Neuigkeiten eine ähnliche Wirkung auf ihn ausüben wie das überraschende frühmorgendliche Klingeln an der Haustür auf einen absoluten Gewohnheitsmenschen. Sie rufen leicht seinen Zorn hervor. Wird die Lage indes unüberschaubar, tritt man lieber den Rückzug an und wartet ab. Aggressionen als emotionale Äußerung werden meist verbal ausgedrückt: Es wird kräftig geflucht – schließlich möchte man auf keinen Fall Schwäche zeigen. So sollte sich niemand wundern, wenn ihm ein Bauchmensch in einer derartigen Situation auf Fragen zuweilen eine recht barsche Antwort erteilt. In echte Panik verfällt der Bauchmensch jedoch nur in wenigen Situationen, vielmehr bewahrt er sich meist sehr lange den Glauben, er habe noch immer alles unter Kontrolle.

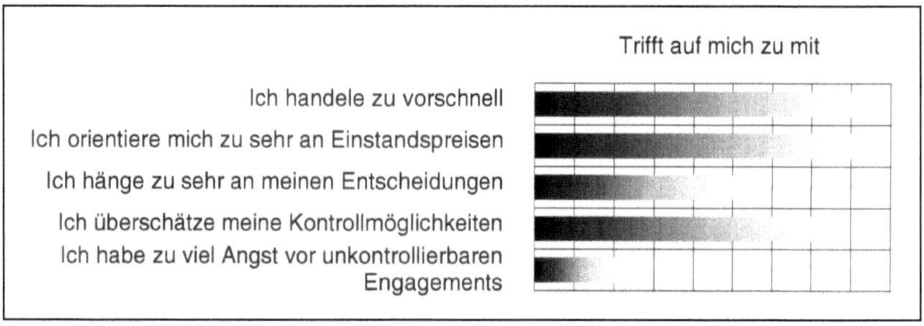


Abbildung 6-3: Typisches Anfälligkeitsprofil für den intuitiven Marktteilnehmer

In einem entsprechenden Anfälligkeitsprofil fasst Abbildung 6-3 obige Ausführungen noch einmal zusammen. Schraffierungen am Ende der Balken zeigen an, dass mit einem solchen Profil nur Tendenzen dargestellt werden können, genaue Ausprägungen aber selbstverständlich individuell abhängig bleiben. In jedem Fall gilt aber, dass der intuitiv veranlagte Akteur vor allen Dingen auf die für ihn typischen Rationalitätsfallen „Vorschnelles Handeln" und „Orientierung an Einstandspreisen" Acht geben muss. Insbesondere nach günstig verlaufenden Engagements neigt er sehr stark zur Überschätzung seiner Kontrollmöglichkeiten. Zugleich hängt er an seinen Entscheidungen, jedoch dominiert dies nicht sein Verhalten. Ängstlich ist er in jedem Fall nicht.

## 3.2 Mit ganzem Herzen bei der Sache: der emotionale Typ

Der Herzmensch wird vom limbischen System dominiert. Denn im Laufe der Evolutionsgeschichte war es gerade dieser Teil des menschlichen Gehirns, der zum ersten Mal eine auf Hören und stimmliche Mitteilung basierende Kommunikation bewirkte. An den Märkten geht es dabei jedoch nicht um das Aufziehen, Hegen und Pflegen der Nachkommen, sondern um die Gestaltung und Pflege zwischenmenschlicher Beziehungen. Und da das limbische System für die menschlichen Werturteile verantwortlich zu sein scheint, ist es nicht verwunderlich, dass dieser Akteur sehr stark davon abhängt, wie andere sein Verhalten bewerten.

Nach wie vor ist man sich uneins darüber, was genau Emotionen sind und welche Emotionen es überhaupt gibt. Trotzdem kann man unter den unumstrittenen Gefühlsregungen eine gewisse Einteilung vornehmen (Elster 1999)[4]. In einer ersten Gruppe kann man die sogenannten sozialen Emotionen wie Wut, Hass, Schuld, Scham, Bewunderung und Zuneigung zusammenfassen. Einer anderen Gruppe werden Emotionen zugeordnet, die sich aus der Unsicherheit über künftige Ereignisse ergeben. Es handelt sich dabei um die den Marktteilnehmern nur allzu gut bekannten Gefühlsregungen Hoffnung und Angst. Und zur dritten Gruppe gehören diejenigen Emotionen, die durch die Geschehnisse hervorgerufen werden, die sich eigentlich hätten ereignen sollen (oder auch nicht hätten ereignen sollen): Etwa Bedauern, freudige Überraschung oder Enttäuschung.

Der mit Schwerpunkt auf Emotionen gerichtete Marktteilnehmer wird sich besonders stark mit den Affekten der zweiten und dritten Gruppe auseinandersetzen. Damit seine Psyche dies unbeschadet über-

[4] Jon Elster nimmt in seinem jüngsten Werk „Alchemies of the Mind“ eine Einteilung in sieben Klassen vor. An dieser Stelle sollen jedoch nur die für die Marktteilnehmer primär wichtigen Emotionen erwähnt werden.

steht, ist er bestrebt, seine Persönlichkeit, sein Ego zu schützen. Auf der anderen Seite kann er richtig aufblühen, wenn er von anderen Menschen positive Schwingungen und Signale empfängt. Denn sein eigentliches Motiv heißt: „Ich möchte geliebt werden". Somit wird deutlich, warum er als Herzmensch bezeichnet wird. Charakteristisch für ihn ist, dass er versuchen wird, positive Gefühle zu verstärken und negative Gefühle zu unterdrücken. Damit wird er sich einerseits als einfühlsam und großzügig erweisen. Auf der anderen Seite versucht er aber auch, andere Menschen massiv in seinem Sinne zu beeinflussen. Denn das Motiv, geliebt werden zu wollen, bewirkt keineswegs ein altruistisches, sondern häufig auch ein stark egoistisches, besitzergreifendes, wenn nicht gar manipulatives Verhalten.

Der emotionale Marktteilnehmer trifft seine Handelsentscheidungen nicht gerne alleine – vielmehr möchte er sich mit anderen austauschen, bevor er in Aktion tritt. Am liebsten würde er sich mit Gleichgesinnten in einer Gruppe zusammentun[5]. Die Gruppe als Entscheidungsbasis wird von vielen Herzmenschen bevorzugt, da sie ein hervorragendes Instrument darstellt, die verschiedenen Meinungen von Individuen zu reflektieren, um sich wohl und bestätigt zu fühlen. Dies bedeutet, seine eigene Meinung äußern zu können, aber – verglichen mit einer Einzelentscheidung – weniger Verantwortung dafür übernehmen zu müssen, da sie von der Gruppe getragen wird. Wird eine einmal in die Gruppe eingebrachte Meinung von dieser akzeptiert, dann hat sie eine entsprechende Mehrheit gefunden: Andere waren der gleichen Ansicht. Stellt sich die Einschätzung im Nachhinein indes als falsch heraus, so verteilt sich die „Schuld" entsprechend auf mehrere. War die Meinung jedoch richtig, so wird sie von den Gruppenmitgliedern häufig auch als Einzelleistung empfunden. „Ich habe recht gehabt" und demgegenüber „Wir haben einen großen Fehler gemacht".

[5] Auf Gruppenverhalten sowie die Entscheidungsprozesse in Gruppen wird bewusst nicht näher eingegangen. Als Literaturhinweis sei zur Vertiefung auf das Buch von Werner Auer-Rizzi „Entscheidungsprozesse in Gruppen" hingewiesen.

### *Der für den Herzmenschen typische Marktteilnehmerkreis*

Somit ist offensichtlich, wo der Herzmensch in Finanzmärkten gefunden werden kann: Überall dort, wo sich Gruppen gebildet haben und Entscheidungen vorzugsweise gemeinschaftlich getroffen werden. Hiermit sind jedoch nicht nur Situationen gemeint, in denen beispielsweise mit Hilfe einer Abstimmung für die unterschiedlichen Positionen der Entscheidungsträger in einem Unternehmen ein Kompromiss gesucht wird. Vielmehr gehört hierher auch das Verhältnis zwischen Berater und Kunde.

Entscheidungen, die unter Beteiligung mehrerer Leute zustande kommen, können von Natur aus nicht kurzfristig ausgelegt sein. Die Suche nach geeigneten Gesprächspartnern, die Gespräche selbst sowie deren Nachbereitung – das alles benötigt eben seine Zeit. Lediglich der Bauchmensch konnte als kurzfristig orientiert gelten, weil nur er wirklich spontan entscheiden, das heißt eigenständig Engagements beginnen und wieder beenden kann. Eine ausschließlich langfristig orientierte Sichtweise passt jedoch auch nicht auf den Herzmenschen. Denn dies würde bedeuten, dass Erfolg oder Misserfolg der Entscheidung in einem überschaubaren Zeitrahmen gar nicht feststellbar wäre. Zugleich bestehen die sozialen Gruppen beziehungsweise die Kontakte – man denke an das Verhältnis Berater und Kunde – nicht auf Ewigkeit. Die für den Herzmenschen so wichtigen Rückmeldungen wie das Lob und „Geliebtwerden" kämen demnach gar nicht zum Tragen. Zugleich ist auch offensichtlich, dass die Anzahl der sozialen Kontakte bei einem mittelfristigen Horizont sicherlich am größten sind. Der kurzfristige Day Trader kann dagegen sein intensives Handeln nur bewältigen, wenn ihn andere Leute nicht dabei stören, der extrem langfristige Anleger engagiert sich einmal im Markt und interessiert sich fortan kaum noch für Gespräche über dieses Thema. Der für den Herzmenschen beziehungsweise den emotionalen Marktteilnehmer typische Planungshorizont ist also mittelfristig.

Zu den Marktteilnehmern mit einem mittelfristigen Zeithorizont zählen zunächst Unternehmen, die Waren oder Dienstleistungen aus dem Ausland beziehen oder dorthin exportieren. Letztere werden auch als kommerzielle Marktteilnehmer bezeichnet. Bei ihnen steht die Absicherung gegen Kursschwankungen im Devisenhandel im Vordergrund. Sie haben beispielsweise die Wahl, ob sie sich, sofern zum Beispiel eine

Rechnung oder ein Vertrag in ausländischer Währung fakturiert wurden, durch sofortigen Abschluss eines Termingeschäfts gegen zukünftige Kursschwankungen absichern oder einen laufenden Trend zu ihren Gunsten ausnutzen sollen. Im ersten Fall schafft sich der Exporteur oder der Importeur eine klare Kalkulationsgrundlage für den später anfallenden Verkaufserlös oder die im Ausland gekauften Waren oder Dienstleistungen. Er hat sich dafür entschieden, kein Wechselkursrisiko einzugehen, und wird daher dem künftigen Marktgeschehen gelassen entgegensehen, sofern ihn die gegebenenfalls entgangenen Gewinne nicht stören.

Der Abschluss einer Kurssicherung ist also mit der Glattstellung einer offenen Position vergleichbar. Wird indes keine Kurssicherung vorgenommen, weil man beispielsweise auf eine günstigere Entwicklung der Währung setzt, so kommt dies einer offenen Händlerposition gleich. Häufig sind an der Entscheidung, ein Währungsrisiko zu sichern oder offen zu lassen, mehrere Leute im Währungsmanagement des Unternehmens beteiligt, so dass sich die Verantwortung auf verschiedene Köpfe verteilt. Dies hat zwar den Vorteil, dass Entscheidungen nicht von einem einzelnen (und dessen psychischer Verfassung) abhängen, aber auch den gravierenden Nachteil, dass wichtige Maßnahmen möglicherweise zu spät eingeleitet werden. Das ist vor allem dann der Fall, wenn die entsprechende Gruppe zu groß ist und somit wichtige Entscheidungsmehrheiten nicht schnell genug gefunden werden können oder wenn sich die Gruppe nur turnusmäßig trifft, so dass wichtige Wendungen in einem schnellebigen Markt verpasst werden.

Ähnliches gilt für Fondsgesellschaften und Vermögensverwaltungen, bei denen Handelsentscheidungen ebenfalls oft durch Anlageausschüsse, also durch Gruppen, getroffen werden. Dabei kann bei den Fondsgesellschaften neben dem Anlagegesichtspunkt auch Spekulation das Motiv zum Handeln sein. Beim Investment in einem einzelnen Anlagegut sind die Verantwortlichen der Fonds allerdings mit ähnlichen Gefühlszuständen wie der kurzfristig agierende Händler konfrontiert, werden mit ihnen allerdings anders umgehen können als einzelne, auf sich allein gestellte Marktteilnehmer, da sie ihre Entscheidungen ebenfalls meist in Gruppen fällen, die zwar oft langsam, aber somit eben auch nicht überhastet auf Marktveränderungen reagieren.

Hoch ist auch der Erfolgsdruck, der durch die Konkurrenz anderer Fondsgesellschaften ausgeübt wird. Obwohl ein täglicher Vergleich möglich ist, sind die Intervalle, in denen Fonds miteinander gemessen werden, jedoch größer als beim kurzfristig orientierten Händler. Meist entscheiden hier Monats- oder gar Jahresrenditen über die Attraktivität einer Fondsgesellschaft.

Auch viele private Anleger können zur Gruppe der mittelfristig orientierten Marktteilnehmer gerechnet werden, da sie sich weder als kurzfristige Zocker betätigen wollen, noch die Geduld haben, ausschließlich auf eine robuste langfristige Strategie zu setzen. Diese Gruppe entscheidet gleichfalls nicht allein, sondern meistens in Absprache mit anderen, sei es in Investmentclubs oder informell im Freundeskreis. Besondere Unterstützung erfahren diese Anleger auch durch ihre Kundenberater, die meist ebenfalls in einem mittelfristigen Zeitfenster denken.

In einem wichtigen Punkt unterscheiden sich allerdings Kundenberater von den privaten Anlegern: Sie sind entweder gar nicht oder nur in bescheidenem Umfang selbst im Markt engagiert. Dennoch hängt auch für sie einiges davon ab, ob sie ihre Kunden richtig beraten haben. Es ist nicht selten zu beobachten, dass ein Berater unter einer falschen Empfehlung möglicherweise mehr leidet als das eigentliche „Opfer“, der Kunde. Für den Kundenberater gilt also, dass er nicht ausschließlich materielle Interessen, sondern auch andere Absichten verfolgt. Beispielsweise möchte er „gut aussehen“ oder geliebt werden. Oder er ist, im negativen Sinne, neidisch auf den Erfolg anderer.

### *Das Anfälligkeitsprofil des emotionalen Marktteilnehmers*

Kennzeichnend für den Herzmenschen ist, dass er in besonderem Maße versuchen wird, positive Gefühle zu verstärken und negative zu unterdrücken. Er braucht also Erfolge, und ob ein Engagement als Erfolg oder als Misserfolg angesehen wird, hängt vom Einstandspreis ab. Deshalb ist der Einstandspreis für den Herzmenschen wichtig. Doch verhält es sich bei ihm nicht so, wie etwa beim Bauchmenschen, dass er sich mehr oder weniger ausschließlich am Einstandspreis orientiert. Vielmehr erfährt der Herzmensch allein durch die vielen Kontakte, die er pflegt, jede Menge Neuigkeiten und ist daher stets mit Informationen eingedeckt. Dass der Einstandspreis für das Selbstwertgefühl des Herzmenschen dennoch so eine wichtige Rolle spielt, liegt daran, dass sich nur an ihm der Erfolg eines Engagements messen lässt. Und den Erfolg braucht der Herzmensch, um die für ihn lebensnotwendige Sympathie und Anerkennung in der Gruppe zu finden.

Die größte Schwäche des Herzmenschen liegt in seiner absoluten Harmoniebedürftigkeit. Also wird er alles, was diese Harmonie auch nur im Geringsten stören oder beeinträchtigen könnte, tunlichst vermeiden. Man könnte ihn daher auch als typischen Dissonanzvermeider bezeichnen, der sich nur schwer eingestehen kann, dass er bei einem Engagement etwas falsch gemacht haben soll. Er hängt emotional an seiner falschen Entscheidung und sucht nach Möglichkeiten, diese missliche Situation (Dissonanz) wieder geradezubiegen. Deswegen ist er der selektiven Wahrnehmung geradezu verfallen: Er bevorzugt Informationen, die seine Transaktion beziehungsweise seine Meinung bestätigen, und vernachlässigt im Gegenzug alle ungünstigen Nachrichten, spielt sie herunter. Dies tut er ganz besonders gegenüber Dritten. Denn er möchte eines unter keinen Umständen sein: der Überbringer schlechter Nachrichten oder einfach: unbeliebt. Zudem kann er sich nur schwer eingestehen, dass er bei einem Engagement etwas falsch gemacht haben soll, weil er emotional zu sehr an seiner Entscheidung hängt. Dieses Commitment steigt beträchtlich, wenn es für die Transaktion viele Zeugen geben sollte, wie dies beispielsweise in einer Gruppe der Fall ist.

Weil der Herztyp ein Dissonanzvermeider par excellence ist, wird er bei ungünstigen Marktentwicklungen sehr lange zögern, bevor er seine Verluste realisiert. Denn neben dem materiellen Commitment, also dem Eingehen einer Position, geht der Herzmensch auch eine hohe ideelle Selbstverpflichtung ein. Deshalb schaut er zu lange tatenlos zu, wie sich seine Position mehr und mehr verschlechtert, bis er richtig in der Patsche sitzt, um dann achselzuckend zu sagen: „Jetzt steige ich erst recht nicht mehr aus." Also lässt er das Engagement weiterlaufen und streicht es – wenn der Verlust einigermaßen verkraftbar ist – einfach aus seinem Bewusstsein. Möglicherweise wird er dann erst nach einigen Jahren oder vielleicht auch gar nicht mehr ins Plus gelangen.

Fehlt ein persönliches Engagement im Markt, bleibt die ideelle Selbstverpflichtung. Bei einem Kundenberater ist dies ohnehin der Fall, denn es sollte als Grundsatz gelten, dass man zumindest in dem Markt, in welchem man beratend tätig ist, nicht handeln sollte.[6] Immaterielle Commitments zum Beispiel in Form einer Marktmeinung können unter bestimmten Umständen gefährlich sein, weil sie beim Meinungsführer bestenfalls immaterielle Verluste, bei den „Jüngern" jedoch auch materiellen Schaden auslösen können. Und gerade logisch fundierte Meinungen sind besonders resistent gegen radikale Änderungen, die einer Verlustrealisierung gleichkämen. Hinzu kommt das Bedauern, möglicherweise gerade zum falschen Zeitpunkt die Pferde gewechselt zu haben. Gerade deshalb werden solche „Papierverluste" vom emotionalen Akteur gern heruntergespielt.

Verluste schmerzen den Herztyp sehr, und dies ist ihm auch schon vor einem Engagement durchaus bewusst. Deshalb verwundert es nicht, wenn emotionale Marktteilnehmer eher ängstlich sind. Es sollen um Gottes Willen keine Transaktionen vorgenommen werden, die ein unkalkulierbares Risiko beinhalten oder stark von „normalen" Engagements abweichen. Lieber eine bekannte Aktie aus dem eigenen Land als einen ausländischen Nebenwert kaufen, denkt er sich. Der Gedanke, möglicherweise ein unglücklich verlaufendes Engagement im Ausland begründen oder in ein gutes Licht rücken zu müssen, führt von Vornherein dazu, dass er hiervon lieber die Finger lässt. Wenn hingegen der Blue Chip schlecht gelaufen ist, glaubt er, sich in bester Gesellschaft zu befinden: „Das haben alle anderen ja auch nicht vorhergesehen."

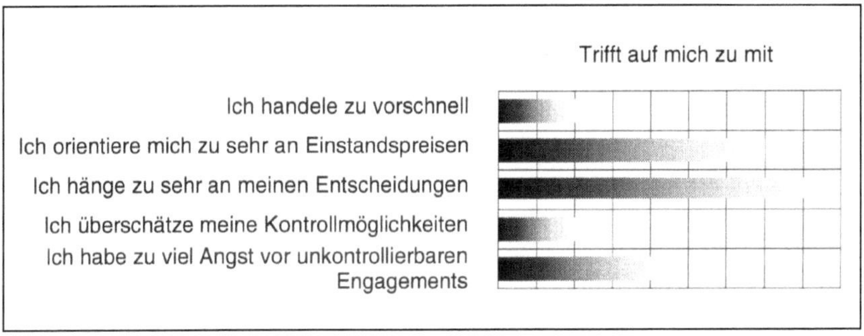


Abbildung 6-4: Typisches Anfälligkeitsprofil für den emotionalen Marktteilnehmer

Die Abbildung 6-4 zeigt das Anfälligkeitsprofil, wie es sich für den Herzmenschen darstellt. Das größte Problem besteht darin, dass der Herz-

[6] Es mag sicherlich eindrucksvoll sein, wenn ein Berater seine Handelsideen mit persönlichen Engagements unterstreicht. „Ich bin übrigens selbst Euros long", soll sagen, „Du, lieber Kunde, kannst beruhigt mitmachen." Damit geht aber leider einher, dass Informationen entsprechend dem Engagement (und sei es noch so klein – es geht darum, recht behalten zu wollen!) gefiltert werden.

mensch zu sehr an seinen Entscheidungen hängt, was in Verbindung mit seiner starken Orientierung an Einstandspreisen zu einem deutlich ausgeprägten Dispositionseffekt führt. Daneben zeigt sich der Herzmensch auch als ein vergleichsweise ängstlicher Marktteilnehmer. Vor den anderen beiden Fallen muss sich der Herzmensch hingegen weniger hüten.

## 3.3. Kopflastig: Der rationale Typ

Viele Menschen dürften sich für vernünftig halten – besonders wenn es um Geld geht. Gleichwohl ist es, wie oben bereits erwähnt, für jeden Einzelnen schwierig, rein vernunftgesteuerte Entscheidungen zu treffen, da man aus seinem „Innern" permanent Signale erhält, die das zu verhindern suchen. Wenn also von einem vernunftbetonten Menschen gesprochen werden soll, handelt es sich um einen nachdenklich, sachlichen Typus, einen sogenannten Kopfmenschen, um jemanden, der in erster Linie vom Neocortex gesteuert wird.

Dieser neigt dazu, frühzeitig und häufig Gefahren zu sehen, und seine größte Angst ist, dass sein Wissen nicht ausreichen könnte, um diese Gefahren zu überwachen und abzuwenden. Dazu gehört auch die Angst vor Fehlentscheidungen, die so groß sein kann, dass er gegebenenfalls Entscheidungen so lange wie möglich hinauszögert oder überhaupt nicht fällt. Am sichersten erscheint ihm der Status quo, denn den kennt er genau, während Abweichungen von der Norm nur ungern vorgenommen werden.

Das Hauptmotiv des Kopfmenschen liegt somit in der Verringerung von Angst vor dem Ungewissen. Um dies zu erreichen, versucht er, Kontrolle über diejenigen Faktoren zu erlangen, welche die unsichere Zukunft beeinflussen könnten. Zu diesem Zweck wird er jedoch nicht einen Astrologen oder Wahrsager bemühen; vielmehr versucht er, kraft seines Verstandes die Zusammenhänge und Wirkungsweisen seiner Handlungen zu beurteilen. Deswegen benötigt er für alles eine vernünftige Erklärung. Am liebsten möchte er alle zukünftigen Verhaltensweisen modellieren. Und da für ihn der Leitsatz „Wissen ist Macht" gilt, ist er wissbegierig und im Vergleich zum Bauch- oder Herztyp wesentlich lernbereiter. Der Kopfmensch wird nicht eher ruhen, als dass er für alles, mag es zunächst auch noch so unlogisch erscheinen, eine Erklärung gefunden hat – selbst wenn er dabei seiner Deutung widerstreitende Tatsachen einfach „wegrationalisieren“ muss.

Gravierende Veränderungen in seinem Umfeld mag dieser sachliche Typ nicht, es sei denn, der Wandel ist für ihn rational nachvollziehbar und sinnvoll. Deswegen fällt es dem Kopfmenschen auch schwer, Liebgewonnenes loszulassen. Denn ein solches Loslassen könnte Kontrollverlust bedeuten. Im Extremfall kann sich diese Eigenart zu einem regelrechten Zwangscharakter entwickeln, für den alles geregelt sein muss – es darf nur nichts Unvorhergesehenes passieren. Deswegen wundert es nicht, dass mancher Kopftyp seine Tage am liebsten in „splendid isolation“ verbringt. Mit anderen tut er sich nur zusammen, wenn sie eine ähnliche Weltanschauung haben. Deswegen werden sich Kopfmenschen bestenfalls in kleineren, überschaubaren Gruppen zusammenschließen. Wenn er in einer Gruppe ist, sind es nicht die sozialen Kontakte, die er schätzt, sondern der wahrgenommene Kontrollgewinn durch weitere Informationen beziehungsweise den Abgleich von Informationen und Meinungen.

### *Der für den Kopfmensch typische Marktteilnehmerkreis*

Wenn er könnte, würde der Kopfmensch die Kursentwicklung an den Finanzmärkten am liebsten selbst steuern. Weil er aber genau weiß, dass er eine derartige Kontrolle nicht ausüben kann, versucht er zumindest das, was das künftige Verhalten der Marktteilnehmer beeinflussen könnte, zu kontrollieren: sämtliche Informationen und Prognosen. Er tut dies, indem er sich möglichst viele Informationen beschafft. Am liebsten stellt er die Prognosen natürlich selbst, weil er (um die Kontrolle zu behalten) das sowieso am besten kann.

Der Kopftyp wird also vor allen Dingen unter den Analysten zu finden sein. Sie heben sich im wahrsten Sinne des Wortes von den Bauch- und Herzmenschen ab und versuchen, die Märkte zunächst aus der (sicheren) Distanz zu beobachten. Mit kurzlebiger Spekulation haben sie nicht viel im Sinn. Hierbei ist es bezeichnend, dass die Analysten regelmäßig keine Positionsverantwortung haben und auch nicht haben wollen. Dies gilt sowohl für die meisten Volkswirte in den Banken – als fundamentale Analysten –, als auch für die technisch orientierten Analysten. Dass insbesondere letztere oft nicht selber handeln, ist insofern erstaunlich, weil die technischen Prognosen konkrete Vorhersagen sind, die deshalb im Gegensatz zu den Prognosen manch ökonomisch orientierter Kollegen tatsächlich handelbar sind. Eigene Positionen gehen Analysten nur dann ein, wenn sie sich absolut sicher sind, und hierzu bedarf es sehr viel Vorarbeit und Informationen. So muss der Kopfmensch sein eigenes Handelssystem schon über sehr lange Zeit entwickelt, getestet und optimiert haben, bis er es tatsächlich für seine eigenen Belange einsetzt.

Außer bei den Analysten findet man den Kopfmenschen auch noch bei den langfristig orientierten Anlegern. Das Handelsmotiv dieser Marktteilnehmer ist nicht der schnelle Gewinn, sondern die stetige und weitgehend sichere Kapitalvermehrung, wobei die Investments häufig erst nach Jahren oder im Falle einer privaten Altersvorsorge gar erst nach Jahrzehnten wieder aufgelöst werden. Für die Entscheidung, welches Investment er eingehen soll, informiert sich der langfristige Anleger meist intensiv und ausführlich. Er wägt oftmals lange ab, bevor er tatsächlich an den Märkten aktiv wird. Durch seine langfristige Perspektive schafft er es, sein ausgeprägtes Kontrollbedürfnis zu befriedigen. Wenn er sich hierbei klarmacht, dass seine Investments zwar zeitweilig schlecht laufen können, langfristig jedoch recht sicher sind, dann ist er auch bereit, ein gewisses Risiko in Kauf zu nehmen.

### *Das typische Anfälligkeitsprofil des sachlichen Marktteilnehmers*

Wie eingangs beschrieben, ist der Kopfmensch in den Märkten in erster Linie darauf bedacht, seine Erträge dauerhaft und langfristig zu erwirtschaften. Dazu benutzt er seinen Verstand. Ihm geht es primär nicht „um die schnelle Mark“, sondern um den möglichst risikolosen Gewinn. Und wenn dieser ohne Risiko gar nicht erzielbar ist, dann sollte dieses jedenfalls kontrollierbar sein.

Er bleibt immer auf der sicheren Seite – bei Engagements, die er tatsächlich kontrollieren kann oder von denen er zumindest glaubt, sie kontrollieren zu können. Dabei ist er, um seine Performance zu verbessern, mitunter durchaus bereit, bei entsprechender Positionshöhe auch höhere Risiken einzugehen. Dieses größere Risiko ist aber nicht – wie beim Bauchmenschen – durch Sorglosigkeit zu erklären. Der Kopfmensch hat sich nämlich im Gegensatz zum Bauchmenschen intensiv informiert. Von einer Überschätzung der Kontrollmöglichkeiten beziehungsweise von einer Kontrollillusion zu sprechen wäre an dieser Stelle nicht gerechtfertigt.

Der Kopfmensch wird Situationen, in denen er befürchten muss, den Überblick und die Kontrolle zu verlieren, weitgehend aus dem Weg gehen. Denn eines mag er überhaupt nicht: sich plötzlich, infolge eines möglichen Kontrolldefizits mit so mächtigen Gefühlen wie Angst oder gar Panik (bei totalem Kontrollverlust) auseinandersetzen müssen. Der Kopfmensch zeigt also eine ausgeprägte Abneigung dagegen, schlecht kontrollierbare Engagements einzugehen. Er handelt deshalb insgesamt sehr wenig, möglicherweise legt er sein Geld gar nicht erst an den Finanzmärkten an. Hierin liegt seine größte Anfälligkeit für eine der fünf Rationalitätsfallen. Denn wer nicht handelt, kann auch nichts gewinnen.

Wenn der Kopfmensch indes doch aktiv wird, besteht die Gefahr, dass er bei unerwarteten Kursverläufen ein Kontrolldefizit empfindet, das aufgrund des hohen Kontrollbedürfnisses mit sehr unangenehmen Gefühlen des „Ausgeliefertsein“ einhergeht. Er versucht dann, die Kontrolle über den Markt mit aller Macht zurückzubekommen, indem er sich bei anderen Akteuren oder Analysten vergewissert, dass ihm keine falschen Schlüsse unterlaufen sind. Und mit solchen einseitigen Informationen denkt er wieder, Herr über das Geschehen geworden zu sein. Denn es ist naheliegend, dass sich der Kopfmensch Bestätigungen dort holen wird, wo sie ihm angeboten werden, das heißt, er wird versuchen, Informationen zu bekommen, die sein Gedankengebäude unterstützen. Somit ist das Risiko, dass er Gleichgesinnte (Analysten) sucht und findet, recht hoch. Im schlimmsten Fall werden sie zweistimmig das alte Lied anstimmen, die Märkte seien wieder einmal irrational und somit natürlich nicht prognostizierbar gewesen.

Beim Kopfmenschen können sich hierbei über lange Zeit hohe Gewinne oder Verluste addieren, ohne dass dies tatsächlich zu einer Meinungsänderung oder einer Änderung im Anlageverhalten führen muss. Insbesondere Verluste werden oft über Jahre und manchmal gar über Generationen hinweg geradezu „ausgesessen“. Ähnliches gilt für aufgelaufene Gewinne, die mitunter erst infolge eines Erbfalls von den Begünstigten realisiert werden. Hingegen werden Engagements meist nur bei vergleichsweise schnellen und unerwartet hohen Gewinnen glattgestellt.

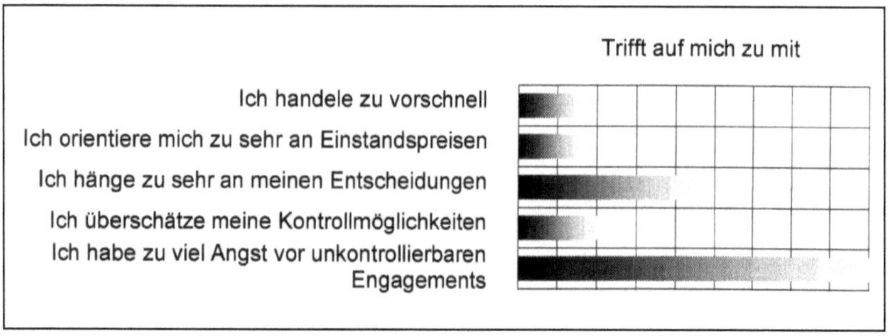


Abbildung 6-5: Typisches Anfälligkeitsprofil des sachlichen Marktteilnehmers

Die Abbildung 6-5 zeigt: Durch das ausgeprägte Kontrollbedürfnis agiert der Kopfmensch einfach zu zurückhaltend. Wegen seiner Risikoscheu verpasst er lukrative Engagements, die er möglicherweise sogar selbst durch eine sorgfältige Analyse entdeckt hat. Daneben hängt er zwar an seinen Entscheidungen, was sich besonders darin äußert, dass er sich nur noch nach Informationen umschaut, die seine Einschätzung bestätigen, und alle anderen ausblendet. Doch neigt er nicht dazu, seine Kontrollmöglichkeiten zu überschätzen, ebenso handelt er selten zu vorschnell. Da sachliche Marktteilnehmer meist längerfristig engagiert sind, orientiert er sich auch nicht übermäßig am Einstandspreis.

~~~

Die folgende Tabelle vermittelt noch einmal einen Überblick über die drei verschiedenen Typen von Marktteilnehmern. Es erscheint möglicherweise etwas gewagt, eine solche strenge Klassifizierung auch noch in Form einer Tabelle zu präsentieren. Natürlich kann nicht ernsthaft behauptet werden, dass jeder Händler auf der Welt ein Bauchtyp ist oder jeder Analyst ein Kopfmensch. Dies geht ja auch schon aus dem Grunde nicht, da – wie oben erwähnt – Menschen meist Mischtypen sind, bei denen allenfalls ein bestimmter Typus dominiert.

Auch die Zuordnung der Zeithorizonte zu den einzelnen Typen von Marktteilnehmern sollte nicht nach einem starren Schema erfolgen. Denn es kann durchaus Akteure geben, die in mehreren Zeitfenstern gleichzeitig aktiv sind. Oder man denke an ein ursprünglich als kurzfristig gedachtes Engagement, das in den Verlustbereich geraten ist und deswegen in
~~~

| | Bauchmensch | Herzmensch | Kopfmensch |
|---|---|---|---|
| Typischer Personen-kreis | Händler, Day Trader, kurzfristi-ger Anleger | Berater, Vermögensverwalter, Fondsmanager, Währungsmanager, mittelfristiger Anleger | Analyst, langfristiger Anleger |
| Bevorzugter Zeithorizont | Kurzfristig | Mittelfristig | Langfristig |
| Hauptmotiv | Schnelle Ergeb-nisse, Erhaltung des Erreichten | Dissonanzfreiheit | Kontrolle |
| Besondere Anfälligkeit für... | Heuristiken, Orientierung an Einstandspreisen, Kontrollillusion | Selektive Wahrnehmung, Festhalten an Entscheidungen | Angstvermeidung, Selektive Wahrnehmung |

Tabelle 6-1: Übersicht über die drei verschiedenen Typen von Marktteilnehmern

eine sogenannten „langfristige strategische Position" umgewidmet wurde. Oder an ein anfänglich als langfristig geplantes Aktieninvestment, das bereits nach kürzester Zeit einen hohen Gewinn aufweist, und deswegen alsbald, das heißt kurzfristig, realisiert wird. Letztlich gibt der Handelshorizont eines Akteurs nicht zwangsläufig eine Auskunft über dessen Charakter, das heißt, ein kurzfristig orientierter Anleger muss nicht notwendigerweise ein Bauchmensch sein, und nicht jeder Marktteilnehmer mit langfristiger Sicht ist zwangsläufig ein Kopfmensch.

# VII. VerRATen: Wertvolle Tips für ein erfolgreiches Engagement

In den vorhergehenden Kapiteln wurde eingehend erklärt, warum Menschen – selbst wenn sie wollten – nicht immer vernünftig entscheiden können. Es wurde gezeigt, wie die Verwendung von Heuristiken möglichst schnell zu Problemlösungen bei komplexen Entscheidungssituationen führen soll, wobei deren Einsatz aber nicht immer zur richtigen Lösung führt. Probleme bei der Wahrnehmung, Verarbeitung und Beurteilung von Informationen spielen einem, ob man es will oder nicht, manchmal einen Streich. Ob darauf basierende Entscheidungen schließlich zur besten aller möglichen Lösungen führt, darf nach den vorherigen Ausführungen bezweifelt werden. Denn der Mensch wird bei seinen Wahrnehmungen und Urteilen überdies systematisch von den Motiven der Dissonanzverringerung und des Kontrollbedürfnisses beeinflusst.

Erinnern Sie sich an Kapitel 2? Darin wurde der Verlauf eines Engagements beschrieben, eingegangen von einem Devisenhändler. Er wurde von seiner Intuition, seiner Psyche und seinen Stimmungen geführt. Bei seinem ersten Engagement machte er einen Gewinn, den er schnell realisierte. Auch die weiteren Positionen verliefen positiv. Mit dem Erfolg stiegen Selbstvertrauen und Mut. Gleichzeitig ging dieser Händler nicht mehr so genau wie bisher auf die Informationen ein, die er von anderen erhielt, ja, er verhielt sich mit der Zeit geradezu fahrlässig. In den vorangehenden Kapiteln erfuhr der Leser, dass dieses Gefühl, alles unter Kontrolle zu haben, dafür verantwortlich war oder auch eine gewisse (erlernte) Sorglosigkeit. Die Freude am Gewinn könnte man somit als „erlebte Konsonanz“ bezeichnen und die Euphorie letztlich als Resultat völliger Kontrollillusion.

Wenn sich die Kurse schrittweise, aber stetig in die falsche Richtung entwickeln, schwindet nicht nur der anfängliche Optimismus – jene Hoffnung, es werde schon alles gut gehen. Erreichen die Verluste nämlich eine bestimmte Größenordnung, machen sich vielmehr auch erste Anzeichen von Angst bemerkbar – als Resultat einer abnehmenden Kontrolle. Dieses Defizit wird zunächst durch eine Suche nach günstigen Informationen und Prognosen verringert. In Gesprächen mit Freunden versichert man einander wechselweise, was jeder ohnehin schon wusste. Leider haben diese Gespräche jedoch nur die Wirkung eines Beruhigungsmittels, und dieses heißt: „Dissonanzverringerer". Über dessen Risiken und Nebenwirkungen konnten Sie sich in Kapitel 5 informieren.

Besonders schlimm stellt sich die Situation für Marktteilnehmer dar, die aufgrund einer vorausgegangenen Erfolgsserie eine recht hohe Position eingegangen sind – wie der Händler aus dem zweiten Kapitel. Berauscht vom Gefühl eigener Macht, beflügelt von einer totalen Kontrollillusion, begriff er zunächst überhaupt nicht, was vor sich ging. Die Überzeugung, auch dieses Mal recht zu behalten, vernebelte vollends seinen Sinn für die Realität. Erst nach und nach (meist erst nach ernüchternden Verlusten) wurden erste Zeichen eines Kontrolldefizits wahrgenommen. Eine lähmende Angst packt ihn.

Während dieser Phase, in der alles gegen sein Engagement sprach, veänderte sich also die Wahrnehmung des Händlers. Statt sein Engagement glattzustellen, verdrängte er alle ungünstigen Nachrichten und Informationen, während die Bedeutung positiver Meldungen überbewertet wurde. Er nahm selektiv wahr. Eine solche Überbewertung fand auch dann statt, wenn die Kurse tatsächlich zu einer leichten Gegenbewegung ansetzten, die den drohenden Verlust zunächst verringerten. Nicht nur die Dissonanz, auch das Kontrolldefizit wurde schlagartig verringert. Somit schien es auch gerechtfertigt, den Einstandspreis durch Hinzukaufen beziehungsweise durch Verkaufen zu den nun günstigeren Kursen zu „verbessern". Der Mut zu einer solchen Tat resultierte aus der Erleichterung über die zurückgewonnene Kontrolle.

Als jedoch diese so erhöhte Position erneut unter Druck geriet, entstand spätestens nach Erreichen neuer Tiefstkurse beim Akteur erneut der Eindruck eines Kontrolldefizits, wenn nicht gar eines völligen Kontrollverlusts. Die Folge: Panik. Schließlich holte er zum Befreiungsschlag aus und stellte das gesamte Engagement glatt. Offenbar war das Kontrolldefizit zu groß und damit unerträglich geworden.

Der Verlauf dieses Engagements, der bereits in Kapitel 2 geschildert wurde, ist beileibe kein Einzelfall, sondern zeigt vielmehr exemplarisch die größten Gefahren irrationalen Vorgehens auf. Natürlich kann jeder (Handels)tag und jedes Engagement anders aussehen, doch in der Grundstruktur sind sie einander in vielem ähnlich. Deswegen soll im Folgenden stellvertretend für möglichst viele Situationen anhand eines beliebigen Engagements gezeigt werden, welche Verzerrungen und Gefahren für den Marktteilnehmer entstehen können. Hierbei werden jeweils im Besonderen Ratschläge gegeben, wie sich der Marktteilnehmer in schwierigen Situationen besser aus der Affäre ziehen und sein Gewinnpotential noch besser ausschöpfen kann. Die Tips sollten allerdings nicht als Belehrung, sondern vielmehr als Hilfestellung verstanden werden.

Um hierbei einen strukturierten Überblick über den Einfluss der zuvor beschriebenen wissenschaftlichen Erkenntnisse auf das Verhalten der Marktteilnehmer geben zu können, soll in den folgenden Abschnitten der Ablauf eines Engagements systematisch in den vier Phasen Motivation, Information, Transaktion und Dissonanzbewältigung dargestellt werden.

Die Ausführungen beziehen sich wiederum auf Beispiele am Devisenmarkt. Letzterer zeichnet sich bekanntlich nicht nur durch eine hohe Transparenz aus. Es handelt sich außerdem um einen Markt, in dem sich bei hoher Liquidität Anbieter und Nachfrager im Eingehen von Long- und Short-Positionen gleichermaßen entfalten können. Die dabei aufgezeigten Beispiele lassen sich somit auch auf Aktien-, Bonds-, Commodity- und Futures-Märkte problemlos übertragen.

## 1 Von der Motivation: Was die Akteure tatsächlich bewegt

Die Motive der Menschen, an einem Markt teilzunehmen, mögen auf den ersten Blick relativ vielfältig erscheinen, sind es aber nicht. Letztlich ist nur entscheidend, Transaktionen in einem Markt erfolgreich, das heißt in der Regel profitabel, abzuschließen. Egal, ob es sich um einen Güter-, Dienstleistungs- oder Finanzmarkt handelt, alle Beteiligten möchten etwas mit Gewinn austauschen. Menschen möchten Waren günstig einkaufen, um sie entweder zu verbrauchen, zu investieren oder auch um sie teurer weiter zu veräußern. Auch eine Dienstleistung oder die eigene Arbeitskraft will so teuer wie möglich „an den Mann gebracht werden", um mit den daraus gewonnenen Erträgen beispielsweise andere Güter und Dienstleistungen zu erwerben, oder um das erhaltene Kapital in den Finanzmärkten gewinnbringend zu investieren. Gerade letztere werden in erster Linie durch das Ziel, den Reingewinn zu maximieren, bestimmt (Mann 1994).

Dies gilt auch für die Akteure an den Devisenmärkten. Sei es nur der Anleger in amerikanischen Aktien, welcher für deren Bezahlung US-Dollar benötigt, oder der Exporteur, der Erlöse aus seinen Gütern oder Dienstleistungen veräußern möchte beziehungsweise muss. Oder der kurzfristig orientierte Marktteilnehmer, der eine Währung in der Absicht kauft, um sie später wieder mit Gewinn zu veräußern, und der daher gerne als Spekulant bezeichnet wird. Dieser Terminus stammt übrigens aus dem lateinischen und bedeutet soviel wie „Späher" (von speculari = spähen, umherschauen), also hier ein Spähen nach günstigen Gelegenheiten. Letztlich tun das alle, selbst wenn sie sich nur gegen unvorhergesehene Kursschwankungen mit einem Termingeschäft absichern wollen. Auch Abwarten und auf eine bessere Gelegenheit hoffen ist – wenn dies auch den meisten nicht bewusst sein mag – eine Art der Spekulation.

Obgleich man meinen sollte, dass das einzige Motiv der Marktteilnehmer in der Gewinnmaximierung bestehen sollte, ist man doch immer wieder überrascht, was die Akteure tatsächlich bewegt, wenn man einmal allein in seinem Bekanntenkreis nachfragt. Wie mag es einem ergehen, der mit Finanzmärkten eigentlich nie etwas zu tun hatte, dessen Leben sich aber schlagartig an dem Tage veränderte, als sein Nachbar mit einem ausgesprochen teuren Auto der Nobelklasse vor seinem Haus vorfuhr? Alle aus der Reihenhaussiedlung hatten es gesehen. Und so war die Neugierde groß, herauszufinden, wie der Nachbar zu diesem Wagen gekommen sein mochte, obgleich sein Einkommen kaum höher als das eigene war (Beamter, mittlere Laufbahn). Hatte man bis dahin nicht ein fast ähnliches Leben geführt? Schnell wurde klar, dass es sich bei dem 100.000 DM teuren Fahrzeug um keinen Leihwagen handeln konnte. Auch ein Lottogewinn oder eine Erbschaft schieden nach kurzem Nachfragen aus. Stattdessen flüsterte der Nachbar etwas nahezu Unverständliches über Optionsscheine, über große Hebel; auch von Volatilität war die Rede. Und dass am Ende mehr als 100.000 DM übrig geblieben wären. Wer würde da nicht neidisch werden? Und manchmal stellt man sich dann insgeheim die Frage: „Was kann der, was ich nicht könnte?" Die Antwort darauf hat schon so manch einen an die Börse geführt.

Tipp:

Machen Sie sich vor jedem Engagement bewusst, woran Sie Ihren Erfolg messen werden: Ist es ein bestimmter Geldbetrag, eine bestimmte Rendite, eine Portion Freude, oder wollen Sie einfach nur Recht behalten?

Der Neid auf den Nachbarn, auf den Kollegen oder auf den Freund ist die Triebfeder vieler Transaktionen. Oder aber einfach der Wunsch, „gut auszusehen", kann ein Motiv dafür sein, ein Engagement einzugehen, bei dem es nur um viele schnelle Gewinne geht, nicht aber um eine hohe Rendite: Viele kleine Gewinne stehen mitunter einem einzigen Verlust gegenüber. Die Trefferquote ist also bestechend hoch. Dass die vielen Gewinne aber oftmals nicht dazu ausreichen, um diesen einzigen schweren Verlust auszugleichen: Darüber spricht man nicht.

Tipp:

Überprüfen Sie immer Ihr Handelsmotiv. Sie möchten Gewinne maximieren und Verluste minimieren. Orientieren Sie sich dabei möglichst nicht an anderen Akteuren oder Freunden, denn Sie werden unweigerlich nur von Gewinnen hören. Es ist Ihr Geld, und niemand außer Ihnen selbst sollte bestimmen, wie es vermehrt wird.

Wer sich im Markt engagiert, bekennt sich in dem Augenblick, wenn er eine Position eröffnet, wie das Wort schon sagt, zu einem Standpunkt, einer Meinung oder zu einer Prognose. Insbesondere einer Vorhersage bedient man sich gerne, da sie – subjektiv betrachtet – Auskunft über den wahrscheinlichen Erfolg des Engagements gibt. Im gleichen Zuge wird die Leistung des Akteurs, ausgedrückt in Gewinn oder Verlust, messbar und mit der anderer sowie dem Markt als Gesamtheit, vergleichbar. Dieser Zustand hält solange an, wie die Position offen ist, und findet erst sein Ende, wenn sie vollständig glattgestellt wurde. Erst dann wird endgültig besiegelt, ob der Händler zu den Gewinnern oder den Verlierern gehört.

Bis zu diesem Punkt kann allerdings (oftmals unvorhersehbar) viel Zeit vergehen. Dieser Umstand bereitet den meisten Menschen jedoch Schwierigkeiten, so dass viele bei positivem Verlauf eines Trade dazu neigen, diesen Zustand der Ungewissheit durch Glattstellung alsbald zu beenden. Verläuft die Gewinnentwicklung im Zeitverlauf langsamer als erwartet, wird der Händler trotz der Freude immer wieder von der unterschwelligen Befürchtung beeinflusst, dass der relativ langsam entstandene Ertrag binnen kurzer Zeit und mit einem Schlag vernichtet sein könnte. Entstehen auf der anderen Seite – oft zufällig durch Preisschocks bedingt – hohe Gewinne in vergleichsweise kurzer Zeit, wächst die Neigung, zu glauben, dass eine derartige Kursentwicklung so selten und außergewöhnlich sei, dass sie in dieser Art so schnell nicht mehr vorkommen wird. Man schätzt die Rückschlagsgefahr im Vergleich zu zusätzlich möglichen Erträgen als zu hoch ein, so dass die Position glattgestellt wird. Zeit bedeutet also bei positiver Entwicklung eines Engagements Gefahr, bereits Gewonnenes wieder zu verlieren.

Auf der anderen Seite stelle man sich vor, wie quälend ein verlustreiches Engagement sein muss, da man die „Niederlage“ nicht wahrhaben will oder kann. Und so keimt immer wieder die Hoffnung auf, die Zeit könne noch einmal alles zum Besseren wenden. Dies ist vor allem bei langsam entstehenden Buchverlusten der Fall, da der Akteur glaubt, durch eine schnelle Gegenbewegung immer noch gerettet werden zu können. Erfolgt die negative Kursentwicklung hingegen überproportional schnell, so wird man – analog zum positiven Preisschock – kaum an eine Wiederholung einer derartigen Bewegung innerhalb kurzer Zeit glauben. Deswegen ist man meist nicht gewillt, gerade jetzt den Verlust zu realisieren, da die Gefahr, den Markt womöglich zum schlechtesten Kurs verlassen zu müssen, unverhältnismäßig hoch scheint.

Tipp:

Lassen Sie sich bei Ihren offenen Engagements nicht zu sehr durch den Faktor Zeit beirren. Auch wenn sich Gewinne nur schleppend entwickeln, muss dies nicht ein Zeichen für bevorstehende Verluste sein. Analog sind langsam entstehende Verluste kein Zeichen für baldige Gewinne.

Ein Händler wird also vor seiner Entscheidung, eine Position einzugehen, gleich mit zwei Unwägbarkeiten konfrontiert. Einmal muss er die künftige Richtung der Kurse voraussehen, und zum anderen muss er die Zeit, die bis zum Eintreffen der Prognose vergehen kann, richtig einschätzen können. Um dieses Problem zu lösen, bedient er sich nicht nur fundamentaler oder technischer (Prognose)methoden, sondern vermischt diese mit seinen ganz persönlichen Erfahrungen, dem Urteil des gesunden Menschenverstandes und der allgemeinen Einschätzung des „Marktes“ über die zukünftige Kursentwicklung.

Der Zeit- beziehungsweise Prognosehorizont eines Marktteilnehmers spielt also eine wesentliche Rolle. Je weiter der Prognosezeitraum gefasst wird, desto unsicherer wird auch das tatsächliche Eintreffen einer Vorhersage, da die Wahrscheinlichkeit, dass während des eingegangenen Engagements neue Ereignisse auftreten können, mit dessen Dauer steigen wird. Dabei spielen nicht nur neue Nachrichten, sondern auch deren Auslegung eine wesentliche Rolle. Diesem Problem werden vor allem an der Entscheidungsfindung beteiligte Analysten meist dadurch gerecht, dass sie ihre Vorhersagen gerne in verschiedene Prognosehorizonte der kurz-, mittel-, und langfristigen Analyse unterteilen. Dabei ist es nur zu natürlich, dass man bei weiter entfernt liegenden Aussagen großzügiger sein wird, als dies bei Eintagesprognosen der Fall sein dürfte.

## 2 Information = Ruination?

Vor wichtigen Entscheidungen an den Finanzmärkten sind nicht nur Informationen, sondern vor allen Dingen Analysen und Prognosen gefragt, da sie helfen, Zeit zu sparen. Denn Analysen sind nichts anderes als bearbeitete und verdichtete Informationen, zusammengefasst in einem Resultat. Der starke Drang nach Information und Analysen fußt in erster Linie auf dem sehr menschlichen Bedürfnis nach Kontrolle. An den Finanzmärkten, wo es jeden Tag neue Gewinner und Verlierer gibt, ist dieses Kontrollbedürfnis besonders stark ausgeprägt. Denn man kann es als Händler selbst miterleben: Der Held von heute kann ganz schnell der

Verlierer von morgen sein – und umgekehrt. Und zu den „Losern“ möchte niemand gehören.

Der Wunsch, möglichst viele Informationen zu bekommen, entsteht somit vor Eingehen eines Engagements und begleitet den Akteur während der ganzen Zeit, solange die Position offen ist, bis zu deren Glattstellung. Und selbst danach besteht oft noch das Bedürfnis,Vergangenes zu erklären und zu verarbeiten. Doch Situationen, in denen ein Marktteilnehmer vollständig informiert ist, sind nicht gerade die Regel. Je besser er sich jedoch informiert glaubt, desto mehr ist er davon überzeugt, die Situation unter Kontrolle zu haben. Zu den für den Akteur erhältlichen Informationen zählen nicht nur externe Daten zum Marktgeschehen und Berichte über politische Ereignisse. Auch interne Informationen, wie etwa der eigene Kontostand, also Gewinne und Verluste, spielen dabei eine große Rolle. Befindet sich ein Engagement im Gewinnbereich, vermittelt dies dem Marktteilnehmer nicht nur ein Gefühl von Freude und Genugtuung, sondern auch den Eindruck, er habe mit der richtigen Entscheidung ausreichend Kontrolle über seine Position erlangt – sein Kontrollbedürfnis ist gegebenenfalls so stark erfüllt, dass er meint, keine weiteren Informationen mehr zu benötigen. Vor allem, wenn man ein paar Mal hintereinander erfolgreich war, wächst das Gefühl, unschlagbar zu sein, und diese Euphorie kann einen sogar daran hindern, relevante Fakten und Daten überhaupt zur Kenntnis zu nehmen.

Tipp:

> Selbst wenn Sie alles „im Griff“ zu haben glauben: Werden Sie nicht nachlässig beim Umgang mit Informationen und Analysen. Verhalten Sie sich dabei so, als ob Sie das Engagement noch gar nicht eingegangen wären, sondern erst kurz vor der Handelsentscheidung stünden.

Anders auf der Verlustseite, wo fast schon automatisch ein erhöhtes Kontrollbedürfnis entsteht. Deswegen ist in einer derartigen Situation mit einer verstärkten Suche nach Informationen zu rechnen, die die ursprüngliche Entscheidung, zumindest aber die augenblickliche Lage rechtfertigen und in ein besseres Licht rücken sollen. Denn durch die (vermeintliche) Kenntnis der Einflussgrößen bei einer Entscheidungssituation lässt sich die als verloren erlebte Kontrolle zumindest zeitweise wieder zurückgewinnen.

Tipp:

Auch wenn es schwer fallen sollte: Gehen Sie auf die Suche nach Informationen, die Ihrem Engagement zuwiderlaufen. Stellen Sie gleichzeitig Informationen, die Ihre ursprüngliche Entscheidung bestätigen, in Frage.

Informationen und ihre Verarbeitung bis hin zur Entscheidungsfindung stellen mit den wichtigsten und gleichzeitig einflussreichsten Komplex im täglichen Handel an den Finanzmärkten dar, besonders bezüglich des späteren Einstandspreises eines Engagements. Die Informationsverarbeitung ist auf der anderen Seite in der Wissenschaft ein relativ umstrittenes Gebiet. Die Grundgedanken der modernen Kapitalmarkttheorie, die sich auf die sogenannte Effizienzmarkthypothese zurückführen lassen, gehen davon aus, dass sich die Marktteilnehmer streng rational verhalten. Dabei wird von ihnen erwartet, dass sie ihre Entscheidungen immer auf der Basis einer vollständigen Verarbeitung aller wesentlichen Informationen treffen – man müsste folgerichtig schließen, dass eine große Mehrheit der Akteure auf neue Nachrichten und Ereignisse konform reagiert.

Im dritten Kapitel wurde indes gezeigt, dass den Menschen sowohl bei der Wahrnehmung von Informationen als auch bei deren Verarbeitung systematisch Fehler, Missverständnisse und Trugschlüsse unterlaufen. Es handelt sich also nicht um gelegentliche Ausrutscher, die von den anderen „rationalen" Marktteilnehmern wettgemacht werden, oder um vereinzelt auftretende Phänomene von Masseneuphorie oder -panik. Rationales Denken und Handeln erfordert, dass der Akteur einerseits Zugang zu den richtigen und wesentlichen Informationen hat. Andererseits müssen diese dann auch als solche erkannt und wahrgenommen werden (Maas & Weibler 1990a). Um an wichtige Nachrichten und Daten zu gelangen, sind unter Umständen sogar materielle Investitionen von Nöten, die nicht jeder Marktteilnehmer zu tätigen bereit ist. Man denke nur an die Kursinformationen, die von einigen Nachrichtenagenturen zeitgleich mit dem Geschehen an den Märkten übermittelt werden.

Somit stehen nicht jedem Teilnehmer an den Märkten dieselben Nachrichten und Informationen zur Verfügung. Die kurzfristig orientierten Händler dürften dabei gegenüber den anderen Gruppen – zumindest was die Menge der erhältlichen Informationen angeht – deutlich im „Vorteil" sein. Sie verfügen in der Regel über mindestens eine Anbindung an eine Nachrichtenagentur. Auf der anderen Seite besteht Zeitdruck. In Handelsbüros müssen Nachrichten extrem schnell aufgenommen und verarbeitet werden: Man hat keine Zeit, über deren Inhalte lange nachzudenken und ihre Folgen stundenlang abzuwägen, da sich die Kursentwicklung der Märkte oft in Sekundenschnelle verändert – vor allem wenn die neu eintreffenden Informationen Überraschungen in sich bergen. Deswegen neigen Händler im Allgemeinen stark dazu, komplexe Informationen zu vereinfachen. Das hat manchmal nicht immer nachvollziehbare Kurssprünge zur Folge, die erst später, nach eingehender Beleuchtung der Nachrichten, korrigiert werden. Sind aber infolge der Fehlinterpretation Marktteilnehmer bereits größere Engagements eingegangen, so ist nicht unbedingt damit zu rechnen, dass diese Positionen aufgrund neuer Erkenntnisse wieder glattgestellt werden.

Tipp:

Vermeiden Sie ein Zuviel an Information: „Information = Ruination", Konzentrieren Sie sich nur auf die wirklich relevanten Informationen und analysieren Sie diese dafür sehr genau.

Der mittelfristig orientierte Marktteilnehmer hat – sofern eine entsprechende Anbindung besteht – einen ähnlich guten Zugang zu den wichtigsten Informationen der Nachrichtendienste. Anders verhält es sich indes, wenn man von Kundenberatern oder Analysten aufbereitete oder gefilterte Informationen erhält. Denn dann besteht die Gefahr, dass möglicherweise ein Teil der Neuigkeiten schlicht unter den Tisch fällt, sei es, dass derjenige, welcher die Auswahl trifft, etwas für unwichtig hält, das für andere Akteure durchaus von Nutzen sein kann. Manch eine Information gelangt aber auch mit so starker Verzögerung zum Empfänger, der vielleicht gerade nicht erreichbar ist, dass sie inzwischen Makulatur geworden ist. Oder sei es, dass ein Kundenberater (dies geschieht vor allem in Handelsabteilungen, wo der Eigenhandel nicht von der Kundenberatung getrennt ist) gerade eine eigene Position eingegangen ist. Ist es so jemandem zu verdenken, dass er vor allem nach Informationen sucht, die sein Engagement bestätigen, und infolgedessen auch nur solche Nachrichten weitergeben kann? Dafür steht dem mittelfristig orientierten Akteur wesentlich mehr Zeit für die Auswertung der Informationen zur Verfügung.

Tipp:

Bitten Sie vorzugsweise Analysten und Kundenbetreuer um Rat, von denen Sie wissen, dass sie selbst kein Engagement in dem von Ihnen nachgefragten Marktsegment eingegangen sind. Ein Berater, der mit einer Position „belastet" ist, dürfte Ihnen vorzugsweise Informationen vermitteln, die sein eigenes Engagement rechtfertigen.

Der langfristig orientierte Privatmann hat häufig von allen Marktteilnehmern die meiste Zeit, Informationen aufzunehmen und zu verarbeiten. Doch sind diese nicht immer vollständig. Den meisten genügt der Wirtschaftsteil einer Tageszeitung oder eine entsprechende Sendung im Fernsehen. Oder man verlässt sich auf den Kundenberater der Bank seines Vertrauens. Und wenn es die Zeit erlaubt, „surft" man im Internet nach den neuesten Ereignissen und Hintergrundberichten. Letzteres stellt übrigens eine gute Chance dar, um näher an die Informationsquellen heranzukommen.

Tipp:

Denken Sie immer daran: Eine Information, eine Empfehlung, ein Geheimtip in einem Börsenmagazin oder anderen Medien hat meist schon einen längeren Weg hinter sich. Möglicherweise haben sich andere Marktteilnehmer bereits entsprechend positioniert, so dass keine wesentliche Veränderung von Angebot und Nachfrage mehr zu erwarten ist.

## 2.1 Die Übermittlung von Informationen

Der Mensch muss aufgrund der Informationsvielfalt – selbst wenn die einzelnen Informationen einfach strukturiert sein sollten – eine Auswahl der für ihn wichtigen Nachrichten vornehmen. Die dem Händler zur Verfügung stehenden Möglichkeiten der Informationsaufnahme sind entweder akustischer oder optischer Natur. Bereits bei der akustischen Informationsaufnahme können Missverständnisse entstehen, banal ausgedrückt: durch Versprecher, Sprachbarrieren oder Hörfehler. In Handelsbüros kann die Mitteilung einer falsch übermittelten Zahl, beispielsweise die Meldung eines wichtigen ökonomischen Wertes wie die US-Arbeitslosenzahl oder das Ausmaß eines Zinsschrittes, zu dramatischen Konsequenzen führen. Die Reaktionszeit auf Meldungen von kurzfristig orientierten Marktteilnehmern beträgt manchmal nur Bruchteile von Sekunden, da nur der schnellste Akteur den vermeintlich besten Preis erhält.

Eine laut und marktschreierisch kundgetane Nachricht hat sicherlich größeres Gewicht als eine leise und undeutlich vermittelte Information. Als Information in diesem Kontext zählen auch die Marktpreise als solche. Obgleich sich die Zahl der Kursmakler im Devisenhandel in jüngster Zeit deutlich verringert hat, haben diese doch noch einen erheblichen Einfluss auf zukünftige Verhaltensweisen der Akteure. Das durch Mark und Bein gehende Geschrei, mit dem ein Broker einen Preissprung verkündet, enthält eine zusätzliche Information: die Stimmung. Die aufgeregte Stimme des Maklers lässt den Eindruck entstehen, dass im Markt etwas im Gange ist, wovon zum Händler noch nichts vorgedrungen ist. Und er mag sich bange fragen: Was wissen die anderen, was ich nicht weiß?

**Tipp:**

Konzentrieren Sie sich bei Ihren Entscheidungen möglichst auf den Kern des Sachverhalts. Lassen Sie sich nicht durch irgendwelche Neuigkeiten, die Sie gerade erfahren haben, oder durch „Stimmungsmache" von Ihrem eigentlichen Entscheidungsproblem ablenken.

Auf der anderen Seite werden Informationen überhaupt nicht wahrgenommen, weil sie unterhalb der Wahrnehmungsschwelle des Marktteilnehmers liegen, was bedeutet, dass der physikalische Reiz (z. B. die Lautstärke eines Fernsehprogramms) zu gering ist, um beim Empfänger anzukommen. So werden beispielsweise Informationen, die in einem Händlerbüro zu leise weitergegeben werden, von den anderen Händlern nicht wahrgenommen, da der Geräuschpegel, der durch Geräte, Telefonate, Gespräche der Kollegen und anderen Geräuschquellen permanent verursacht wird, bereits relativ hoch ist. Somit können wichtige Nachrichten im allgemeinen Geräuschwirrwahr untergehen, da sie sich nicht genügend abheben.

## 2.2 Gefahren durch Verfügbarkeitsheuristik und selektive Wahrnehmung

Die Komplexität vieler Nachrichten wirkt abschreckend und verhindert mitunter sogar deren Wahrnehmung. Stattdessen macht man es sich leicht. Sprüche wie „Ich bin doch kein Wissenschaftler", „Damit sollen sich die Analysten befassen" oder „Ich kann doch nicht alles machen" sind jedoch nicht unbedingt Ausreden oder gar als Faulheit auszulegen, sondern vielmehr Ausdruck einer gewissen Ohnmacht. Die Unfähigkeit, komplexe Informationen vollständig aufzunehmen, birgt wie bereits erwähnt allerdings Gefahren der Verkürzung und Verzerrung von Botschaften, die den Marktteilnehmern von der Umwelt vermittelt werden, und somit fast zwangsläufig zu Fehlentscheidungen führen. Dies gilt nicht nur für den kurzfristig orientierten Trader, sondern auch für diejenigen Akteure, die mehr Zeit zur Verfügung haben. Denn Entscheidungen sollen möglichst schnell und mit geringem Aufwand gefällt werden.

Die Teilnehmer an den Finanzmärkten tendieren dazu, die wahrgenommene Komplexität von Entscheidungssituationen zu verringern, indem sie bestimmte Heuristiken verwenden. Eine wesentliche Rolle spielt dabei die Verfügbarkeitsheuristik: Leicht verfügbare Informationen werden stärker als schwer zugängliche wahrgenommen, unabhängig davon, ob sie wichtiger als andere sind oder nicht. Dabei spielt auch die Aktualität eine Rolle, da neue Nachrichten sowohl im Gedächtnis als auch beim Informationsträger (Zeitung/TV) selbst leichter abrufbar sind.

**Tipp:**

Denken Sie immer daran: Nachrichten, die Ihnen greifbar nahe erscheinen, sind auch für die anderen Akteure meist leicht verfügbar. Die Gefahr dass sie bereits gehandelt sind, das heißt sich im Marktpreis schon niedergeschlagen haben, ist recht hoch.

Aber auch das Erinnerungsvermögen hat einen Einfluss auf die Verfügbarkeit von Ereignissen, zumal wenn letztere mühelos aus dem Gedächtnis abgerufen werden können. Je lebendiger und farbiger diese wahrgenommen wurden, desto leichter sind sie erinnerbar. Vielleicht fällt einem vor einer wichtigen Entscheidung gerade der Kollege ein, der damals rechtzeitig seine Aktien verkaufte und mit dem Erwerb von Optionen gar sein Vermögen verzehnfachte und einen vor lauter Freude über den Gewinn zu einem großen Festessen eingeladen hatte, an das man sich gerne erinnert? Die Beurteilung der aktuellen Lage wird genau von diesen persönlichen Eindrücken geprägt. Die Beurteilung von Wahrscheinlichkeiten künftiger Ereignisse oder die Einschätzung von Gewinnen oder Verlusten beruht daher oft auf subjektiven und vorurteilsbehafteten Erinnerungen.

Ein typisches Beispiel für derartige Erinnerungen findet sich im Devisenhandel. So spricht man häufig von „Naturbullen“ oder „Naturbären“, das sind Marktteilnehmer, die jeweils aus Prinzip immer nur auf steigende beziehungsweise fallende Kurse setzen. Diese Überzeugungen haben ihre Wurzeln in der ersten „erfolgreichen“ Phase, die man als aktiver Teilnehmer an einem Markt erlebt hat. Händler, die mit einem großen Aufwärtstrend, zum Beispiel beim US-Dollar in den Jahren 1980 bis 1985, „groß“ geworden sind, werden diese Zeit sicherlich niemals vergessen. Akteure, die indes während eines beeindruckenden Abwärtstrends (z. B. beim US-Dollar von 1986 bis 1988) ihre ersten „Sporen“ verdient haben, sind von diesen Erlebnissen geprägt, wodurch die Verarbeitung von Informationen beeinflusst werden kann.

**Tipp:**

Wenn Sie eine Meinung zu einem Markt (oder einem anderen ökonomischen Sachverhalt) vertreten, versuchen Sie Menschen zu finden, die diese Meinung nicht teilen.

Die Medien tragen in einem nicht unerheblichen Maß zur Vertiefung dieser persönlichen Eindrücke bei. Schon bei der Auswahl von Marktinformationen für die Veröffentlichung wird man sich in erster Linie um Analysen und Kommentare bemühen, die der gegenwärtigen Stimmung des Publikums am ehesten entsprechen. In einem Hausse-Markt, in dem sich die Nachrichten über Kursgewinne gegenseitig jagen, ist der Pessimist nicht gefragt – es sei denn als abschreckendes Beispiel eines „Losers". Die Einschätzung, mit welcher Wahrscheinlichkeit ein bestimmtes Ereignis eintritt, kann durch gezielte Lenkung der Aufmerksamkeit beeinflusst werden. Typische Beispiele dafür sind Neuemissionen von Aktien, deren Kurs gleich am ersten Börsentag den Ausgabepreis um 50 oder 100% übertrifft. Wenn dann gar die abendliche Nachrichtensendung über dieses außergewöhnliche Ereignis berichtet, wird manch einer sich sagen: „Beim nächsten Mal bin auch ich dabei!".

Tipp:

Reagieren Sie nicht auf jede gerade verfügbare Neuigkeit. Behalten Sie das große Bild im Auge, aufgrund dessen Sie möglicherweise eine Entscheidung gefällt haben.

Verfügbarkeitsheuristiken spielen auch eine große Rolle, wenn es um die Einschätzung zukünftiger Risiken von Devisen, Aktien etc. geht. So wird die Gefahr starker Volatilität nach einem hektischen Handelstag mit heftigen Kursbewegungen in der Regel überschätzt, während die Risiken bei ruhigen Märkten regelmäßig unterschätzt werden. Von einem Markt, der sich monatelang kaum bewegt hat, erwartet man kaum, dass er plötzlich explodiert. Wenn dies allerdings wider Erwarten doch geschieht, dann werden bereits geringe Kursausschläge überbewertet, sei es aus Freude oder aus Angst. Man wacht sozusagen auf. Auch hier reicht die Erinnerung nur in die jüngste Vergangenheit, in welcher der Markt als „tot" empfunden wurde.

Die Realität zeigt indes: Gerade nach Zeiten hoher Volatilität (ausgedrückt durch die Standardabweichung vergangener Kurse) sind die Engagements der Marktteilnehmer erheblich niedriger als gewöhnlich, da die Angst vor weiteren hektischen Ausschlägen vorherrscht. Normalerweise geht damit die Volatilität der Preise zurück, was letztlich zu einer Beruhigung des Marktgeschehens führen sollte. In ruhigen Zeiten, wenn sich die Kurse kaum bewegen, muss ein Händler vergleichsweise hohe Positionen eingehen, um „wenigstens ein bisschen Geld zu verdienen“. Man kann sich vorstellen, was passieren kann, wenn ein solcher Markt plötzlich Beine bekommt...

Die Auswirkungen der Verfügbarkeitsheuristik offenbaren sich in vielen Bereichen der Urteilsbildung der Marktteilnehmer. So haben die Akteure meist eine überzogene Vorstellung von der Zahl derer, die eine persönliche Meinung zu einem Thema mit ihnen teilen. Dieser Trugschluss, auch als „falscher Konsensus“ bezeichnet, lässt sich vor allem damit begründen, dass persönliche Überzeugungen (typischerweise Marktweisheiten) besonders leicht aus dem Gedächtnis abgerufen werden können. Deswegen werden diese Einstellungen für leicht nachvollziehbar, „normal“ und daher für weit verbreitet gehalten (Bierhoff 1993). Die persönliche Einstellung zu bestimmten Sachverhalten beeinflusst damit auch deren Einschätzung. Wenn man dann noch zwei oder drei gleichgesinnte Händlerkollegen trifft, spricht man sofort von einer deutlichen Mehrheit („Alle sagen“) und verstärkt damit das Gefühl der Kontrolle. Begegnet man indes Marktteilnehmern oder Analysten mit einer anderen Einstellung – man merkt das meist schon nach den ersten Sätzen – wird diese gerne häufig einfach ignoriert; man schaltet ab, ohne sich die weitere Argumentation anzuhören. Dies gilt in besonderer Weise, wenn der Inhalt von Informationen zwei- oder mehrdeutig ist. So kann es geschehen, dass ein und dieselbe Nachricht von Menschen ganz unterschiedlich wahrgenommen wird. Ein Optimist mag die jüngsten Wirtschaftsdaten der USA in einem ganz anderen Licht sehen als der Pessimist.

Tipp:

Lassen Sie sich nicht täuschen: Marktteilnehmer, die Ihren Analysen zustimmen, haben häufig die gleiche Position wie Sie selbst und befinden sich daher in einer ähnlichen Stimmung.

Die Verfügbarkeitsheuristik kann zu einer Vernachlässigung von möglicherweise wichtigen Informationen führen. In gleicher Weise wirkt aber auch die selektive Wahrnehmung, da die Wahrnehmung der Marktteilnehmer häufig stark von dem geprägt ist, was sie aufgrund ihrer persönlichen Erfahrungen erwarten. Sie sind praktisch voreingenommen. So neigen gerade Händler und Anleger häufig dazu, Informationen, die mit ihren eigenen Vorstellungen in Einklang stehen, zu stark zu bewerten. Passen jene jedoch nicht ins eigene Weltbild, so besteht vielmehr die Tendenz, solche Informationen zu verdrängen oder gar zu ignorieren. Diese selektive Wahrnehmung findet in vielen Fällen nicht bewusst, sondern meist unabsichtlich statt. Unregelmäßigkeiten in der Darstellung von Informationen werden demnach, vor allem wenn sie unter hohem Zeitdruck übermittelt werden, häufig überhört, übersehen oder einfach „passend gemacht".

Auch Analysten gehen – obgleich sie meist nicht unter dem gleichen Zeitdruck wie Händler arbeiten müssen – ebenfalls recht selektiv bei der Wahrnehmung von Informationen und Ereignissen vor. So suchen sie sich aus der großen Zahl von Daten und Nachrichten das heraus, was in ihr theoretisches und persönlich vorgefasstes Weltbild passt (Hunter & Coggin 1988). Gleichzeitig wird das Bedürfnis nach Kontrolle befriedigt, das bei dieser Gruppe von Marktteilnehmern (sie werden in Kapitel 6 als Kopfmenschen bezeichnet) meist besonders stark ausfällt. Da derartige Einstellungen von Analyst zu Analyst verschieden sind, verfügt jeder einzelne über ein persönliches Wahrnehmungsspektrum. Deswegen kann auch nicht davon ausgegangen werden, dass alle Analysten der Auswahl und Bewertung von Informationen übereinstimmende Kriterien zugrunde legen. Demzufolge werden sie zu unterschiedlichen Schlüssen kommen. Denjenigen Daten, die sie für relevant halten, messen sie dabei ein unverhältnismäßig großes Gewicht bei, wodurch es zu Verzerrungen ihrer Vorhersagen kommen kann. Vor allen Dingen Informationen, die bereits schon einmal in der Vergangenheit wahrgenommen und verarbeitet worden sind, werden günstiger aufgenommen. Selbst nur beiläufig aufgenommene Informationen können – ohne dass man ihren Einfluss bewusst wahrnimmt – die spätere Informationsverarbeitung beeinflussen (Felser 1997).

Gerade technisch orientierte Analysten leiden manchmal geradezu an selektiver Wahrnehmung. Da vor allem für die Chartanalyse eine gewisse Fähigkeit, Muster zu erkennen, benötigt wird, ist man einerseits versucht, nur nach ganz bestimmten Formationen zu suchen. Ganz besonders nach solchen, die in das häufig vorgefasste Marktbild hineinpassen. Oder bei der Suche nach Trendlinien wählt der technische Analyst gerne diejenigen aus, an denen der Markt mehrfach umgekehrt ist. „Seht nur, wie gut diese Linie gehalten hat!" heißt es dann. Dass andere Trendlinien sehr häufig nicht gehalten haben, wird unbewusst heruntergespielt oder ganz ignoriert.

Vor allem die zyklischen Methoden der technischen Analyse, wie beispielsweise die Elliott-Wellen-Theorie, funktionieren auf dem Papier ganz vorzüglich. Nicht ganz so erfolgreich ist diese Theorie meist dann, wenn ihre Prognosen mit entsprechenden Engagements unterlegt werden. Natürlich kann es geschehen, dass die Abwärtskorrektur eines Marktes genau 61,8% (ein sog. Fibonacci-Retracement) der davorliegenden Aufwärtsbewegung beträgt. Wieder einmal hat die Theorie recht gehabt. Dass der Markt zuvor andere wichtige Korrekturniveaus ohne Rücksicht durchbrochen hat, wird gerne verschwiegen. Solange der Analyst nicht handeln muss, kann er sich den Luxus leisten, nur die Treffer herauszupicken. Schamlos ist indes die Unterstellung, dass jemand, der mit der Elliott-Wellen-Theorie oder mit Gann-Zyklen kein Geld verdient, diese Theorien nur nicht richtig verstanden hat.

## 2.3. Gefahren durch die Verankerungsheuristik

Da vor allen Dingen kurzfristig orientierte Marktteilnehmer meist unter starkem Zeitdruck stehen, müssen sie neue Nachrichten möglichst schnell und ökonomisch verarbeiten. Aber auch die Akteure mit mittelfristigem Handelshorizont oder gar langfristiger Ausrichtung nehmen sich oft zu wenig Zeit, Informationen gründlich zu verarbeiten.

Deswegen wird die Verankerungs- und Anpassungsheuristik (Anchoring) von den Teilnehmern an den Finanzmärkten in erster Linie dann benutzt, wenn sie bestimmte Informationen nicht sofort einordnen und bewerten können. Dann tendieren sie dazu, sich bei deren Verwertung an einem Ursprungs- oder Richtwert (Anker) zu orientieren, um daraus später Schlüsse ziehen zu können. Diese Richtwerte werden normalerweise von Fachleuten wie Ökonomen oder Analysten gesetzt. Diese Anker müssen nicht zwangsläufig aus numerischen Werten bestehen, sondern können auch durch Meinungen oder Einstellungen (z. B. von Freunden oder Experten) begründet werden. Ankerwerte spielen gerade vor Veröffentlichung wichtiger Wirtschaftsdaten eine große Rolle, denn häufig haben die Händler nicht die Zeit, sich eingehend mit deren Beurteilung zu beschäftigen. Ja, oftmals ist es ihnen Stunden vor der Publizierung wichtiger Zahlen noch nicht einmal klar, welchen Einfluss sie auf das Kursgeschehen haben. Einfache, leicht bewertbare Schätzungen, die die Beurteilung der Daten erleichtern soll, ohne dabei besonders lange nachdenken zu müssen sind gefragt. Diese Prognosen werden von den Nachrichtenagenturen meist aus den Durchschnitten verschiedener Umfragen gebildet, von denen eigentlich kaum jemand weiß, wie sie zustande gekommen sind.

Wenn der „Median" für die amerikanische Handelsbilanz vom Monat X ein Defizit von 11,2 Mrd. Dollar ausweist, heißt das nicht anderes, als dass dies ein durchschnittlicher Wert aller Schätzungen der befragten Analysten ist. Ob diese Analysten gut oder schlecht sind, ob es sich beim Befragten um einen Chefvolkswirt oder eine Hilfskraft handelt, wird leider nicht ersichtlich. Meist wird der Median noch um eine Prognose des Unternehmens, das die Umfrage erhebt, bereichert, zum Beispiel mit einem Defizit von 12,5 Mrd. Dollar. Somit kann man davon ausgehen, dass die Bandbreite von 11,2 bis 12,5 Mrd. als Ankerwert für spätere Entscheidungen herangezogen werden dürfte.

Wird in diesem Zusammenhang das Band der Vorhersagen auf der positiven Seite übertroffen, ist dies ein Grund, Wirtschaftsgüter, Aktien, Devisen und andere Werte zu kaufen, auf die ein entsprechender Einfluss dieser Fundamentaldaten anzunehmen ist. Bleiben hingegen die Daten hinter den abgegebenen Prognosen zurück, finden analog Verkäufe statt. Eine ziemlich starke Vereinfachung also. Überträgt man obige Prognosebandbreite für das US-Handelsbilanzdefizit (11,2 bis 12,5 Mrd. Dollar) auf den Devisenhandel, könnte sich folgende Situation ergeben:

Zahlen, die unterhalb von 11,2 Mrd. Dollar liegen sind besser als erwartet und werden deswegen für die Zukunft des US-Dollar von den Marktteilnehmern positiv ausgelegt. Liegt das tatsächliche Defizit oberhalb von 12,5 Mrd. Dollar, wäre dies als negativ für die Wirtschaft der USA auszulegen. Angenommen, die publizierte Zahl läge bei 10,7 Mrd. Dollar, wäre dies somit ein Grund für die Händler beispielsweise Dollar gegen Euro zu kaufen. Denn das Datum ist ja besser als erwartet. Dass es sich dabei möglicherweise immer noch um eine für die Vereinigten Staaten schlechte Zahl handeln kann, wird übersehen. Dies führt dazu, dass nicht das Fundamentaldatum selbst, sondern die Prognosegüte der zuvor befragten Volkswirte gehandelt wird. Somit reduziert sich deren Aufgabe in diesem Fall darauf, möglichst genau zu prognostizieren.

Tipp:

> Verlassen Sie sich nicht auf einen einzigen Ankerwert. Bedenken Sie immer, dass manche Anker von anderen bewusst gesetzt werden, um eine bestimmte Meinung zu erzeugen. Setzen Sie besonders optimistischen Prognosen pessimistische Meinungen (und umgekehrt) entgegen. Rechnen Sie mit dem Unerwarteten.

Auch für Analysten spielt Anchoring eine wichtige Rolle, wenn sie beispielsweise gefragt werden, wieviel der Euro in drei Monaten kosten wird. Bei solchen Prognosen wird oft folgendermaßen vorgegangen: In einem ersten Schritt werden verschiedene, plausible Prognosewerte in Betracht gezogen. Beispielsweise könnte der Terminkurs ein solcher Wert sein. Schließlich wählt man den Wert, der einen am einleuchtendsten erscheint. Da sich der Analyst aber verständlicherweise möglichst nicht auf eine Punktprognose, das heißt auf die Nennung eines bestimmten Wertes von beispielsweise 1,0500 Dollar, einlassen möchte, wird er im nächsten Schritt versuchen, eine Bandbreite (z. B. 1,0250 – 1,0750 Dollar) um diesen Wert anzugeben. Bei der Festlegung einer solchen Bandbreite handelt es sich aber um letztlich nichts anderes als um einen Anpassungsprozess im Sinne der Verankerungsheuristik, der – so ist bekannt – meist zu gering ausfällt. Deshalb wird diese Bandbreite meist zu eng ausfallen.

Im Übrigen befindet sich der Analyst in einem Dilemma: Gibt er das Band zu breit an (z. B. 0,9500 bis 1,1500 Dollar), wird seine Prognose als wertlos eingestuft, da ihr Informationsgehalt gleich null ist. Wird das Prognoseband dagegen zu eng gewählt, erhöht sich die Gefahr eines Fehlurteils. Worauf kommt es nun in der Welt des täglichen Handels an? Der Analyst wird auf der einen Seite versuchen, seinem Empfänger, dem Kunden, eine möglichst aussagekräftige Vorhersage zu liefern, ohne sich zu stark zu exponieren, um im Falle eines Irrtums seinen Ruf nicht zu gefährden. Darüber hinaus erhält er für eine informative Prognose eine sofortige Belohnung, indem seine Empfänger auf ihn hören. Die Richtigkeit der Vorhersage kann indes erst nach Ablauf des Prognosezeitraums überprüft und anerkannt werden (Yaniv & Foster 1997). Bis dahin ist jedoch für viele der Empfänger schon „viel zu viel Wasser den Rhein hinunter geflossen“, als dass die Prognosegüte für sie noch relevant wäre. Die meisten werden längst vergessen haben, was der Analyst seinerzeit gesagt hatte. Mit anderen

Worten: Entscheidungen, die aufgrund der Prognose gefällt worden sind, können mittlerweile schon längst revidiert worden sein, die alte Prognose ist also für den Nutzer nicht mehr interessant. Deswegen wird der Analyst, sofern es sich nicht um sehr kurze Prognosezeiträume handelt, um den gerechten Lohn seiner Arbeit gebracht. Er kann sich nur noch hinstellen und sagen: „Seht her, ich habe damals doch recht gehabt."

Bei der Erstellung von Prognosebändern sind jedoch für den Nutzer nicht nur die reinen Zahlen interessant. Häufig möchte er auch noch wissen, wie hoch der Analyst die Wahrscheinlichkeit einschätzt, dass seine Prognose tatsächlich in das angegebene Band fällt, das heißt wie sicher er sich seiner Vorhersage ist. Wie im fünften Kapitel im Zusammenhang mit der Kontrollillusion schon gezeigt, neigen Menschen außerdem dazu, ein übermäßiges Vertrauen in die eigenen Fähigkeiten zu setzen („Overconfidence"), eine Fehlerquelle, die systematisch Verzerrungen erzeugt. In der Praxis unterstützt dies noch den oben mit der Verankerungsheuristik begründeten Effekt, dass Prognosebänder von Analysten in der Regel zu eng ausgelegt werden.[1]

Tipp:

Gehen Sie davon aus, dass die meisten Prognosebänder von den Analysten zu eng ausgelegt werden. Um realistische Werte zu erhalten, überprüfen Sie anhand historischer Kursdaten, in welchen Bandbreiten sich eine Devise, Aktie etc. innerhalb eines bestimmten Zeitraumes tatsächlich bewegt hat.

Auch der Meinungsabgleich, der gerade bei kurzfristig orientierten Marktteilnehmern aufgrund des Zeitmangels häufig vorkommt, führt zu einem Anchoring. Der Meinungsabgleich findet vor allen Dingen zu Handelsbeginn statt, da die neuesten Nachrichten und Ereignisse noch

[1] Dass eine Selbstüberschätzung selbst bei erfahrenen Experten das eigene Urteilsvermögen beeinträchtigen kann, zeigte ein Experiment mit Brokern (Kiell & Stephan 1997). Dabei wurde von den Probanden die Vorhersage einiger Aktien- und Devisenkurse gefordert, wobei mit oben vergleichbare Prognosebänder (d.h. 90-prozentige Konfidenzintervalle) gefragt waren. Von den insgesamt abgegebenen 360 Prognosen waren, statt der geforderten 90 Prozent lediglich 24 Prozent richtig.

nicht verarbeitet sind. Es ist ja auch viel leichter, einen Freund anzurufen und ihn nach seiner Sicht der Dinge zu fragen. Unter Umständen wird die Antwort aufgrund des Zeitdrucks in vielen Fällen auch nicht richtig durchdacht oder mag stark von subjektiven ersten Eindrücken gefärbt sein, insbesondere wenn der Angerufene eine eigene Positionsverantwortung hat. Beispielsweise nach den Neuigkeiten über Euro/US-Dollar gefragt, wird die Antwort in der Regel dann verzerrt sein, wenn der Akteur gerade eine Position in dieser Währung aufgebaut hat. Er wird also versuchen, sein Engagement, wenn auch nach außen nicht unbedingt ersichtlich, zu rechtfertigen und entsprechend zu argumentieren. Im Falle einer Long-Position wird der Gefragte daher meist solche Informationen bevorzugt weitergeben, die die Richtigkeit seiner Entscheidung bestätigen. Da er auf steigende Kurse gesetzt hat, wird er positive Nachrichten betonen und gegenteilige Information verharmlosen oder völlig verschweigen. In jedem Fall bilden diese gefärbten Informationen für den Akteur einen Anker, den er allenfalls nur noch gering relativieren wird.

Tipp:

Meiden Sie die Bestätigung Ihrer Meinungen, Informationen und Analysen durch Dritte, die dieselbe Position wie Sie haben.

Auch die Wahrnehmung von sogenannten „runden“ Kursniveaus wie zum Beispiel einen Eurokurs von 1,0000, 1,1000 oder gar 1,3000 Dollar hat etwas mit Anchoring zu tun. Derartige Marken gelten im Volksmund auch als psychologisch wichtige Marken, haben aber meist nur temporären Einfluss auf das Kursgeschehen, da der Kursverlauf nur in den seltensten Fällen gerade an diesen Niveaus zum Erliegen kommt. Das Gegenteil ist der Fall: Der Wechsel der ersten Nachkommastelle oder gar des Kurses vor dem Komma beim Euro (bzw. beim früheren US-Dollar/D-Mark-Kurs) kann wahre Stimmungsveränderungen bei den Marktteilnehmern bewirken. Obgleich beispielsweise eine Aufwärtsbewegung von 1,0999 auf 1,1000 Dollar gerade einmal eine Veränderung von 0,0001 Dollar pro Euro bedeutet, bricht häufig geradezu eine euphorische Hausse-Stimmung aus, weil man von **1,09**99 und **1,10**00 Dollar den ersten Teil der Zahl stärker erfasst als den Rest. Aufgrund dieser Verankerung an den ersten Ziffern bedeutet dieser Schritt einen Wechsel in eine andere Welt. Plötzlich sieht der Euro viel fester als eben gerade noch aus.

Tipp:

Legen Sie nie eine Marktorder auf eine „runde“ Zahl beziehungsweise auf ein sogenanntes psychologisches Niveau. Denn dann ist der Ärger programmiert, da an diesen Niveaus jeder handeln möchte und daher besonders hohe Aktivität zu erwarten ist. Gerade bei Stop-Loss-Orders muss mit einer Ausführung zu schlechteren Kursen gerechnet werden.

## 2.4 Gefahren durch die Repräsentativitätsheuristik

Bei der Einschätzung von Wahrscheinlichkeiten, die Händler gerade vor Entscheidungen leisten müssen, spielt die Repräsentativitätsheuristik eine wichtige Rolle. Denn auch in der Welt des Handels stellt sich häufig die Frage, wie hoch die Wahrscheinlichkeit ist, dass beispielsweise ein Ereignis aufgrund seiner Ähnlichkeit mit den Elementen einer bestimmten Klasse von Nachrichten übereinstimmt oder nicht. Natürlich gibt es auch an den Kapitalmärkten entsprechende Beispiele für die vorne erwähnten drei Varianten der Repräsentativitätsheuristik. Dabei spielen vor allem Trugschlüsse, die auf der Überschätzung von Wahrscheinlichkeiten beruhen, eine große Rolle – insbesondere wenn Zeitdruck herrscht.

Je größer offenbar die Informationsmenge über bestimmte Sachverhalte ist, desto stärker wächst das Vertrauen in die eigene Urteilskraft, selbst wenn die Informationen veraltet oder teilweise irrelevant sind. Vor allen Dingen wenn Informationen in einer starken Wechselbeziehung zueinander stehen und zueinander passen, wird häufig die eigene Wahrnehmung überschätzt, wodurch Menschen genauso wie Ereignisse oft falsch eingeschätzt werden (Kahneman & Tversky 1973).

Tipp:

Wenn Ihnen eine komplexe Information logisch und stringent erscheint, spielen Sie den Advocatus Diaboli. Tun Sie, als ob Sie der Nachricht keinen Glauben schenken. Widerlegen Sie!

Gerade bei der Analyse beziehungsweise Prognose von Aktien- oder Devisenkursen tendieren manche Marktteilnehmer dazu, die Analysen volkswirtschaftlich orientierter Abteilungen mehrerer Banken gleichzeitig anzufordern. Sind dann womöglich zwei oder drei dieser Ausarbeitungen im Resultat und auch argumentativ einander ähnlich oder gar gleichlautend, werden die übrigen Darstellungen meist vernachlässigt. Dies, obwohl man sich manchmal sogar darüber im Klaren ist, dass die ähnlich erscheinenden Analysen womöglich auf dem gleichen Datenmaterial beruhen, oder man sogar weiß, dass sich die Autoren gegenseitig recht gut kennen und ihre Meinungen einander angeglichen haben. Fatale Folgen kann dies haben, wenn das Ausgangsdatenmaterial durch schlechte Recherchen entstanden oder gar mit Fehlern behaftet ist.

Tipp:

Gleichlautende Analysen aus mehreren Quellen erhöhen zwar das Gefühl der Prognosegüte. Gehen Sie aber davon aus, dass häufig ein Meinungsabgleich stattgefunden hat. Ein Wert, der zehnmal empfohlen wird, ist nicht notwendigerweise auch zehnmal so gut wie ein Wert, der nur einmal empfohlen wurde.

Die zweite Variante einer Überschätzung von Wahrscheinlichkeiten, die sogenannte gambler's fallacy, kann man ebenfalls in Handelsräumen feststellen. Eine Währung oder Aktie, die beispielsweise elf Tage in Folge immer zum Schlusskurs einen deutlichen Anstieg verbuchte, wird nicht gerne gekauft. „Was steigt, muss auch wieder fallen" heißt die entsprechende Börsenweisheit. Selbst wenn aber jeder einzelne Kursanstieg für sich genommen rein „zufällig" wäre, würde dies nicht bedeuten, dass nach elf positiven Tagen der zwölfte negativ verlaufen muss. Besteht indes eine Abhängigkeit (und damit verbunden eine Vorhersagbarkeit) der einzelnen

Kursbewegungen voneinander (z. B. ein Trend), so ist erst recht nicht an eine „ausgleichende“ Gerechtigkeit zu denken.

Tipp:

Lassen Sie sich nicht beruhigen: Was steigt, kann noch weiter steigen; was heute billig ist, kann morgen noch billiger sein. Trends entstehen vor allem deswegen, weil keiner sie zu Beginn für möglich hält.

Eine weitere Facette der Repräsentativitätsheuristik und eine mögliche Überschätzung von kausalen Zusammenhängen stellen Trends und Moden dar. Kleidungsgegenstände werden zur Mode, weil sie von berühmten Leuten getragen werden, die eine anerkannte Gesellschaftsschicht repräsentieren. Oftmals reicht es sogar aus, dass eine einzige wichtige Persönlichkeit einen neuen Trend oder eine Mode begründet. Nicht weil Gamaschen besonders schön wären, sondern weil sie von einem Prominenten getragen werden, sind sie „in“. Vor allem, wenn solche Moden auch noch profitabel zu sein scheinen, gewinnen sie schnell eine große Zahl von Anhängern. Denken Sie an die Goldgräberstimmung im Wilden Westen oder die immer wieder in Wellen auftauchenden Kettenbriefspiele. Obgleich man weiß, dass nur die Initiatoren an den Kettenbriefspielen verdienen, nehmen immer wieder selbst hochintelligente Menschen daran teil. „Wenn sogar Professor X am Pilotenspiel teilnimmt, dann muss doch etwas dran sein“, werden Skeptiker belehrt.

Tipp:

Bedenken Sie immer: Das „goldene Ei“ ist nur dann etwas wert, wenn Sie alleine es besitzen. Vertritt dagegen die Masse der Marktteilnehmer eine einhellige Meinung, wird sie unter Umständen nicht genügend Kontrahenten finden, um die daraus resultierenden Gewinne zu realisieren!

Auch an den Devisenmärkten gibt es bestimmte Moden. Vor allem bei der Betrachtung von volkswirtschaftlichen Daten konzentriert sich das Interesse der Akteure immer auf ein bestimmtes Datum aus der Menge der publizierten Größen. Dabei finden beim Kursverhältnis Euro/US-Dollar fast immer die amerikanischen Daten die größere Resonanz bei den Marktteilnehmern. So konzentrierte sich Anfang der achtziger Jahre ihr Interesse auf die Geldmengenzahlen der USA. Später traten dann die Bruttosozialproduktszahlen in den Vordergrund. In Zeiten stärkerer Zinsentwicklungen spielten der Konsumentenpreis- beziehungsweise der Produzentenpreisindex eine wichtige Rolle. Plötzlich waren Handelsbilanzzahlen und während der vergangenen Jahre dann die Arbeitsmarktdaten besonders gefragt. All diese Daten wurden letztlich als besonders repräsentativ für die amerikanische Volkswirtschaft angesehen.

Oder man denke an einen Experten, der bei der Mehrheit der Marktteilnehmer als erfolgreich gilt. Wenn dieser Fachmann schließlich ein bestimmtes Prognoseverfahren verwendet und es für gut befindet, wird diese Methode, selbst wenn sie umstritten sein sollte, von den Akteuren ebenfalls akzeptiert. Für sie zählt allein der aktuelle Erfolg des Experten, und deswegen müssen ihrer Meinung nach auch seine Werkzeuge gut sein. Ist das Prognoseverfahren ohnehin allgemein anerkannt, so wird sich über diese „Bestätigung" die Akzeptanz noch einmal verstärken. Vorhersagen vermitteln das Gefühl, den Markt kontrollieren zu können. Und je logischer sie zusammengestellt sind, für desto wahrscheinlicher halten es die meisten, dass sie sich bewahrheiten werden. Und somit ist man beruhigt und glaubt, eine gute Entscheidung treffen zu können.

Tipp:

Vertrauen Sie nicht einem einzigen „anerkannten" Fachmann, der womöglich von vielen Akteuren als „Guru" verehrt wird. Denken Sie daran: Sollte er irren, so sitzen Sie mit der Masse in einem Boot. Wenn es „untergeht", besteht die Gefahr des kollektiven Kontrollverlusts, dessen Kennzeichen Panik ist. Holen Sie Meinungen und Urteile anderer Analysten ein.

Und noch etwas zum Thema Serien – es betrifft den Analysten, der plötzlich auf sich aufmerksam macht, denn bereits ein paar aufeinanderfolgende richtige Prognosen reichen aus, um einem Analysten das Gütesiegel zu verleihen. Seine Fähigkeiten werden jedoch in der Regel überschätzt, da man sich sagt: „Das kann doch kein Zufall sein". Auf diese

Weise sind Analysten schon zu Stars geworden, die mit sechs richtigen Prognosen in Folge, also mit einer Trefferquote von 100%, auf sich aufmerksam gemacht haben, zuvor aber nie in Erscheinung getreten waren. Nur durch die Wahrnehmung eines bestimmten zeitlichen Ausschnittes – ihr kurzfristiger Erfolg spricht sich schnell herum – gelangen so Menschen ins Rampenlicht, von denen man bis dahin noch nie etwas gehört hatte. Um so größer mag die Enttäuschung sein, wenn die weiteren Vorhersagen nicht immer das halten, was sie versprechen, und der Stern wieder zu sinken beginnt.

Analog wird im Bereich der Fundamentalanalyse häufig schon aus einer geringen Anzahl positiver Wirtschaftsdaten vorschnell ein Trend herausgelesen, obgleich die geringe Menge des Datenmaterials einen derartigen Schluss nicht rechtfertigt. Dann wird beispielsweise aus einem grafisch eindrucksvoll dargestellten Verlauf von wichtigen Fundamentaldaten auf die zukünftige Entwicklung einer Währung geschlossen. Möglicherweise belegt durch ein viel zu kurzes Zeitfenster und mittels vier oder fünf positiver Beispiele, die nur repräsentativ anmuten, aber möglicherweise zufällig entstanden sind. Wenn man lange genug sucht, findet man viele Indizien für statistische Zusammenhänge von Zeitreihen.

~~~

Die Aufnahme und Verarbeitung von Information unterliegt – wie beschrieben – systematischen Verzerrungen. Trotzdem stellen Informationen für Händler und alle anderen Marktteilnehmer, ob Profi oder Amateur, vor der eigentlichen Entscheidung für oder gegen ein Engagement den wichtigsten Faktor dar. Denn Informationen erhöhen das Gefühl, die Zukunft unter Kontrolle bekommen zu können. Offensichtlich kann man jedoch nicht davon ausgehen, dass die Mehrheit der Akteure Informationen auf die gleiche Weise aufnimmt und verarbeitet; selbst wenn diese vollständig und kostenlos verfügbar wären.
~~~

## 3 Die offene Position: Von kleinen Gewinnen und großen Verlusten

Sein oder nicht sein? Nicht jeder Marktteilnehmer, der eine Entscheidung zu treffen hat, fühlt sich gleich vor Hamlets Schicksalsfrage gestellt. Grundsätzlich will aber jeder, der eine Entscheidung trifft, den gegenwärtigen Zustand ändern. Den Akteuren an den Finanzmärkten wird es dabei in erster Linie um die Veränderung ihrer wirtschaftlichen Situation gehen, sei es, dass sie sich gegen unvorhergesehene Entwicklungen schützen wollen, oder aber auch um an den Marktbewegungen profitabel zu partizipieren. Jede Handelsentscheidung – ob sie nun eine Transaktion auslöst oder nicht – wird aufgrund einer Auswahl von Alternativen getroffen, es gibt also mindestens zwei Möglichkeiten. Indem man sich für eine entscheidet, versucht man deren Vorteile zu erlangen und den Nachteilen der anderen aus dem Weg zu gehen. Sind die vorhandenen Wahlmöglichkeiten indes komplexer Natur, kann sich der Marktteilnehmer schnell überfordert fühlen. So kann es, wenn eine Entscheidung zu viele Alternativen aufweist, die womöglich noch vielschichtiger Natur sind, durchaus vorkommen, dass man nicht wirklich alle Möglichkeiten gründlich abwägt, sondern sich zu einer impulsiven Wahl hinreißen lässt. Wird ein Akteur gar zu einer Entscheidung gezwungen – beispielsweise aufgrund äußerer Restriktionen wie Verlustlimite – so mag er, obgleich er unentschlossen ist, eine Fluchtstrategie einschlagen (Mann 1994), die nicht unbedingt vernünftig sein muss, aber aufschiebenden Charakter besitzt.

Das Ziel jeder Entscheidung ist die Gestaltung und Kontrolle der Zukunft. Dies wäre relativ unproblematisch, wenn Entscheidungen unter Sicherheit gefällt werden können, doch diese 100-prozentige Sicherheit gibt es nicht. Niemand kann alle Folgen seiner Entscheidung überblicken, der Erfolg bleibt unsicher. Um sich vor Fehlentscheidungen zu schützen, wird man sich daher regelmäßig eigener Prognosen oder der von Dritten bedienen. Dazu benötigt man wiederum Informationen, die richtig wahrgenommen und logisch verarbeitet werden müssen, was – wie in den vorangehenden Abschnitten gezeigt – dem Händler nicht immer gelingt.

Da sich Entscheidungen, sofern sie zu einer Transaktion an den Märkten führen, auf die jeweiligen Marktpreise in Form von neuem Angebot und Nachfrage auswirken, spielen sie für die zukünftige Entwicklung von Preisen und Kursen eine Schlüsselrolle und somit auch für neue Prognosen der Analysten. Aber auch eine aufgeschobene Entscheidung kann auf die zukünftige Entwicklung von Marktpreisen Einfluß nehmen, nämlich dann, wenn sie zu einem späteren Zeitpunkt nachgeholt werden muss.

Wer tagtäglich mit Händlern in einem Raum sitzt, kann den klassischen Fehler, Gewinne schnell (und viel zu früh) mitzunehmen und Verluste nicht rechtzeitig zu begrenzen, hundertfach beobachten. Betrachtet man die Situation eines kurzfristig orientierten Devisenhändlers vor Eingehen einer Position, so wird er vor eine ähnliche Wahlmöglichkeit wie einer der Probanden in den vielen in diesem Buch dargestellten Wetten beziehungsweise Lotterien gestellt. Wenn der Begriff Lotterie benutzt wird, soll dies jedoch nicht heißen, dass Händler etwas mit Spielernaturen gemeinsam haben, sondern stellt eine Verallgemeinerung von Situationen dar, bei denen ein von zusätzlichen Informationen unbeeinflusster Entscheider tätig wird. Das Ergebnis seiner Handlungen ist – wie ein Lotteriegewinn – in Geld messbar. Im Gegensatz zum Lotteriespieler kennt der Marktteilnehmer allerdings nicht genau die Eintrittswahrscheinlichkeit seiner Gewinne oder Verluste in der Zukunft: Er muss unter größerer Unsicherheit entscheiden. Somit ist er möglicherweise gegenüber dem Lotteriespieler, der ein messbares Risiko hat, im Nachteil. Er sollte sich aber dennoch ein genaues Bild davon machen, was er bereit ist zu riskieren.

Tipp:

Legen Sie vor jedem Engagement ein Kursziel und eine Verlustbegrenzungsmarke (Stop-Loss) fest. Dabei sollten Sie beachten, dass der angestrebte Gewinn ca. drei Mal so hoch sein sollte wie der Betrag, den Sie zu riskieren bereit sind.[2] Setzen Sie dabei die Verlustbegrenzung nicht zu eng, damit der Markt „atmen“ kann.

[2] Auf eine ausführliche Darstellung dieser in der Praxis bewährten Regel wird an dieser Stelle verzichtet. Wenn Sie beispielsweise bei einer Aktie von einem möglichen Kursanstieg von 150 Euro ausgehen, können Sie ⅓ riskieren, das heißt, Ihr Verlustlimit sollte nicht weiter als 50 Euro vom Einstandspreis entfernt liegen.

Streng genommen gibt es zu den Möglichkeiten „Kauf" oder „Verkauf" auch noch eine dritte Alternative, nämlich nichts zu tun; das ist meist dann der Fall, wenn sich ein Akteur kein klares Bild über die Marktverfassung machen kann. Sei es, dass er Chancen und Risiken nicht einzuschätzen vermag oder dass er glaubt, zu wenig Informationen zu besitzen. Nichts zu tun, hieße für einen Händler aber auch, nichts zu verdienen und somit unter Umständen seine Vorgaben nicht zu erfüllen.

Daneben muss man unterscheiden, ob ein Händler eine Position freiwillig eingeht oder ein Engagement quasi von Dritten aufgedrängt bekommt. Letzteres ist dann der Fall, wenn eine Bank einem ihrer Kunden oder auch einem Konkurrenten einen Preis quotieren muss, „auf den dann gehandelt wird". Im Gegensatz zur freiwilligen Entscheidung hat der Händler meist keine Möglichkeit, lange nachzudenken: Kann er die ungewollte Position mit einem, wenn auch noch so winzigen Gewinn (manchmal auch nur zu pari) glattstellen, so wird er dies, vor allem wenn es sich um größere Volumina handelt, sofort tun. Er geht davon aus, dass der Kontrahent möglicherweise „noch mehr zu tun hat", so dass dieser den Preis verderben könnte.

Manchmal befürchtet der Händler aber auch – je nachdem wie bedeutend der Kontrahent ist – , dass sein Gegenüber im Besitz von relevanten Informationen ist und dieses Wissen zu seinem Vorteil ausnutzen könnte. Kann er indes die aufgezwungene Position nur mit Verlust losschlagen, so wird er sie in der Regel zumindest eine Zeit lang „aussitzen". Somit verhalten sich die meisten Händler tendenziell in der Gewinnzone risikoavers und in der Verlustzone risikofreudig. Verluste werden nur dann sofort realisiert, wenn dem Kontrahenten eine starke Marktposition zugetraut wird, wie beispielsweise den Zentralbanken. Diese Verluste versucht man dann dadurch auszugleichen, dass man die gleiche Position wie der Kontrahent einnimmt, das heißt, man „hängt sich auf ihn drauf", in der Hoffnung, dass die Gegenseite stark genug ist, den Marktpreis weiter in die nun eingeschlagene Richtung zu beeinflussen. Doch handelt es sich hierbei um eine Entscheidung, die mit sehr vielen einzelnen Unwägbarkeiten verbunden ist, da sie meist allein auf der Vermutung beruht, der Handelspartner sei stark genug, um eine Bewegung anzustoßen. Der immense Zeitdruck bei derartigen Aktionen – oft muss sekundenschnell entschieden werden – führt dazu, dass die Handlungsalternativen und deren Konsequenzen nicht durchdacht, sondern lediglich instinktiv gegeneinander abgewogen und ausgeführt werden können.

Um aus aufgezwungenen Engagements zumindest ohne Schaden herauskommen zu können, werden Devisenkurse mit Spannen (d. h. mit einem An- und einem Verkaufskurs) quotiert, wobei allerdings nicht garantiert ist, dass der Händler diese Spanne tatsächlich verdient. Sie hat lediglich eine Schutzfunktion, da man nicht weiß, wie der Kontrahent reagieren wird. Ob er kauft oder verkauft. In den Devisenmärkten sind diese Spannen aufgrund des starken Wettbewerbs in liquiden Märkten gerade in jüngster Zeit sehr stark geschrumpft, so dass ein Händler eigentlich froh sein muss, wenn er überhaupt noch profitabel arbeiten kann. Breitere Spannen sind nur noch in weniger liquiden Märkten vorzufinden, wo das Risiko, überhaupt genügend Partner für die Glattstellung einer Position zu finden, aber auch erheblich größer ist.

Etwas günstiger ist dagegen der kurzfristig agierende Händler gestellt, der selbst entscheiden kann, ob und wann er ein Engagement eingeht. Aufgrund vorher verarbeiteter Informationen sollte er eine verhältnismäßig klare Vorstellung haben, mit welcher Wahrscheinlichkeit und in welchem Ausmaß zum Beispiel der Euro steigen oder fallen kann. Gefragt nach der Eintrittswahrscheinlichkeit des angestrebten Gewinns, wird er mit gehörigem Selbstvertrauen einen Wert zwischen 70 und 80% angeben, der jedoch im Gegensatz zu einer Wette mit feststehenden Wahrscheinlichkeiten absolut subjektiv ist. Er dürfte in der Regel aufgrund der Neigung zur Überbewertung der eigenen Fähigkeiten (vgl. Overconfidence) mit seiner Einschätzung eher zu hoch liegen.

Manchmal hat er aber tatsächlich Trefferquoten, die um 80% herum liegen. Der wesentliche Grund dafür liegt jedoch eher darin, dass Gewinne im Vergleich zu Verlusten viel zu früh realisiert werden. Wenn man beispielsweise jedes Mal seine Buchgewinne schon nach einer Kursentwicklung von 0,5% realisiert, auf der anderen Seite aber bereit ist, Verluste auf drei Prozent anwachsen zu lassen, sind hohe Trefferquoten nicht erstaunlich. Eine Bewegung von 0,5% des Kurswertes einer Devise entsteht eben häufiger als eine dreiprozentige Veränderung in eine Richtung.

Tipp:

Bedenken Sie, dass eine hohe Trefferquote bei Ihren Transaktionen noch keine Garantie für hohe Gewinne ist.

Erstaunlicherweise haben viele Händler vor Begründung eines Engagements keine konkrete Vorstellung darüber, wie hoch der angestrebte Gewinn sein soll. Oftmals werden für kurzfristige Engagements mittelfristige, meist technisch orientierte Analysen verwandt, vielfach jedoch in der (meist vermeintlichen) Hoffnung, dass sich deren Kursziele schnell, möglichst schon innerhalb von zwei bis drei Stunden erfüllen.

Wie der Teilnehmer an einer der oben gezeigten Wetten hat auch der kurzfristig orientierte Händler einen Bezugspunkt, bevor er ein Engagement eingeht, nämlich den Betrag, den er in einem bestimmten Zeitraum verdienen muss: sein Budget. Mit der Erfüllung der Vorgabe hat der Akteur sein Soll erreicht und besitzt dann sozusagen ein ausgeglichenes Konto. Somit befindet sich der Referenzpunkt seiner Performance genau an der Knickstelle der Wertfunktion, – im Ursprung. Daher liegt der Händler zu Beginn der Handelsperiode mental von vornherein „hinten".

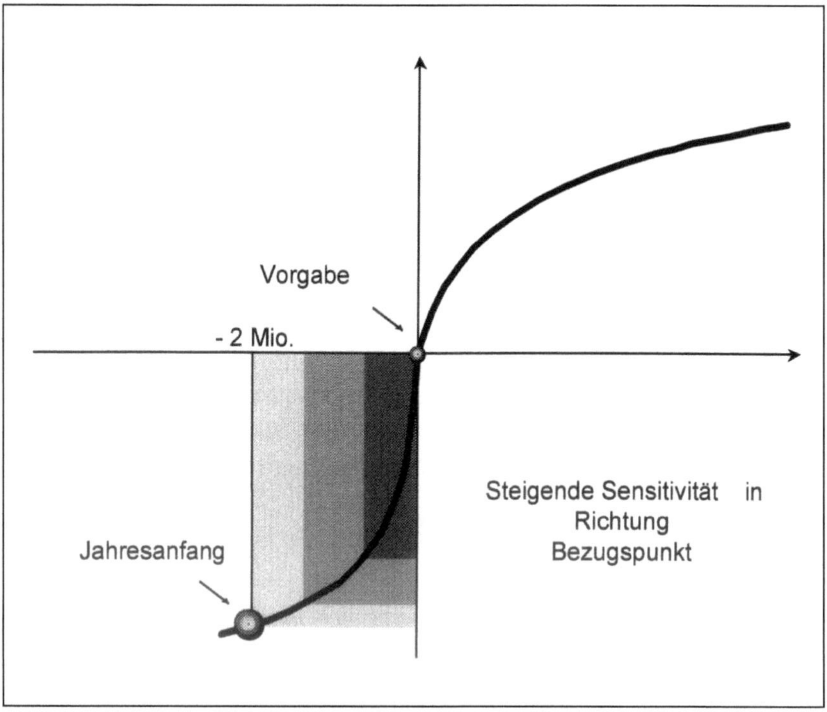


Abbildung 7-1: Beispiel einer hypothetischen Wertfunktion mit einer Performancevorgabe von 2 Mio. Euro. Man beachte, dass das Gewinnziel als Bezugspunkt angesehen wird.

Lautet seine Vorgabe beispielsweise, 2 Mio. Euro pro Jahr verdienen zu müssen, beginnt er mental im Verlustbereich der Wertfunktion mit einem Saldo von minus 2 Mio. Euro, obwohl die reale Ausgangsbasis der Performance am Anfang des Betrachtungszeitraums (z. B. der Jahres-, Monats- oder Tagesbeginn) eigentlich bei Null steht. Die Vorgabe eines Gewinnzieles bewirkt also eine Verschiebung des Bezugspunkts.

Trotzdem gilt anfangs, vor allem aber am Monats- oder Jahresbeginn, bei vielen Händlern die Devise: „Nur nicht gleich einen Verlust einfangen“. Die meisten beginnen deswegen lieber mit kleinem Volumen. Vielleicht werden daher Handelsentscheidungen auch mit größerer Sorgfalt als normalerweise üblich vorbereitet. Man macht sich ein genaues Bild vom Markt, nimmt den Rat Dritter häufiger als sonst in Anspruch. Und nur, wenn man sich seiner Sache „ganz sicher ist“, geht man eine erste Position ein, man kauft beispielsweise 10 Mio. Euro zum Preis X, der 1,0800 Dollar lauten soll. Denn Analysen besagen, dass alsbald mit einem Anziehen des Euro auf 1,1000 Dollar zu rechnen sei. Gleichzeitig mit Eröffnung der Position tritt die Gesamtperformance im Bewusstsein des Akteurs in den Hintergrund: Denn ein neuer Bezugspunkt, der Einstandspreis des Engagements verdrängt den ursprünglichen Referenzpunkt. Im Geiste wird also ein neues „Konto“ eröffnet (vgl. Abschnitt über Mental accounting).

Tipp:

> Halten Sie Ihre Handelsvolumina möglichst konstant. Seien Sie im Januar genauso mutig wie im Juli. Auf keinen Fall sollte das Tradingvolumen aufgrund einer Erfolgsserie drastisch erhöht und nach einer Negativserie extrem verringert werden.

Der Einstandspreis der Position stellt – wie bereits beschrieben – die Grenze zwischen Erfolg und Misserfolg, zwischen anerkennendem Neid und gönnerhaftem Mitleid der Kollegen dar. Er wird das zukünftige Verhalten des Akteurs genauso wie den Probanden beeinflussen, der zwischen einem sicheren Gewinn oder einer Chance mit einer bestimmten Eintrittswahrscheinlichkeit (bzw. die Entscheidung zwischen einem sicheren Verlust oder einem bestimmten Risiko) zu wählen hat.

## 3.1 Verhalten bei Gewinnen

Angenommen, der Kurs des Euro stiege um 0,0050 Dollar, also um eine relativ kleine Differenz, so stellt sich für den Händler die Frage, ob er diesen Buchgewinn realisieren soll oder nicht, selbst wenn er ursprünglich vielleicht eine Kursveränderung von zwei Cents ins Auge gefasst hatte.

---

Denn es besteht die Wahl zwischen:

a) einem sicheren Gewinn von 0,0050 Dollar pro Euro, das sind im Falle der Positionsglattstellung 50.000 Dollar bei 10 Mio. EURO

und

b) einer Chance, insgesamt 0,0200 Dollar pro Euro zu verdienen (das wären im Falle, dass das geplante Kursziel tatsächlich erreicht würde, 200.000 Dollar), gewichtet mit einer Wahrscheinlichkeit, aber ebenfalls verbunden mit dem Risiko, womöglich alles wieder zu verlieren.

---

Die Alternative b) kann für den Händler insofern ein Problem darstellen, als er möglicherweise die Eintrittswahrscheinlichkeit seines Kursziels (im Gegensatz zum Lotteriespiel, wo diese Wahrscheinlichkeit von vornherein feststeht) aufgrund neuer Informationen erneut schätzen und die Beweggründe für das ursprüngliche Engagement gegebenenfalls überprüfen muss. In den meisten Fällen bleibt allerdings kaum Zeit, lange nachzudenken, da sich die Kurse viel zu schnell ändern können. Nicht nur aufgrund des emotionalen Zustands „Freude“, sondern auch wegen einer veränderten und stark vereinfachten Risikowahrnehmung wird sich die Mehrheit der Akteure für den sicheren Gewinn entscheiden. Es besteht zwar die Chance, dass der Markt tatsächlich noch die 0,0150 Dollar zurücklegt und somit das vom Entscheider angestrebte Kursziel von 0,0200 Dollar erreicht. Sie wird jedoch meist für geringer gehalten als das

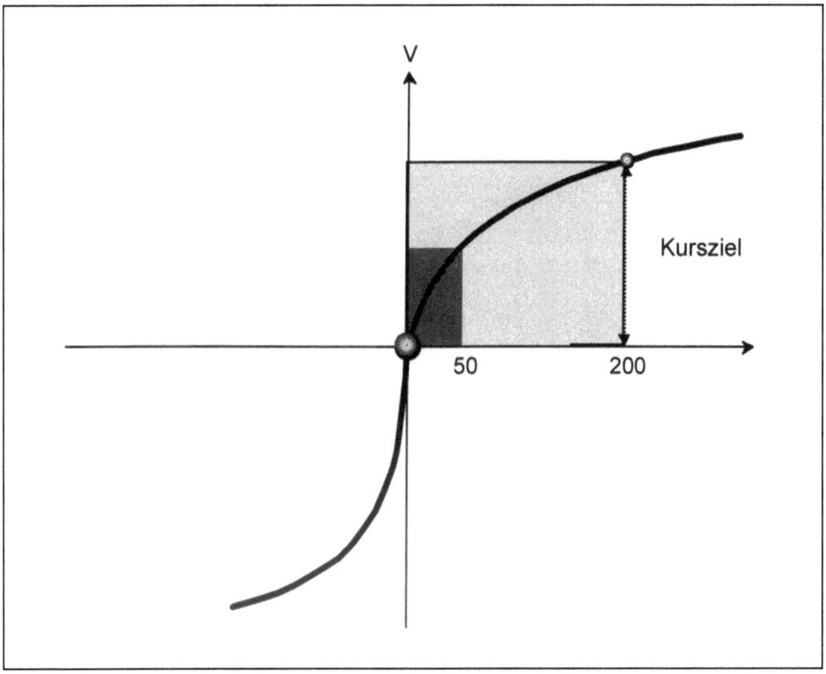


Abbildung 7-2: Gezeigt wird die hypothetische Wertfunktion eines Händlers. Das Engagement befindet sich im Gewinnbereich. Betrachtet man den auf der Ordinate (v) abgetragenen Wert für die ersten 50 Stellen Profit, so wird erkennbar, dass in diesem Fall die restlichen (nur wahrscheinlichen) 150 Stellen wegen der abnehmenden Sensitivität kaum schwerer wiegen.

Risiko, dass die Kurse wieder um 0,0050 Dollar auf den Einstandspreis, also den Bezugspunkt, zurückfallen und der bereits entstandene Buchgewinn wieder verloren geht. Für den Akteur ist der Einstandspreis wesentlich näher als das Kursziel.

Dabei spielt der Faktor Zeit eine sehr wichtige Rolle. Befindet sich nämlich ein Engagement im Gewinnbereich, so wird Zeit gewissermaßen als Bedrohung erlebt: Bereits aufgelaufene Buchgewinne könnten bei längerem Zuwarten wieder dahinschmelzen, während die ohnehin noch unsicheren Gewinne durch die ungewisse Zukunft noch zusätzlich abgewertet (diskontiert) werden. Man wird ungeduldig. Deswegen kann man davon ausgehen, dass ein ursprünglich gewähltes Kursziel vom Akteur immer näher an das gerade gehandelte Kursniveau „herangezogen wird".

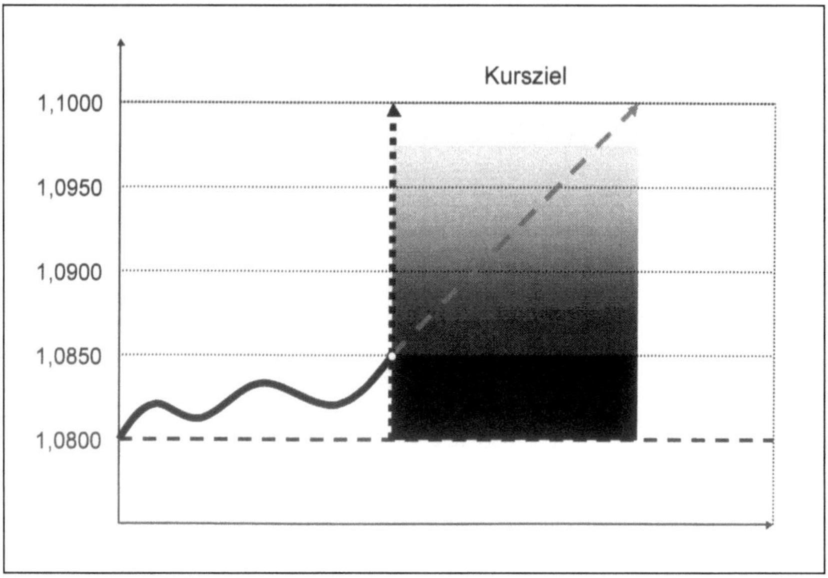


Abbildung 7-3: Eine andere Sichtweise desselben Engagements: Die Position befindet sich mit einem Einstandspreis von 1,0800 Dollar nach einer gewissen Zeit mit 50 Stellen im Gewinnbereich, die bei Glattstellung einen sicheren Profit von 50.000 Dollar bedeuten würden.

Wenn es gilt, die Eintrittswahrscheinlichkeit des Risikos zu bewerten, dass die Kurse tatsächlich wieder auf den Einstandspreis zurückfallen, gehen die Händler nach unseren Beobachtungen wie folgt vor: Vor allem wenn seit der Positionseröffnung bereits einige Zeit verstrichen ist, was am Selbstvertrauen des Akteurs genagt haben könnte, setzt er die Wahrscheinlichkeit für einen Rückschlag wesentlich höher als 50%, und somit die Eintrittswahrscheinlichkeit des ursprünglich geplanten Gewinnzieles für erheblich niedriger als 50% an. Man denkt: „Bis zum Kursziel ist der Weg noch lang“ (genau genommen drei Mal so weit wie bis zum Einstandspreis). Eine erneute eingehende Überprüfung der Eintrittswahrscheinlichkeiten – zum Beispiel unter Zuhilfenahme weiterer Analyseergebnisse – findet hierbei meist nicht statt. Die Hoffnung, beispielsweise nur weitere 50.000 Dollar zu verdienen, ist wegen der abnehmenden Sensitivität auf jeden Fall kleiner als die Angst, bei einem Verlust den bereits aufgelaufenen Buchgewinn von 50.000 Dollar wieder zu verlieren. „Lieber den Spatz in der Hand..., wer weiß, was noch alles passieren

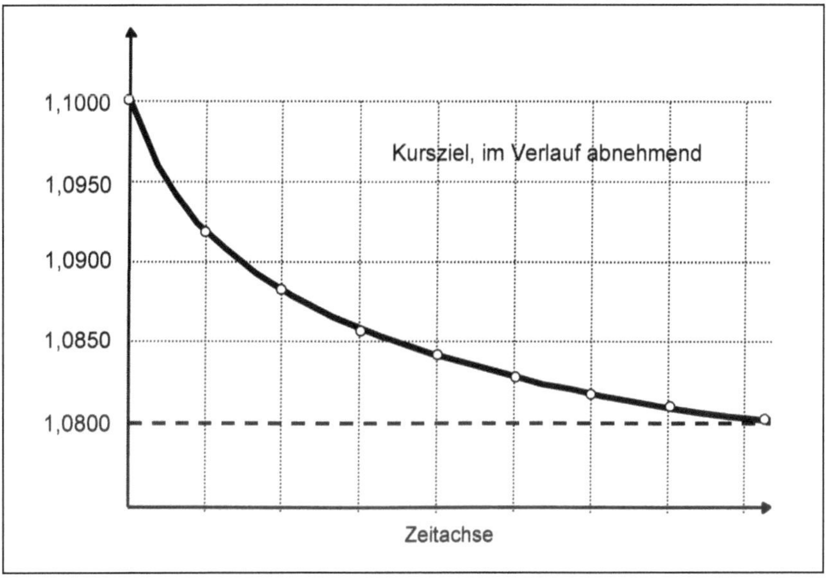


Abbildung 7-4: Gezeigt wird ein hypothetisches Engagement, dessen Einstandspreis bei 1,0800 Dollar liegt. Das Kursziel (dicke Linie) wurde auf 1,1000 Dollar gesetzt. Mit fortschreitender Zeit (vor allem am Anfang) besteht die starke Neigung, die Zielmarke immer mehr zurückzunehmen, so dass man am Ende sogar bereit wäre, das Engagement mit pari glattzustellen.

kann" – diese Sätze hört man in solchen Situationen immer wieder. Man ist sich der Risiken bewusst, das heißt, man verhält sich risikoavers.

Tipp:

Stellen Sie nie ein Engagement glatt, weil Sie die Geduld verlieren oder mit längerem Warten auf Gewinn immer ängstlicher geworden sind.

Psychologisch günstiger stellt sich die Situation dar, wenn der Händler den Buchgewinn schon etwas weiter laufen gelassen hat, etwa auf 0,0080 Dollar, das wären bei 10 Mio. Euro immerhin 80.000 Dollar. Bis zum ursprünglich gewählten Kursziel fehlten in diesem Fall nur noch 0,0120 Dollar. Trotzdem würde auch hier das Risiko eines Rückschlags stärker wahrgenommen als die Chance, das Kursziel tatsächlich zu erreichen, da der gegenwärtige Kurs immer noch näher am Einstandspreis (Referenzpunkt) der Position als an der Zielmarke liegt.

**Tipp:**

Falls Sie Gewinne vor Erreichen Ihres ursprünglich gewählten Kursziels realisieren möchten, stellen Sie sich vor, dass Sie genau die umgekehrte Position eingegangen wären. Statt „long" wären Sie „short" (oder umgekehrt). Sie hätten also statt eines Gewinnes einen Buchverlust erlitten. Würden Sie diesen Verlust gerade jetzt realisieren wollen?

Die Gefahr der vorschnellen Gewinnmitnahme verringert sich jedoch erst dann deutlich, wenn von dem ursprünglichen erhofften Kurspotential mehr als die Hälfte – in unserem Beispiel sind das 0,0100 Dollar – erreicht worden ist, da die Entfernung des laufenden Kurses zum Bezugspunkt Einstandspreis erstmals größer als die Distanz zur Zielmarke ist. Somit wird das Risiko eines Rückschlags intuitiv geringer als die Chance auf den vollen Gewinn eingeschätzt, überwiegt also die Hoffnung die Angst. Dessen ungeachtet bleibt die Tendenz zur Realisierung des Buchgewinns bestehen.

Hat sich der Händler bei Eingehen der Position gar keine Zielmarke gesteckt, so wird die Tendenz zur (vor)schnellen Gewinnmitnahme bestehen bleiben, da immer nur die Gefahr eines Rückschlags mit der Realisierung der Position verglichen wird und aufgrund der abnehmenden Sensitivität zusätzliche Gewinne nicht so schwer wiegen wie die Angst, bereits Erreichtes wieder hergeben zu müssen.

## 3.2 Verhalten bei Verlusten

Anders sieht die Situation auf der Verlustseite aus. Man stelle sich vor, der Euro fällt um 0,0050 Dollar unter den Einstandspreis von 1,0800 Dollar. Wieder hat der Händler die Wahl zwischen einer sicheren Alternative, der Positionsglattstellung, und einem Ereignis mit ungewissem Ausgang:

---

Er muss sich entscheiden zwischen

a) einem sicheren Verlust von 0,0050 Dollar pro Euro, das ist im Falle der Positionsglattstellung ein Minus von 50.000 Dollar bei 10 Mio. Euro

und

b) der Chance, womöglich nichts zu verlieren, verbunden mit dem Risiko, noch tiefer ins Minus abzurutschen, gewichtet mit einer Wahrscheinlichkeit, die man noch abschätzen muss.

---

Doch vielleicht läuft der Händler Gefahr, wenn er weiter abwartet, ein tägliches Meldelimit zu erreichen, was er sofort seinem Vorgesetzten mitzuteilen hätte. Auf der Gewinnseite gibt es eine derartige Benachrichtigungspflicht gegenüber den Vorgesetzten nicht; größere Verluste müssen indes stets gemeldet werden. Häufig stellen solche Grenzen, die man sich im Übrigen auch selbst setzen kann, auch gleichzeitig den Punkt dar, bei dem das Engagement auf jeden Fall glattgestellt werden muss.

Tipp:

Setzen Sie sich v o r der Transaktion ein Verlustlimit, das Sie unter keinen Umständen überschreiten werden.

Angenommen, ein solches Limit läge bei 200.000 Dollar, also 0,02 Dollar auf 10 Mio. Euro.[3] In der Praxis bedeutet dies, dass der Händler bei einem Einstandspreis von 1,0800 Dollar spätestens bei Kursen von

[3] Dabei ist anzumerken, dass der Betrag von 0,02 Dollar lediglich aus Gründen der Vergleichbarkeit mit der Gewinnseite gewählt wurde; in der Realität können diese Limite auch anders bemessen sein

1,0600 Dollar reagieren müsste. Das Risiko der Alternative b) wird somit zumindest wertmäßig quantifizierbar; die Eintrittswahrscheinlichkeit ist indes nach wie vor nur subjektiv erfassbar. Somit steht der Händler vor der Wahl einer Verlustrealisierung von 50.000 Dollar einerseits und der Chance, den Verlust wieder wettzumachen, verbunden mit dem Höchstrisiko, im schlimmsten Fall 200.000 Dollar zu verlieren. Besteht dagegen ein Verlust- beziehungsweise Meldelimit nicht (dies gilt vor allem für alle Marktteilnehmer, die eigenverantwortlich handeln!), ist die Gefahr groß, dass die Verluste im ungünstigen Fall in anfangs ungeahnte Höhen schnellen können.

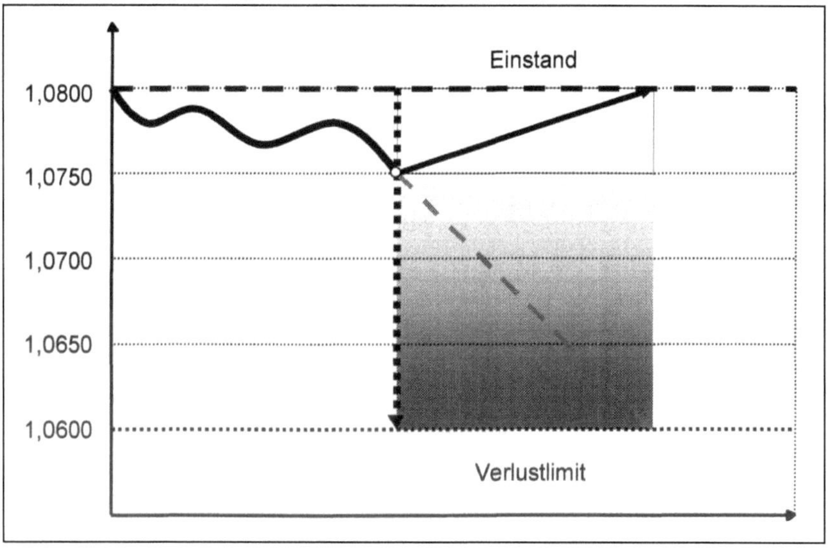


Abbildung 7-5: Gezeigt ist ein Engagement mit Einstandspreis bei 1,0800 Dollar, das um 50 Stellen in den Verlustbereich abgerutscht ist. Der Abstand zum Einstandspreis wird als geringer wahrgenommen als das Eventualrisiko, das Verlustlimit zu erreichen.

Die Möglichkeit, dass der Einstandspreis wieder erreicht werden kann, wird dabei intuitiv erheblich höher eingeschätzt als das Risiko, tatsächlich einen Verlust von 200.000 Dollar realisieren zu müssen. Schließlich ist der Weg von 0,0050 Dollar in Richtung Einstandspreis (Bezugspunkt) leichter zurückzulegen als eine Strecke von weiteren (unsicheren) 0,0150 Dollar in die falsche Richtung. Und auch hier ist die Zeit im Spiel. Dieses

Mal als guter Freund, denn nur sie macht es möglich, dass Marktteilnehmer Buchverluste wieder wettmachen können. Warten könnte sich auszahlen, während die ohnehin noch unsicheren Verluste als eine etwaige Gefahr, die überdies erst in ferner Zukunft liegt, zusätzlich abgewertet werden. Man ist geduldig mit sich – solange noch Hoffnung besteht, den Einstandspreis wieder zu erreichen. Gemäß der ihm eigenen Logik wird der Händler die Wahrscheinlichkeit des „günstigen Ereignisses" mindestens mit 50% angegeben, das Risiko eines Totalverlustes schätzt er folglich mit höchstens 50% ein. Mit einer gehörigen Portion Selbstvertrauen (vor allem wenn die bislang aufgelaufenen Verluste nur langsam entstanden sind) wird er diese Wahrscheinlichkeit in der Realität jedoch für noch weit geringer halten. Man hatte ja schließlich jede Menge einleuchtende Argumente dafür, das Engagement einzugehen, und verfügt normalerweise über eine hohe Trefferquote.

Tipp:

> Verschwenden Sie keine Zeit mit schiefen Positionen. Bedenken Sie, dass Ihr Geld währenddessen für andere, ertragreichere Geschäfte blockiert ist.

Genausowenig, wie sich die Probanden in den in Kapitel 4 gezeigten Experimenten mit einem sicheren Verlust abfinden wollten, sind auch die meisten Händler nicht dazu bereit. Verluste werden nicht realisiert, da sich fast alle an das Prinzip Hoffnung klammern und fest daran glauben, dass sich das Ganze doch noch zum Guten wenden wird. Auf der negativen Seite vom Einstandspreis zeigt sich die Mehrheit äußerst risikofreudig. Dies wird auch durch neuere Experimente unter Devisenhändlern belegt, bei denen in einer vergleichbaren Situation gut 70% der Befragten ein derartiges Verhalten an den Tag legten (Oberlechner & Hockin, 1997).

In einer solchen Situation ist es dann auch verständlich, wenn der Akteur den Abstand zwischen Einstandspreis und aktuellem Kurs verringern möchte, um seinen Glauben daran zu stärken, dass er seine Position ohne Verlust glattstellen wird. Dieses Ziel kann er erreichen, indem er Euro zu seinem bereits bestehenden Engagement hinzukauft („Mischen"). Auf diesem Wege würde er außerdem die als Reaktion auf den Buchverlust empfundenen Dissonanzen (unter Inkaufnahme eines erhöhten Commit-

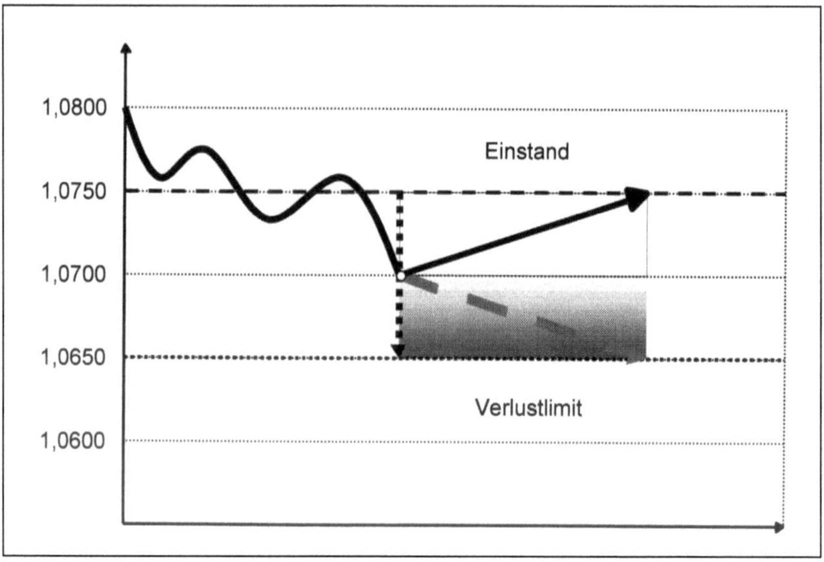


Abbildung 7-6: Durch Kauf weiterer 10 Mio. Euro bei 1,0700 USD wurde der Einstandspreis von 1,0800 auf 1,0750 USD verbessert. Gleichzeitig hat sich die Verlustbegrenzung von 1,0600 auf 1,0650 USD verringert.

ments!) verringern. Denn falls er beispielsweise seine Position von 10 Mio. auf 20 Mio. Euro verdoppelte, würde sich gleichzeitig die Distanz zwischen dem aktuellen Kurs und dem Einstandspreis um die Hälfte verringern. Kaufte der Händler etwa weitere 10 Mio. Euro mit beispielsweise 1,0700 Dollar hinzu, könnte er den Einstandspreis von ursprünglich 1,0800 auf 1,0750 Dollar „verbessern". Auf der anderen Seite würde das Verlustlimit jedoch schon nach 0,01 Dollar (das sind 200.000 Dollar bei 20 Mio. Euro) erreicht werden; das entspräche einem Kurs von 1,0650 statt 1,0600 Dollar. Der Bezugspunkt Einstandspreis ist damit im Verhältnis zum Verlustlimit genausoweit entfernt wie vorher. Das Erstaunliche: Die meisten Händler würden sich in dieser Situation damit zufriedengeben, den Einstandspreis wieder zu erreichen, und sofort aussteigen. Dass sie damit mit ihrem Engagement praktisch bei Null angelangt sind, scheint sie indes wenig zu stören, nach dem Motto: „Ich bin noch einmal mit einem blauen Auge davongekommen."

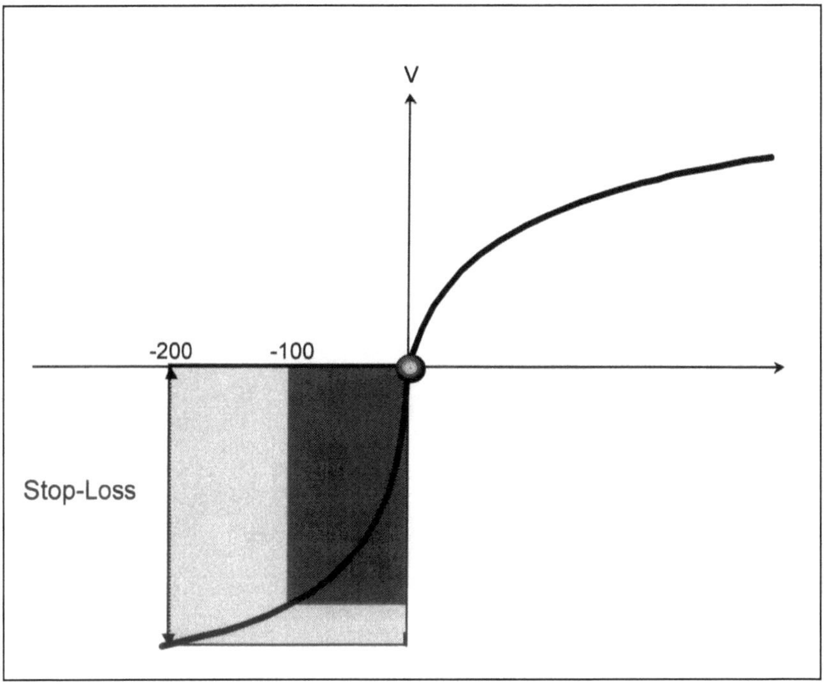


Abbildung 7-7: Noch einmal eine hypothetische Wertfunktion. Der Kurs liegt mit 100 Stellen (0,0100 USD) im Verlustbereich. Ein Verlust von weiteren 100 Stellen würde - wie die helle Schraffierung an der Ordinate zeigt - nur mit abnehmender Sensitivität wahrgenommen.

Tipp:

Erhöhen Sie Ihr Engagement nicht durch „Dazumischen" weiterer Positionen, wenn Sie in den Verlustbereich geraten sind. Ihr Einstandspreis verbessert sich nur „durchschnittlich", Ihr Handelsvolumen wächst indes beträchtlich.

Die abnehmende Sensitivität bestätigt die Neigung der Händler, Verluste „laufen zu lassen", denn sie bewirkt, dass zusätzliche Verluste, die durch „Offenlassen" der Position entstehen könnten, nicht so stark empfunden werden wie mögliche Kursgewinne, die zum Einstandspreis zurückführen. Diese Verhaltensweise wurde im Übrigen durch den Sunk-cost-Effekt beschrieben. Eine Erhöhung der „schiefen" Position durch

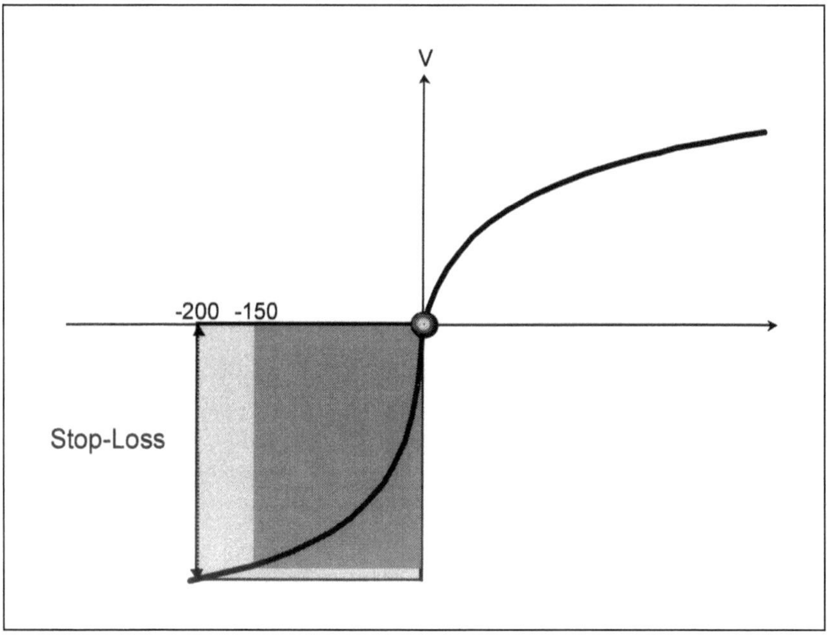


Abbildung 7-8: Die hypothetische Wertfunktion zeigt: „Auf die letzten 50 Stellen (helle Schraffur) kommt es jetzt auch nicht mehr an“

das sogenannte Hinzumischen stellt das Engagement im Gesamtergebnis nicht besser dar, es sieht lediglich besser aus, weil der aktuelle Kurs wieder näher am (neuen) Einstandspreis liegt.

Die Tendenz, Verlustpositionen laufen zu lassen, verändert sich auch nicht, wenn sich der laufende Kurs näher am Verlustlimit als am Einstandspreis befindet, wenn etwa in obigem Beispiel der Euro bei einer Positionsgröße von 10 Mio. Euro um mehr als 0,01 Dollar, also unter 1,0700 Dollar fallen würde. Denn zusätzliche Verluste würden immer noch geringer als wettgemachter Boden bewertet werden.

Die Risikofreude lässt erst nach, wenn der Verlust eine Größenordnung erreicht hat, die sehr nahe am meldepflichtigen Verlustlimit liegt. Dies möchte man verständlicherweise auf jeden Fall vermeiden, zumal ein unzulässiges Überschreiten dieses Limits normalerweise mit Sanktionen einhergehen kann, die den weiteren Verlauf der Wertfunktion in einen Bereich führen können, der mit dem in Kapitel 4 gezeigten vergleichbar wäre.

## 3.3 Zum Verhalten nach der Glattstellung und der Einfluss der Performance auf zukünftiges Risikoverhalten

Mit der vollständigen Glattstellung des Engagements verliert der Bezugspunkt „Einstandspreis“ seine Bedeutung – er ist nicht mehr vorhanden, und das mentale Konto „Euro-Dollar-Position“ wird geschlossen. Dafür tritt der ursprüngliche Referenzpunkt, die Gesamtperformance des Händlers, wieder in den Vordergrund: Der neue Gewinn beziehungsweise Verlust muss mit dem mentalen Konto „Performance“ – auf diesem werden alle Einzelgewinne und -verluste verbucht – verrechnet werden.

Wie alle anderen mentalen Konten unterliegt auch dieses den typischen Gesetzmäßigkeiten, wie sie die um den Bezugspunkt geknickte Wertfunktion darstellt, das heißt, dass Verluste schwerer als Gewinne in gleicher Höhe wiegen und je weiter entfernt sie vom Bezugspunkt liegen, immer weniger wahrgenommen werden. Somit hat der Stand dieses Kontos wesentlichen Einfluss auf die zukünftige Risikofreude beziehungsweise -aversion des Händlers und somit auch auf die Höhe späterer Engagements.

Tipp:

Wählen Sie von Anfang an eine Positionsgröße, mit der Sie auch über längere Durststrecken (Verlustphasen) hinweg arbeiten können, ohne dabei in belastende Stresssituationen zu geraten.

Befindet sich das Konto „Performance“ in der Gewinnzone, müsste der Händler dazu tendieren, seine Risiken zu verringern, er müsste sich also risikoavers verhalten: Zusätzliche Gewinne bei gleichbleibender Positionshöhe würden nicht mehr so stark empfunden wie bisher. Weist das Konto indes einen Verlust auf, müsste sich die Risikofreude des Akteurs erhöhen, da er bis zum Bezugspunkt die wettgemachten Verluste mit wachsender Aufmerksamkeit wahrnähme, zusätzliche Verluste jedoch wegen der abnehmenden Sensitivität nicht mehr als so schwerwiegend empfände.

Tipp:

**Auch wenn es schwer fallen sollte: Halten Sie Ihre Positionsvolumina konstant. Erhöhen Sie nicht Ihre Aktivitäten, weil Sie in jüngster Zeit besonders erfolgreich waren.**

Wie eingangs erwähnt, wird der Bezugspunkt des Kontos „Performance" bei den meisten Händlern allerdings nicht durch die Nullinie, sondern durch die Gewinnvorgabe des Unternehmens (hier eine Bank) dargestellt. Deswegen wird sich der Händler auch nach einem ersten erfolgreichen Trade meist mental noch in der Verlustzone befinden, es sei denn, der erste Gewinn des Betrachtungszeitraums würde sofort das Budget erfüllen. Somit ist es nicht erstaunlich, dass man sich weiterhin risikofreudig zeigt, zumal eine Serie kleiner erfolgreich abgeschlossener Positionen das Selbstvertrauen und in der Folge die Positionsgröße sogar deutlich erhöhen dürfte. Man denke nur an die in dieser Situation häufig auftretende Gier des in Kapitel 2 dargestellten Devisenhändlers, aber auch an das Bestreben, die Gewinnvorgabe möglichst schnell zu erfüllen.

Ist der Bezugspunkt „Budget" (er liegt im Ursprung der hypothetischen Wertfunktion) einmal erreicht, wird sich der Händler normalerweise nicht mehr risikofreudig, sondern aufgrund der nun abnehmenden Sensitivität risikoavers verhalten, er wird seine künftigen Engagements also eher verkleinern: Er wird zusätzliche Gewinne nicht mehr so intensiv wahrnehmen wie zuvor, da sich seine Performance nunmehr im positiven Bereich der Wertfunktion befindet. Auf der anderen Seite würde ein Abgleiten der Performance unter den Bezugspunkt erheblich stärker empfunden als eine Aufwertung der Gewinnseite um den gleichen Betrag.

Eine Befragung von Devisenhändlern für eine Studie offenbarte jedoch noch einen anderen Effekt: So stellte sich heraus, dass die Risikofreude bei den meisten Händlern nach einer Serie von Verlusten deutlich nachlässt (Oberlechner und Hockin 1997). Dies ist aber leicht erklärbar. Zum einen stellt sich bei mehreren Verlusten hintereinander ein starkes Kontrolldefizit ein: Der Akteur erkennt, dass er die Situation nicht so unter Kontrolle hat, wie er es angenommen hatte. Zum andern muss man sich vor Augen halten, dass die Verlustlimits der meisten Händler relativ eng bemessen sind. Obgleich sie im negativen Bereich eine steigende Anzahl von Verlusten

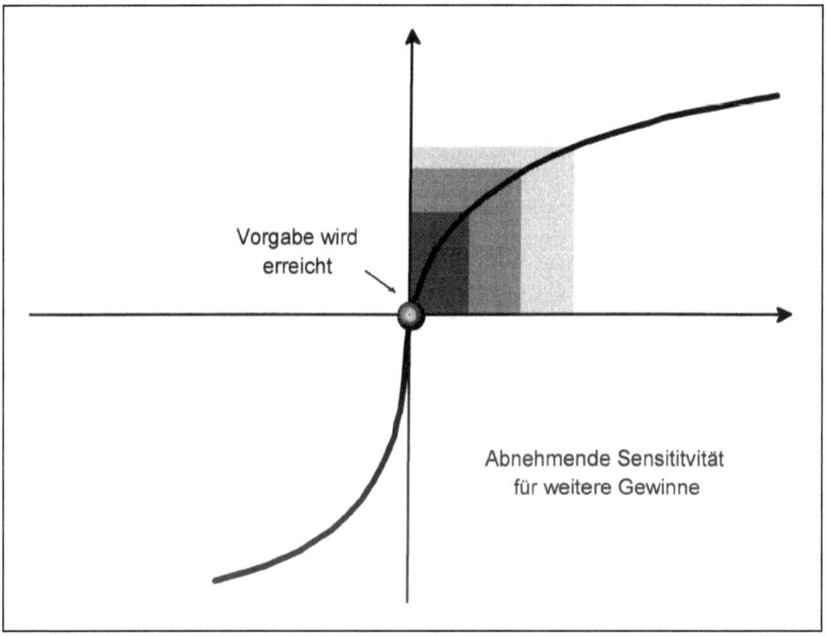


Abbildung 7-9: Eine hypothetische Wertfunktion: Das Budget wird erreicht. Die grauen Felder zeigen mögliche Performancezuwächse oberhalb des Gewinnziels an. Jede Graustufe markiert einen zusätzlichen Gewinn, der mit abnehmender Sensitivität wahrgenommen wird und daher zur Risikoaversion führt.

mit abnehmender Sensitivität wahrnehmen müssten, stellt sich bei ihnen ab einer gewissen Größenordnung aufgrund des nahen Limits, das mit dem „Konkurs" eines Unternehmens oder mit der Einstellung jeglicher Handelsaktivität vergleichbar ist, extreme Verlustaversion ein (vgl. auch Kapitel 4). Man möchte und darf diese Verlustgrenze unter keinen Umständen überschreiten, so dass man bereits vorher durch drastische Verkleinerung der Positionen diesem Risiko aus dem Weg gehen wird.

Tipp:

Bedenken Sie immer: Wenn Sie nach einer Serie von Verlusten Ihre Positionsgrößen verringern, werden Sie erfahrungsgemäß Ihren Negativsaldo erst nach langer Zeit wieder ausgleichen. Dieses Vorhaben kann mühsam und frustrierend sein.

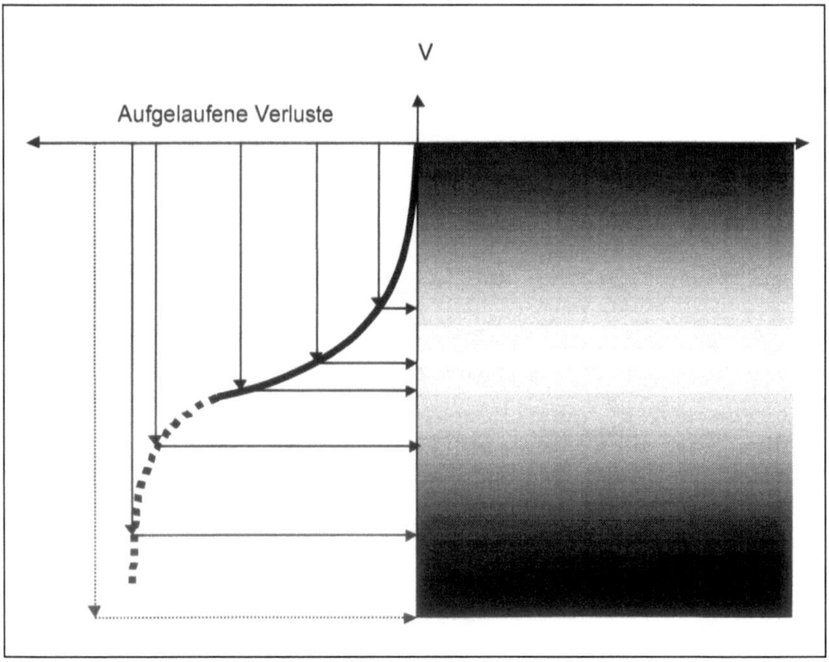


Abbildung 7-10: Gezeigt wird eine hypothetische Wertfunktion, wie sich eine Gewinnvorgabe zu Beginn des Jahres darstellen kann. Je dunkler das Feld, desto stärker die Wahrnehmung von Gewinnen in der Nähe des Gewinnziels, bzw. von Verlusten in der Nähe des Limits.

Die Verhaltensweise, nach einer Serie von Gewinnen Positionen zu erhöhen beziehungsweise nach einer Serie von Verlusten zu reduzieren, hat gravierende Auswirkungen auf den Erfolg eines Marktteilnehmers, vor allem, wenn er hohe Trefferquoten aufgrund verfrühter Gewinnmitnahmen und einer zu großzügig bemessenen Verlustbegrenzung gewohnt ist. Das kann bedeuten, dass der Händler bereits nach einer kurzen „Serie" kleinerer Gewinne sein Handelsvolumen erhöht. Erleidet er dann einen oder zwei Verluste mit der erhöhten Position, machen diese dann um so höheren Verluste die zuvor entstandenen Gewinne nicht nur mit Leichtigkeit zunichte, sondern führen schnell zu einem stattlichen Gesamtverlust. Ein paar unglückliche Transaktionen lassen den Gesamtverlust gar derart anschwellen, dass man bedrohlich in die Nähe des von der Geschäftsleitung vorgeschriebenen Verlustlimits rückt. Deswegen beschließt man, von nun an (oder ein Böses ahnender Vorgesetzter schreibt dies vor) nur noch mit sehr kleinen Handelsvolumina zu arbeiten, die vielleicht lediglich ein Viertel der ursprünglich gewählten Positionshöhe betragen. Daher grenzt es dann schon an ein Wunder, wenn man die negative Performance überhaupt noch ausgleichen kann.

Damit kommt den Gewinnvorgaben, die von Unternehmen gesetzt werden, eine sehr wichtige Bedeutung zu. Wird das Performance-Ziel, weil es möglicherweise zu niedrig vorgegeben wurde, sehr schnell erreicht, gerät ein Händler zu früh in den positiven Bereich der Wertfunktion und verhält sich unter Umständen zu zurückhaltend. Warum sollte er noch unnötige Risiken eingehen, wenn er sein Ziel erreicht hat und dafür gar eine (branchenübliche) Bonifikation erhält? Außerdem fragt niemand, wenn die Vorgabe erreicht wurde, ob nicht noch mehr zu erreichen gewesen wäre. Ein Händler wird daher möglichst vermeiden, ein „zu gutes" Ergebnis vorzuweisen, weil dieses künftig als neue Vorgabe beziehungsweise als neuer Bezugspunkt dienen wird. Werden dagegen Gewinnziele zu hoch angesetzt, kann dies wegen des sich abflachenden Verlaufs der Wertfunktion im negativen Bereich unter Umständen demotivierend wirken. Um aus diesem Sektor möglichst schnell herauszukommen, wird man unter Umständen bereit sein, schon am Anfang der Handelsperiode unverhältnismäßig hohe Risiken einzugehen. Ist zudem das Verlustlimit noch eng gesetzt, könnte leicht die Stimmung „Alles oder nichts, vielleicht habe ich ja am Anfang gleich Glück!" beim Händler aufkommen. Meist erfüllt sich diese Hoffnung jedoch nicht.

## 3.4 Das Verhalten mittel- und langfristig orientierter Marktteilnehmer

Auch für Marktteilnehmer mit mittelfristigem Horizont gelten die Elemente abnehmende Sensitivität, Verlustaversion und Bezugspunktabhängigkeit. Um ihren Erfolg zu messen, haben sie dieselben Referenzpunkte wie der kurzfristig handelnde Marktteilnehmer. Und last but not least unterliegen auch sie dem Dispositionseffekt und realisieren Gewinne zu früh oder lassen Verluste zu lange laufen. Einzig die absolute Höhe der Gewinne und Verluste ist meist größer – während die Proportionen zwischen Gewinnen und Verlusten die gleichen bleiben.

Betrachtet man beispielsweise einen kommerziellen, mittelfristig orientierten Teilnehmer am Devisenmarkt, so hat er die Wahl, ob er sich, sofern eine Forderung oder Verbindlichkeit in ausländischer Währung besteht, durch sofortigen Abschluss eines Termingeschäfts gegen zukünftige Kursschwankungen sichern oder ob er abwarten will. Das bedeutet, dass ein Exporteur bei Entstehen einer Forderung oder der Importeur bei Begründung einer Verbindlichkeit in Fremdwährung ein Engagement eingeht. Seine Entscheidung, sich gegen künftige Kursschwankungen abzusichern, kommt daher einer Glattstellung dieser Position gleich, deren Einstandspreis der Kurs ist, zu dem die Forderung oder die Verbindlichkeit kalkuliert wurde. Dieser Einstandspreis stellt gleichermaßen den Bezugspunkt dar, sofern der Akteur nicht sofort nach Begründung der auf Fremdwährung lautenden Forderung beziehungsweise Verbindlichkeit eine Absicherung vornimmt. Somit geht er kein Währungsrisiko ein. Schon die geringste Verzögerung zwischen Bekanntwerden und Glattstellung des Währungsrisikos – und sei es auch nur eine Minute – führt jedoch zu den bekannten Bezugspunktphänomenen.

Man stelle sich vor, ein Exporteur schließt einen Vertrag darüber ab, Waren im Werte von fünf Mio. US-Dollar in die USA zu liefern, denen ein Kalkulationskurs von 1,1000 Dollar pro Euro zugrunde liegt. Ob dieser Kurs realistisch ist, sei dahingestellt, gleichwohl wird er als zukünftiger Bezugspunkt eine wichtige Rolle spielen, sofern das Währungsrisiko nicht sofort gesichert wird. Bewegt sich nämlich der US-Dollar (verursacht durch eine unabsichtliche oder gewollte Verzögerung seit Vertragsabschluss) mittlerweile oberhalb des Kalkulationskurses, wird auch hier die Tendenz, Gewinne (zu früh) mitzunehmen, zu beobachten sein. Man bezeichnet solche Erträge, die zufällig entstanden sind, auch gerne als „Windfall Profits“. Denn eigentlich hatte man ja vor, sich konsequent gegen Kursrisiken abzusichern... Somit ist es verständlich, wenn sich der Exporteur in einer solchen Situation risikoavers verhält. Liegt der Kurs des Dollar jedoch unter dem Kalkulationskurs, wird man wohl eher risikofreudig agieren, in der Hoffnung, den Verlust wieder wettmachen zu können. Analoges gilt für einen Importeur, der eine Verbindlichkeit zu sichern hat.

Tipp:

Betrachten Sie zufällig entstandene „Windfall Profits“ nicht als außerordentlichen Gewinn, mit dem man besonders leichtsinnig umgehen kann. Denken Sie daran: Es kann auch zufällig entstandene Verluste geben, derer man sich dann nicht so leicht entledigen kann.

Oftmals werden dem Währungshändler aber auch Kalkulationskurse (vor allem in mittelständischen Unternehmen) von dritter Seite, zum Beispiel vom Vertrieb oder der Einkaufsabteilung, einfach vorgegeben. Doch stellt sich dann häufig später heraus, dass die in der Kalkulation zugrundegelegten Kurse nicht oder nicht mehr den Marktgegebenheiten entsprechen. Vielleicht wollte man das Geschäft mit dem Partner im Ausland um jeden Preis abschließen: „Soll doch der Währungsmanager sehen, wie er damit zurechtkommt. Wofür haben wir denn einen Profi eingestellt?“ Letzterer bekommt somit einfach einen Bezugspunkt von seinen Kollegen „vorgesetzt“; er muss sozusagen ein Engagement glattstellen, das er selbst eigentlich nicht zu verantworten hat.

Manchmal werden Kalkulationskurse für einen längeren Zeitraum (z. B. ein Quartal) im Voraus festgelegt, egal wie der Markt sich später entwickeln wird. Ist ein solcher Kurs zu günstig berechnet, das heißt, befindet sich der Währungsmanager bei den meisten Engagements oberhalb seines Bezugspunktes, wird er zur schnellen Absicherung neigen. Ist die Kalkulation für den Händler indes ungünstig, wird er, da er sich unterhalb des Bezugspunkts befindet, dazu tendieren, die Verluste laufen zu lassen. Die für den Währungshändler nachteiligen Kalkulationskurse können auf der anderen Seite für den Einkauf und den Vertrieb eines Unternehmens Wettbewerbsvorteile darstellen. Es scheint jedoch fraglich, ob die dort entstehenden Gewinne ausreichen werden, um die Verluste auszugleichen, die entstehen können, wenn auf der „Währungsseite“ nicht diszipliniert gehandelt wird.

Bei Unternehmen, in denen das Währungsmanagement einen eigenen, vom Grundgeschäft unabhängigen Ergebnisbeitrag leisten soll, spielen ebenfalls die Verlustaversion, aber vor allem das Mental accounting eine wichtige Rolle, denn es findet wie beim kurzfristig orientierten Akteur ein Bezugspunktwechsel zwischen dem „Performancekonto“ und der gesonderten mentalen Bewertung der einzelnen „Positionskonten" statt.

Entsprechendes gilt für Investoren und Fondsgesellschaften, die sich beispielsweise in ausländischen Wertpapieren engagiert haben und damit gleichzeitig ein Währungsrisiko tragen. Der Bezugspunkt wird durch den Kurs gebildet, zu dem die ausländischen Aktien, Anleihen etc. gekauft wurden. Dabei ist zu beachten, dass durch den Erwerb der Wertpapiere selbst noch ein separates mentales Konto „Devisen" eröffnet wird.

Tipp:

Unterschätzen Sie bei Engagements in ausländischen Wertpapieren nicht das dabei möglicherweise entstehende Fremdwährungsrisiko. Behandeln Sie letzteres mit derselben Sorgfalt wie Ihr eigentliches Engagement.

Dabei sollte jedoch erwähnt werden, dass eine sinnvolle, frühzeitige Verlustbegrenzung (beispielsweise ein Stop-Loss-Verfahren) bei den Fondsgesellschaften selbst mit einer noch so guten Disziplin häufig nicht möglich ist, weil die Größe der Engagements ein schnelles Reagieren nicht ohne weiteren Schaden zulässt. Denn oft sind die Märkte nicht in der Lage, derartig hohe Volumina ohne größere Kursreaktionen aufzunehmen. Die Folge: Die Kurse rutschen weg, und das noch während der Transaktion. Auf der Gewinnseite besteht indes der Vorteil, dass große Engagements – selbst wenn man zur vorzeitigen Gewinnmitnahme neigt – vorsichtig und schrittweise glattgestellt werden können.

Auch beim Verhalten langfristig orientierter privater Investoren lässt sich eine gewisse Bezugspunktabhängigkeit beobachten, denn ganz vergessen wird man seinen Einstandspreis natürlich nie. Selbst wenn Erträge aus Kapitalvermögen nur dazu dienen sollten, trotz Inflation, dessen Substanz zu erhalten, besteht letztlich eine Gewinnerzielungsabsicht. Und obgleich der Druck des sofortigen „Gewinnenmüssens" wesentlich geringer als bei einem professionellen Händler ist, hat natürlich auch ein privates Engagement in Aktien oder festverzinslichen Wertpapieren einen Bezugspunkt mit den bekannten Konsequenzen. Allerdings geraten die Einstandspreise solcher manchmal sehr langfristigen Engagements einfach in Vergessenheit, weil das investierte Kapital beispielsweise als „Notgroschen" dient oder an die Nachkommen vererbt werden soll. Spätestens beim Erbfall spielt der Einstandspreis dann gar keine Rolle mehr Vielleicht gilt hier das Sprichwort: „Einem geschenkten Gaul schaut man nicht ins Maul“ – selbst wenn vormals Buchverluste entstanden sind, werden die Erben kein Problem damit haben, das Depot aufzulösen. Schließlich war man für dessen „Zustand“ ja nicht verantwortlich.

## 4 Aufs falsche Pferd gesetzt? – Gemischte Gefühle nach einer Entscheidung

Nach vielen Handelsentscheidungen, sei es die Eröffnung einer Position, aber auch deren Glattstellung, wird man das Gefühl haben, dass nicht alles optimal gelaufen ist. Es entsteht – vornehmlich bei verlustbringenden Engagements – die in Kapitel 5 eingehend beschriebene kognitive Dissonanz. Voraussetzung für das Entstehen von Dissonanz ist wie schon erläutert, dass ein Entscheider eine vorläufige Wahl zwischen mindestens zwei Handlungsalternativen getroffen hat und sich zu einem gewissen Grad auf diese Entscheidung festgelegt haben muss. Dies ist typischerweise bei allen selbständigen Engagements – man geht eine „Position“ ein – in den Finanzmärkten der Fall. Anders verhält es sich natürlich, wenn man lediglich einen Auftrag Dritter erfüllt oder von diesen (z. B. von Vorgesetzten) zu einer Transaktion gezwungen wird. Letzteres wäre beispielsweise der Fall, wenn ein Vorgesetzter die Glattstellung angeordnet hätte, ohne dass der Händler an der Entscheidung beteiligt gewesen war.

Wie bereits angedeutet, lässt sich Dissonanz auf zwei Wegen verringern. Entweder wird die Entscheidung revidiert. Oder man „korrigiert“ seine Einstellung (hier durch Beschaffen oder Umdeutung bestimmter Informationen) und passt sie der Realität an, die durch die vorausgegangene Entscheidung geschaffen wurde.

### 4.1 Verringerung der Dissonanz durch Revision der Handelsentscheidung

Teilnehmer an den Finanzmärkten sehen sich im Grunde täglich mit der Frage konfrontiert, ob sie ein bestehendes Engagement glattstellen sollen oder nicht. Bei offenen Engagements lösen natürlich vor allem Positionen, die in den Verlustbereich geraten sind, Zweifel und innere Zerrissenheit (dissonante Kognitionen) aus. Aber auch Gewinne können mitunter gemischte Gefühle erzeugen – zum Beispiel dann, wenn man sich für ein Währungsengagement in US-Dollar entschieden hat, eine andere Position (z. B. englische Pfunde) sich jedoch wesentlich besser entwickelt hätte. Oder wenn mit einer Position, sofern man das richtige „Timing" gehabt hätte, ein noch höherer Gewinn erzielbar gewesen wäre.

Tipp:

Konzentrieren Sie sich immer auf die Engagements, die gerade offen sind. Vergessen Sie Ihre Freunde „hätte", „könnte" und „würde".

In den meisten Fällen (sofern die Märkte nicht geschlossen oder vom Handel ausgesetzt sind) könnte man eine mit Zweifel und Reue behaftete Entscheidung revidieren, indem man das Engagement glattstellt. Wie groß der innere Widerstand gegen diesen Schritt ist, hängt nicht nur von der Höhe des materiellen Verlustes, sondern auch von der Stärke der psychischen Schmerzen ab, die einem die Realisierung des Verlustes bereiten könnte. Denn der Akteur erleidet – vor allem wenn seine Entscheidung von vielen anderen Marktteilnehmern beobachtet wird – einen Gesichtsverlust, er sieht, als ein offensichtlicher Verlierer, schlecht aus.

Deswegen wird dieser Weg, Dissonanz zu verringern, häufig gemieden, zumal man sich außerdem der Gefahr neuer Dissonanz aussetzen könnte. Dies wäre dann der Fall, wenn das Engagement zum ungünstigsten Zeitpunkt glattgestellt würde und sich die Kurse anschließend wieder in die ursprünglich erhoffte Richtung bewegten. Damit ist gleichzeitig bedingt, dass es bei jedem offenen Engagement mit Buchverlust, solange noch die Aussicht besteht, dass sich die Kurse doch noch in die richtige Richtung entwickeln, auch eine konsonante Kognition, also Hoffnung, geben muss: Glattstellung mit Verlust würde somit die Aufgabe dieses optimistischen Gefühls bedeuten. Dies gilt besonders am Anfang eine Engagements, wenn ein solcher Verlust noch relativ gering ist, denn die Hoffnung, dass dieser Eventualverlust noch einmal ausgeglichen würde, ist in diesem Stadium noch relativ groß. Der Verlust, der durch die Glattstellung der Position entstünde, wöge schwerer als die damit verbundene Aufhebung der dissonanten Kognition.

Tipp:

Orientieren Sie sich bei der Frage, ob Sie ein Engagement glattstellen oder weiterlaufen lassen sollen, nicht am Einstandspreis. Machen Sie diese Entscheidung nicht vom Ausgang früherer Transaktionen abhängig.

Befinden sich die Akteure jedoch auf der Gewinnseite, erleben sie dies als – sieht man von den oben genannten Ausnahmen ab – als konsonant, es besteht kein Grund zur Sorge. Aber eigentlich lauert permanent die Gefahr, die bereits aufgelaufenen Gewinne durch eine gegenläufige Kursentwicklung wieder zu verlieren. Und bekanntlich ist der Ärger über einen verlorenen Gewinn höher als die Freude, die man bei seiner Entstehung erlebte. Und genau diesem unangenehmen Zustand möchte jeder Marktteilnehmer am liebsten entgehen, ja, er versucht, diese nur vielleicht und dann erst in der Zukunft entstehende Dissonanz (Dissonanzantizipation) zu meiden: Kurz, in weiser Voraussicht stellt er seine Position glatt. Dies passt im Übrigen zu dem typischen Verhalten der meisten Akteure, einen sicheren Gewinn einem nur wahrscheinlichen, höheren Gewinn vorzuziehen.

Tipp:

Lassen Sie sich auf der Gewinnseite nicht durch gegen Sie laufende Korrekturbewegungen irritieren. Korrekturen sind in einem gesunden Trend immer vonnöten, sollten Sie aber nicht zu einer vorschnellen Gewinnmitnahme verleiten.

Trägt die Kursentwicklung nach der Glattstellung doch noch weiter, als man sich das ursprünglich vorgestellt hatte, könnte ebenfalls Dissonanz entstehen. Voraussetzung dafür ist jedoch, dass sich der Betroffene nach Schließung seiner Position weiterhin mit dem Markt auseinandersetzt, das heißt, der entgangene Gewinn muss ihm überhaupt auffallen. Sollte dies der Fall sein, könnte man diese Dissonanz theoretisch ganz schnell beseitigen, indem man einfach in den Markt zurückkehrt und eine neue Position eröffnet. Leider geschieht dies bei den meisten Akteuren viel zu überhastet, denn vor lauter Gier und dem Drang, ab sofort nichts mehr zu verpassen, werden unter Umständen wichtige Informationen (z. B. Warnungen) übersehen.

Tipp:

Kehren Sie – nur um nichts zu verpassen – nicht in einen Markt zurück. Wenn Sie es dennoch nicht bleiben lassen können: Vergessen Sie die jüngste Transaktion. Würden Sie dann immer noch ein neues Engagement wagen?

## 4.2 Dissonanzreduktion durch Auswahl und Umdeutung bestimmter Informationen

Die Verringerung der Dissonanz durch Veränderung der beteiligten Kognitionen fällt den meisten Marktteilnehmern leichter als die Änderung einer einmal gefällten Entscheidung. Wie schon erwähnt, kann die Reduktion der Dissonanz über die Verringerung des Gewichts beziehungsweise der Bedeutung der dissonanten Kognitionen erreicht werden. Dies dürfte bei einem Buchverlust, den ein Marktteilnehmer infolge einer Handelsentscheidung erlitten hat, allerdings recht schwierig sein. Denn an der eigentlichen Höhe des Verlusts gibt es nicht viel zu deuteln, es sei denn, man hat sich bewusst verrechnet. So wird manch einer versuchen, den entstandenen Verlust herunterzuspielen. In diesem Fall könnte das zum Beispiel durch Addition einer konsonanten Kognition, möglicherweise durch den Abruf (Frey & Gaska 1993) einer positiven Erinnerung aus dem Gedächtnis, erfolgen. Dieses Verhalten ist bei vielen Akteuren zu beobachten, vor allem, wenn die Verluste noch nicht so hoch sind: „Man kann ja schließlich nicht erwarten, dass jedes Engagement sogleich einen Gewinn mit sich bringt. Bei den letzten Positionen steckte ich schon tiefer im Verlustbereich und es ist noch gut gegangen". Ist der Verlust dagegen schon etwas höher, dürfte es einem schon schwerer fallen, an der Realität vorbeizuschauen. Wenn da nicht die Hoffnung wäre, es werde sich schon alles zum Guten wenden, die beim Entscheider die Dissonanz verringern kann.

Eine andere Möglichkeit, Dissonanz zu verringern, bietet das Mental accounting. Dabei werden Gewinne und Verluste häufig miteinander verrechnet beziehungsweise verglichen. Man sagt sich beispielsweise: „Dass ich beim Euro 3% hinten liege, ist mir jetzt auch egal. Immerhin habe ich ja gerade beim englischen Pfund, im Yen und beim Franken einen Gewinn von je 1% gemacht, also kann ich ja gar kein so schlechter Händler sein!" Obwohl also unter dem Strich eine Performance von Null bleibt, redet man sich ein, man habe Erfolg. Denn jeder der drei Gewinne von 1% wird separat und damit der Erfolg insgesamt stärker empfunden als der einmalige dreiprozentige Verlust – ein klassischer Fall von Schönfärberei.

Dissonanzverringerung durch Hinzufügen positiver Kognitionen geschieht bei Marktteilnehmern, die sich in einer Verlustsituation befinden, aber auch über die Bestätigung, die sie von Dritten einholen, dass die ursprüngliche Entscheidung richtig gewesen ist. Dies wird vor allem dann von Nöten sein, wenn der Entscheider selbst nicht über genügend eigene konsonante Kognitionen verfügt. Gleichzeitig werden die konsonanten Bestimmungsgründe, warum die Handelsentscheidung überhaupt gefällt wurde, noch einmal beleuchtet. Wird diese Einstellung indes von Dritten nicht bekräftigt und fasst man das Ausbleiben einer Bestätigung negativ auf, ja, wird die eigene Auffassung sogar von anderen verworfen, entspräche dies einer Addition dissonanter Kognitionen. Deshalb wird der Umgang mit Andersmeinenden und -denkenden am liebsten gemieden, und wenn das nicht gelingt, versucht man, jede Kritik oder anderslautende Meinung herunterzuspielen oder im schlimmsten Fall sogar zu verunglimpfen.

Tipp:

Benutzen Sie nicht die Meinung Dritter, um Engagements, die sich im Verlustbereich befinden, zu rechtfertigen oder schönzureden.

So verhält man sich beispielsweise einem Analysten gegenüber, nach dessen Prognose der Akteur weitere Verluste erleiden würde, möglicherweise besonders aggressiv oder stellt seine fachlichen Qualitäten in Frage. Andererseits kann ein als erfolglos geltender „Experte" zu unverhofftem Ruhm gelangen, wenn seine Vorhersagen vom Entscheider als konsonant wahrgenommen werden. Selbst wenn diese Prognosen logisch nicht folgerichtig sind: Es reicht das Vorhandensein solcher Aussagen, und der Analyst wird aufgewertet oder gar gelobt.

Tipp:

Richten Sie sich bei der Wahl „Ihres" Analysten nicht danach, ob er Ihnen „nach dem Mund redet", sondern ob er „scharfe" Analysen erstellt, auch wenn die Ihnen möglicherweise nicht immer in den Kram passen.

Die Suche nach zusätzlichen konsonanten Kognitionen hat aber vor allen Dingen Auswirkungen auf die Wahrnehmung neuer Informationen. Dabei werden Nachrichten, die dissonanzverringernd wirken, denen, die Dissonanz vergrößern würden, vorgezogen, das heißt, Informationen werden verstärkt selektiv wahrgenommen. Die Folge davon ist, dass bei einem Engagement nur solche Informationen gesucht werden, die gemäß der Logik des Entscheiders für die Position als unterstützend gewertet werden können. Hierbei spielt es keine Rolle, ob diese Informationen ökonomischer oder markttechnischer Natur sind. Selbst Informationen, die für die Entwicklung der Märkte normalerweise keine Relevanz haben sollten, können plötzlich Wichtigkeit erlangen. Marktinformationen, die jedoch nicht die ursprünglich gefasste Entscheidung unterstützen, werden indes – sofern man sie nicht völlig ignorieren kann – „umgeformt" oder schöngefärbt. Damit sind sowohl einer verzerrten Informationsaufnahme als auch -verarbeitung Tür und Tor geöffnet.

Die selektive Suche nach konsonanten Informationen kann sich geradezu dramatisch auswirken, wenn sich der Akteur mit anderen Marktteilnehmern im sprichwörtlich „selben Boot" befindet. Eine solche Situation könnte sich beispielsweise in einem Handelsbüro abspielen, wo mehrere Händler ein ähnliches Engagement eingegangen sind. Man setzt in den USA auf steigende Zinsen und hat deswegen Dollar gegen verschiedene andere Währungen gekauft. Mittlerweile ist die US-Valuta unvorhergesehen unter Druck geraten, so dass alle Engagements mehr oder weniger einen Buchverlust ausweisen. Es liegt nahe, dass neue positive Informationen wie ein Statement des Notenbankpräsidenten, das Wirtschaftswachstum sei übermäßig gestiegen, als konsonant wahrgenommen wird. Man sucht in den Nachrichten geradezu nach kleinsten Hinweisen, die für den erwarteten Zinsschritt sprechen. Und was noch schlimmer ist: Man bestätigt sich gegenseitig, die Information richtig interpretiert zu haben – eine weitere Addition konsonanter Kognitionen.

Tipp:

Denken Sie immer daran: An den Finanzmärkten gibt es keine Freunde. Höchstens die kurzlebige Solidargemeinschaft derjenigen, die allesamt einen Verlust nicht wahrhaben wollen.

Die Suche nach konsonanten Informationen und die Vermeidung dissonanter neuer Nachrichten ist um so größer, je höher die Dissonanz ist. Dies gilt jedoch nur bis zu einem bestimmten Punkt. Kann die Dissonanz aufgrund ihrer Höhe nicht mehr ausreichend reduziert werden, ist ein Nachlassen der selektiven Informationssuche zu erwarten (Frey & Gaska, 1993). Dies könnte beispielsweise der Fall sein, wenn der Verlust so groß geworden ist, dass er für den Händler kaum mehr vertretbar ist und somit eine Revision der ursprünglichen Entscheidung ansteht, er muss also seine Position glattstellen und somit seinen Verlust realisieren. Deswegen entsteht paradoxerweise eine Situation, in der der Akteur keine Informationen mehr sucht, die seine ursprüngliche Entscheidung, ein Kauf von US-Dollar gegen Euro bestätigen. Vielmehr benötigt er Informationen und Meinungen, die die Glattstellung seiner Engagements rechtfertigen. Ehemals als dissonant empfundene Nachrichten sind nunmehr konsonant, während frühere, als konsonant wahrgenommene Informationen dissonant zur neuen Entscheidung wahrgenommen werden.

~~~
~~~

Mit Hilfe der Theorie der kognitiven Dissonanz lässt sich letztlich recht genau analysieren, wie Informationen nach einer Handelsentscheidung systematisch umgeformt beziehungsweise passend zum jeweiligen Engagement gesucht und gefunden werden. So kann man in Phasen, in denen sich eine einseitige Darstellung des Marktgeschehens beobachten lässt, häufig auf die offenen Positionen der Marktteilnehmer schließen. Äußern sich Akteure beispielsweise wochenlang immer nur positiv zur Entwicklung des Euro (wie dies Anfang 1999 bei dessen Einführung der Fall war), kann man davon ausgehen, dass sie mehrheitlich Euro „long" sein dürften. Werden schließlich von einen auf den anderen Tag bevorzugt negative Nachrichten zitiert, könnte dies ein Indiz dafür sein, dass diese Mehrheit kurz davor (oder gerade dabei) ist, mit ihrer Meinung auch ihre Position zu verändern: Damit die Glattstellung oder das Umdrehen des Engagements mit möglichst geringer Dissonanz einhergeht, werden jetzt nämlich gerade diese Nachrichten, über die man zuvor noch geflissentlich hinwegsah, dringend benötigt.

Doch ist die Psyche eines Marktteilnehmers nicht nur nach einer Entscheidung für Dissonanzen anfällig. Viele Handelsentscheidungen werden in Hinblick darauf gefällt, dass sie zu einem späteren Zeitpunkt möglichst wenig Dissonanz auslösen. Natürlich geht jeder davon aus, dass seine Entscheidungen gewinnbringend sein werden. Der Weg, bis diese Gewinne realisiert werden können, kann jedoch steinig und zwischendrin immer wieder von kleinen Korrekturen und kurzzeitigen Verlusten gepflastert sein. Deswegen wird kaum ein Gewinn ohne Momente des Leidens (Dissonanzen) erreicht werden. Der Fall, dass man Euro kauft, der Kurs ununterbrochen steigt und man am Ende einen fetten Gewinn kassiert, muss leider als Ausnahme gelten.

Ein Marktteilnehmer wird sich bei seinen Transaktionen bevorzugt für bestimmte Instrumente (z. B. für bestimmte Währungen) entscheiden, mit denen er in der Vergangenheit gut gefahren ist, das heißt, seine Engagements durchlebten nur kurze Dissonanzphasen. Dabei spielt die Bestätigung durch Dritte (sie wird naturgemäß als konsonant erlebt) eine wichtige Rolle. Der Drang eines Händlers, Dollar zu kaufen, wird nicht besonders hoch sein, nachdem ihm seine Kollegen die Vorteile einer Short-Position eingehend erläutert und die Argumente, die für einen Kauf gesprochen hätten, „logisch entkräftet" haben. Wer möchte da schon von der von den Kollegen gesetzten Norm abweichen? Womöglich ist es überhaupt nicht opportun, bestimmte Positionen einzugehen. Man denke beispielsweise an die in Kapitel 5 geschilderte Einführung des Euro im Jahre 1999, die von Politikern und Volkswirten aller Herren Länder geradezu verklärt wurde. Andererseits wird man sich auch nicht gerade in einer Währung engagieren wollen, die zwar ein gutes Gewinnpotential hat, von der aber gesagt wird, dass ihre weitere Entwicklung hoch volatil sein wird.

Die Informationsverarbeitung wird also bereits vor der endgültigen Entscheidung stark beeinflusst, und das nicht nur durch die Vorwegnahme möglicher Dissonanz. Hinzu kommt meist noch ein übergroßes Zutrauen in die eigenen Fähigkeiten und Einflussmöglichkeiten und das Gefühl, den Gang der Dinge kontrollieren zu können (Overconfidence). Letztlich sollte man sich immer wieder vor Augen halten, dass der Wunsch nach Kontrolle und nach Dissonanzverringerung vorzugsweise mit demselben Mittel gelindert wird: passende Informationen. Sie sind meist schnell und preisgünstig zu bekommen, vor allem von denen, die sprichwörtlich im selben Boot sitzen.

Es ist also wichtig darauf zu achten, ob und wie Informationen von den meisten Akteuren verarbeitet werden. Wie oft ist es schon vorgekommen, dass man sich fragen musste, warum eine bestimmte Information, zum Beispiel ein positives Wirtschaftsdatum, oder gar ein ganzer Datenkranz, nicht zu der Aufwärtsbewegung einer Devise oder Aktie geführt hat, wie man sie rationalerweise hätte erwarten müssen. Eine Antwort darauf könnte heißen, dass die neuen Nachrichten bereits in den Kursen eskomptiert waren, was bedeutet, die Händler hatten bereits gehandelt und fallen somit als Nachfrager im Anschluss an die Publizierung der Daten aus. Oder die Information passt nicht zum Engagement, das heißt, sie würde Dissonanz erzeugen, wenn man ihr auf den Grund ginge. Sie wird daher heruntergespielt oder gar verdrängt. Vor allen Dingen aber wird sie nicht an andere weitergegeben oder gar mit ihnen diskutiert. Denn dann müsste man vermutlich einsehen, die falsche Position zu haben und als Folge dessen zur Tat schreiten.

## 5 Epilog

Betrachtet man nun noch einmal das zu Anfang dargestellte Modell, angefangen von der Motivation, in einen Markt zu gehen, bis zur tatsächlichen Entscheidung, wird deutlich, welchen Part der Faktor „Information" in den Finanzmärkten spielt. So sorgt das Bedürfnis, die Zukunft zu kontrollieren und dabei möglichst keine Dissonanzen erleiden zu müssen – neben den natürlichen, physischen Begrenzungen –, für eine selektive Wahrnehmung: Die „richtige" Information dient als „Beruhigungspille" für die Psyche. Weil Informationen aufgrund der Dissonanzvermeidung beziehungsweise der Verlustaversion ungleichmäßig verarbeitet werden, dürften Gewinner zu einem anderen Zeitpunkt als Verlierer handeln – sie realisieren ihre Gewinne schneller und somit früher. So bleiben im Markt überwiegend nur noch Verlierer, die überdies erfahrungsgemäß recht ähnlich verlaufende Schmerzgrenzen aufweisen und daher zum selben Zeitpunkt handeln möchten. Und weil sie dann nicht immer sogleich genügend Kontrahenten finden, um ihre Engagements glattzustellen, laufen die Preise in eine Richtung davon. Und die Meute rennt ihnen in einem solchen illiquiden Markt vergebens hinterher. Dies ist die Zeit, wenn große Trends entstehen, deren Ursprung von der Mehrheit der Akteure allerdings meist nicht erkannt wird. In der Welt der Finanzmärkte bleibt also doch nicht alles dem Zufall überlassen.

Somit wird sich für den Leser die Frage stellen, welche die wichtigste Lehre ist, die er aus all diesen Erkenntnissen für sich ziehen kann. Die banalste Handelsregel der Welt, Gewinne bis zu einem gewissen Grad laufen zu lassen und Verluste frühzeitig zu begrenzen, könnte eine mögliche Antwort sein. „Und dass die Gewinne im Durchschnitt so hoch sein müssen, dass ich mit ihnen meine Verluste, meine Transaktionskosten und das, was ich eigentlich verdienen möchte, finanzieren kann", dürfte ein erfahrener Akteur hinzufügen. Doch bereits am nächsten Handelstag wird so mancher feststellen müssen, dass seine Psyche eben doch besser mit vielen kleinen Gewinnen und wenigen, dafür aber meist sehr hohen Verlusten fertig wird. Denn er zieht eben doch eine einmalige, größere Operation vielen kleinen schmerzhaften Nadelstichen vor, und die meisten feiern wohl lieber viele kleine Feste als ein großes Gelage.

Gewonnen hat aber bereits, wer sich alleine schon die Heuristiken zur

Informationsverarbeitung bewusst macht und sich beispielsweise sagen kann: „Dieses Mal habe ich nicht nur leicht erhältliche Informationen (Verfügbarkeitsheuristik) berücksichtigt, sondern auch auf Analysen und Meinungen gehört, an die schwer heranzukommen war." Und so kann man sich ein ganz anderes, vollständigeres Bild von den Märkten machen.

Würde man sich bei künftigen Engagements nur noch mit den tatsächlichen Folgen seiner Entscheidung (egal, ob man von einer Handlung oder einer Unterlassung spricht) auseinandersetzen, bedeutete dies ebenfalls einen großen Schritt in Richtung „erfolgreiches Handeln". Denn eine rationale Entscheidung zu treffen heißt nichts anderes, als sich ausschließlich auf die Analyse von deren Folgen zu konzentrieren, ohne seinen Emotionen nachzugeben und ohne einen Blick auf die Vergangenheit zu werfen. Sich nicht umzudrehen, sondern nur nach vorn zu schauen hat jedoch schon Frau Lot im Alten Testament nicht geschafft.

Das von vielen gesuchte Geheimrezept, das zu immer neuen Gewinnen führen soll, heißt vermutlich nicht „Prognose", sondern „Disziplin". Die Umsetzung der Inschrift am Tempel zu Delphi: „Erkenne Dich selbst" ist dafür eine wichtige Voraussetzung, ein Computermodell, das Ernst Kaltherz nachahmen soll, vielleicht das wichtigste Werkzeug. Doch was nützt eine perfekte Maschine, wenn der Mensch es an der nötigen Disziplin fehlen lässt und sie wieder abstellt? Besäße jeder Marktteilnehmer die nötige Disziplin, dann bedeutete dies ein Schritt in Richtung Markteffizienz, und Ernst Kaltherz hätte Millionen von Gleichgesinnten und Geschwistern. Aber die Märkte wären dann auch langweilig, die Gespräche seelenlos. Mit der Angst verschwände auch die Freude. Das hat bereits Peter Munk erfahren müssen, als er in dem berühmten Hauff'schen Märchen sein Herz dem Holländer Michel verkaufte.

# Verzeichnis der zitierten Literatur


Abramson, L.Y./Alloy, L.B. (1980): Judgement of contingency: Errors and their Implication, in: Baum, A./Singer, E. (Hrsg.), Advances in Environmental Psychology, 2, Hillsdale, Erlbaum.

Abramson, L.Y./Seligman, M.E.P./Teasdale, J.D. (1978): Learned Helplessness in Humans: Critique and Reformulation, Journal of Abnormal Psychology, 37, S. 49-74.

Anderson, B.F. (1996): Settle, John W.: The influence of portfolio characteristics and investment period on investment choice, Journal of Economic Psychology, 17, S. 343-358.

Anderson, J.R. (1996): Kognitive Psychologie - Eine Einführung, 2. Aufl., Heidelberg.

Antilla, M. (1977): Consumer Price Perception, Helsinki.

Arkes, H.R./Blumer, C. (1985): The Psychology of Sunk cost, Organizational Behavior and Human Decision Processes, 35, S. 124-140.

Arkes, H.R. (1996): The Psychology of Waste, Journal of Behavioral Decision Making, 9, S. 213-224.

Aronson, E. (1994): Sozialpsychologie: Menschliches Verhalten und gesellschaftlicher Einfluss, Heidelberg, Berlin, Oxford.

Asch, S. (1946): Forming Impressions of Personality, Journal of Abnormal and Social Psychology, 41, S. 258-290.

Beckmann, J. (1984): Kognitive Dissonanz, Eine handlungstheoretische Perspektive, in: Lehr- und Forschungstexte Psychologie 11, Heidelberg.

Beeler, J.D./Hunton J. (1997): The Influence of Compensation Method and Disclosure Level on Information Search Strategy and Escalation of Commitment, Journal of Behavioral Decision Making, 10, S. 77-91.

Benartzi, S./Thaler, R.H. (1995), Myopic Loss Aversion and the Equity Premium Puzzle, Quarterely Journal of Economics, S. 73-92.

Bernoulli, D. (1738, 1954): Specimen theoriae novae de mensura sortis, Commen. Acad. Sci. Imper. Petropolianae, 5, S. 175-192; übersetzt von L. Sommer (1954): Econometrica, 22, S. 23-36.

Bernstein, P.L. (1996): Against the Gods: The Remarkable Story of Risk, New York.

Bierhoff, H.W. (1993): Sozialpsychologie: ein Lehrbuch, Stuttgart.

Bowman, E. (1980): A Risk/Return Paradox for Strategic Management, Sloan Management Review, 21(3), S. 17-31.

Bowman, E. (1982): Risk Seeking by Troubled Firms, Sloan Management Review, 23(4), S. 33-42.

Brehm, J.W. (1956): Post-decision Changes in the Desirability of Alternatives, Journal of Abnormal and Social Psychology, 52, S. 384-389.

Brehm, J.W./Cohen, A.R. (1962): Explorations in Cognitive Dissonance, New York.

Brengelmann, J.C. (1991): Die Lust auf Spiel und Risiko, München.

Bruner, J.S./Postman, L. (1951): An Approach to Social Perception, in: Dennis, W./Lippitt, R. (Hrsg.), Current Trends in Social Psychology, Pittsburgh, S. 71-118.

Bungard, W./Schultz-Gambard, J. (1990): Überlegungen zum Verhalten von Börsenakteuren aus kontrolltheoretischer Sicht, in: Maas, P./ Weibler, J. (Hrsg.), Börse und Psychologie, Köln, S. 140-161.

Camerer, C./Weber, M. (1992), Recent Developments in Modelling Preferences: Uncertainty and Ambiguity, Journal of Risk and Uncertainty, 5, S. 325-370.

Christensen, C. (1989): The Psychophysics of Spending, Journal of Behavioral Decision Making, 2, S. 69-80.

Currim, I. S./Sarin, R. K. (1989): Prospect versus Utility, Management Science, 35, S. 22-41.

Dawes, R.M. (1988): Rational Choice in an Uncertain World, Harcourt Brace Jovanovich.

De Bondt, W.F.M./Thaler R.H. (1980): Do Security Analysts Overreact?, AEA Papers and Proceedings, 80, S. 52-57.

De Bondt, W.F.M./Thaler, R.H. (1985): Does the Stock Market Overreact?, Journal of Finance 40 (3), S. 793-805.

De Bondt, W.F.M./Thaler, R.H. (1995): Financial Decision-Making in Markets and Firms: A Behavioral Perspective, in: R. Jarrow et al. (Hrsg.), Handbooks in OR & MS, S. 385-410.

DeCharms, R. (1968): Personal Causation, New York.

Dorsch, F./Häcker, H./Stapf, K.H. (Hrsg.) (1994): Dorsch, Psychologisches Wörterbuch, 12. Aufl., Göttingen.

Ehrlich, D./Guttman, J./Schonbach, P./Mills, J. (1957): Postdecision Exposure to Relevant Information, Journal of Abnormal and Social Psychology, 54, S. 98-102.

Eisenführ, F./Weber, M. (1999): Rationales Entscheiden, 3. Aufl., Heidelberg.

Elster, J. (1999): Alchemies of the Mind: Rationality and Emotions, Cambridge.

Farquhar, P.H./Pratkanis, A.R. (1993): Decision Structuring with Phantom Alternatives, Management Science, 39, S. 1214-1226.

Fazio, R.H./Cooper, M./Dayson, K./Johnson, M. (1981): Control and the Coronary-Prone Behavior Pattern: Responses to Multiple Situation Demands, Personality and Social Psychology Bulletin, 7, S. 97-102.

Felser, G. (1997): Werbe- und Konsumentenpsychologie, Heidelberg.

Festinger, L. (1957): A Theory of Cognitive Dissonance, Stanford.

Fiegenbaum, A./Thomas, H. (1988): Attitudes toward Risk and Return and the Risk-Return Paradox: Prospect Theory Explanations, Academy of Management Journal, 38, S. 85-106.

Fischhoff, B. (1975): Hindsight/Foresight: The Effect of Outcome Knowledge on Judgment under Uncertainty, Journal of Experimental Psychology: Human Perception and Performance, 1, S. 288-299.

Fiske, S.T./Taylor, S.E. (1991): Social Cognition, New York.

Folkerts-Landau, D./Ito, T. (1995): International Capital Markets, World Economic and Financial Surveys, Washington, S. 165-174.

French, K./Poterba, J.M. (1991): Investor Diversification and International Equity Markets.

Frey, D. (1981a): Informationssuche und Informationsbewertung bei Entscheidungen, Bern.

Frey, D. (1981b): Postdecisional Preference for decision-relevant Information as a Function of the Competence of its Source and the Degree of Familiarity with this Information, Journal of Experimental Social Psychology, 17, S. 51-67.

Frey, D. (1986): Recent Research on Selective Exposure to Information, Advances in Experimental Psychology, 19, S. 41-80, New York.

Frey, D./Gaska, A. (1993): Die Theorie der kognitiven Dissonanz, in: Frey & M. Irle (Hrsg.), Theorien der Sozialpsychologie, Bd. 1, Nachdruck der 2. Aufl., Bern, S. 49-80.

Frey, D./Schulz-Hardt, S. (1996): Eine Theorie der gelernten Sorglosigkeit, in: Mandl, H. (Hrsg.), Bericht über den 40. Kongress der Deutschen Gesellschaft für Psychologie in München 1996, Göttingen.

Frey, D./Stahlberg, D. (1990): Erwartungsbildung und Erwartungsveränderungen bei Börsenakteuren, in: Maas, P./Weibler, J. (Hrsg.), Börse und Psychologie: Plädoyer für eine neue Perspektive, Köln, S. 102-139.

Frey, D./Irle, M. (Hrsg.) (1993): Theorien der Sozialpsychologie, Band I: Kognitive Theorien, 2. Aufl., Bern.

Frey, D./Irle, M. (Hrsg.) (1993): Theorien der Sozialpsychologie, Band II: Gruppen- und Lerntheorien, 2. Aufl, Bern.

Garber, P.M. (1990): Who put the Mania in the Tulipmania, in: White, E.N. (Hrsg.), Crashes and Panics, New York, S. 33-56.

Gerke, W./Bienert, H. (1993): Überprüfung des Dispositionseffektes und seiner Auswirkungen in computerisierten Börsenexperimenten, Zeitschrift für betriebswirtschaftliche Forschung - Sonderheft 31, S. 169-194.

Glass, D.C./Singer, J. (1972): Urban Stress, New York.

Goethals, G.R./Cooper, J./Naficy, A. (1979): Role of Foreseen, Foreseeable, and Unforseeable Behavioral Consequences in the Arousal of Cognitive Dissonance, Journal of Personality and Social Psychology, 37, S. 1179-1185.

Goldberg, J. (1990): Erfolgreiche Devisenkursprognose: Handbuch der klassischen technischen Analyse für Devisenhandel, Aktienmärkte und Futures-Börsen, Frankfurt am Main.

Goldberg, J. (1997): Behavioral Finance begründet Technische Analyse, Börsenzeitung vom 28.11.1997.

Gross, L. (1982), The Art of Selling Intangibles: How to Make your Million ($) by Investing Other People's Money, New York.

Heath, C./Tversky, A. (1991): Preference and belief: Ambiguity and Competence in Choice under Uncertainty, Journal of Risk and Uncertainty, 4, S. 5-28.

Heller, Eva (1995): Wie Farben wirken, Reinbek.

Helson, H. (1964): Adaption-level Theory. An Experimental and Systematic Approach to Behavior, New York.

Herkner, W. (1980): Attribution: Psychologie der Kausalität, Bern.

Herrmann, A./Bauer, H.H. (1996): Ein Ansatz zur Preisbündelung auf der Basis der Prospect-Theorie, Zeitschrift für betriebswirtschaftliche Forschung, 48, S. 675-694.

Higgins, E.T./Rholes, W.S./Jones, C.R. (1977): Category Accessibility and Impression Formation, Journal of Experimental Social Psychology, 13, S. 141-154.

Hollenbeck, J.R./Ilgen, D.R./Philipps, J.M./Hedlund, J. (1994): Decision Risk in Dynamic Two-Stage Contexts: Beyond the Status Quo, Journal of Applied Psychology, 79, S. 592-598.

Holler, Johannes (1996): Das Neue Gehirn: Möglichkeiten moderner Hirnforschung, Paderborn.

Hunter, J.E./Coggin, D.T. (1988): Analyst Judgment: The Efficient Market Hypothesis versus a Psychological Theorie of Human Judgment, Organizational Behavior and Human Decision Processes, 42, S. 284-302.

Ibbotson, R.G./Ritter, J.R. (1995): Initial Public Offerings, in: Jarrow, R./ Maksimovic, V./Ziemba W.T. (Hrsg.), Finance, Handbooks in Opreations Research and Management Science, 9, North Holland, Amsterdam, S. 993-1016.

Iyengar, S./Kinder, D.R. (1987): News that Matters, Chicago.

Joseph, R. (1988): The neuropsychology of development: hemispheric laterality, limbic language, and the origin of thought, Journal of Clinical Psychology, 38, S. 4 -11

Jungermann, H./Pfister, H.-R./Fischer, K. (1998): Die Psychologie der Entscheidung: Eine Einführung, Heidelberg.

Jünemann, B./Schellenberger, D. (Hrsg.) (1997): Psychologie für Börsenprofis, Stuttgart.

Kahneman, D./Knetsch, J.L./Thaler, R.H. (1991): The Endowment Effect, Loss Aversion and Status Quo Bias, Journal of Economic Perspectives, 5, S. 193-206.

Kahneman, D./Miller, D.T. (1986): Norm Theory: Comparing Reality to its Alternatives, Psychological Review, 93, S. 136-153.

Kahneman, D./Tversky, A. (1972): Subjective Probability: A Judgment of Representativeness, Cognitive Psychology, 3, S. 430-454.

Kahneman, D./Tversky, A. (1973): On the psychology of prediction, Psychological Review, 80, S. 237-251.

Kahneman, D./Tversky, A. (1979): Prospect Theory: An analysis of decision under risk, Econometrica, 47, S. 263-291.

Kahneman, D./Tversky, A. (1982): Choices, Values and Frames in American Psychologist, S. 341 - 350.

Kahneman, D./Tversky, A. (1982): The psychology of preferences, Scientific American, 146, S. 160-173.

Kahneman, D./Slovic, P./Tversky, A. (1982): Judgement under Uncertainty: Heuristics and biases, New York.

Keppe, H.-J. (1997): Ambiguität und Kompetenz, Frankfurt.

Kiell, G./Stephan, E. (1997): Urteilsprozesse bei Finanzanlageentscheidungen von Experten. Abschlussbericht einer experimentellen Studie mit professionellen Devisenhändlern. Forschungsbericht des Instituts für Wirtschafts- und Sozialpsychologie der Universität Köln.

Kirchgässner, G. (1991): Homo oeconomicus: das ökonomische Modell individuellen Verhaltens und seine Anwendung in den Wirtschafts- und Sozialwissenschaften, Tübingen.

Klix, F. (1976): Information und Verhalten, Bern.

Knetsch, J.L./Sinden, J. A. (1984): Willingness to Pay and Compensation Demanded: Experimental Evidence of an Unexpected Disparity in Measures of Value, Quarterly Journal of Economics, 99, S. 507 -521.

Langner, E. J. (1975): The Illusion of Control, Journal of Personality and Social Psychology, 32, S. 311-328.

Levy, S.J. (1997): An Introduction to Prospect Theorie, in: Farnham, B. (Hrsg.), Avoiding Losses/Taking Risks, 4. Aufl., S. 7 -22.

Lichtenstein, S./Fischhoff, B./Phillips, L.D. (1982): Calibration of Probabilities: The State of the Art to 1980, in: Kahneman, D./Slovic, P./Tversky, A. (Hrsg.), Judgement under Uncertainty: Heuristics and Biases, Cambridge, S. 306-334.

Lichtenstein, S./Slovic, P. (1971): Reversals of Preference between Bids and Choices in Gambling Decisions, Journal of Experimental Psychology, 89, S. 46-55.

Lichtenstein, S./Slovic, P./Fischhoff, B./Layman, M./Combs, B. (1978): Judged Frequency of Lethal Events, Journal of Experimental Psychology: Human Learning and Memory, 4, S. 551-578.

Lilli, W./Frey, D. (1998): Die Hypothesentheorie der sozialen Wahrnehmung, in: Frey, D./Irle, M. (Hrsg.), Theorien der Sozialpsychologie, Bd. 1, Nachdruck der 2. Aufl., Bern, S. 49-80.

Lim, R.G. (1995): A Range-frequency Explanation of Shifting Reference Points in Risky Decision Making, Organizational Behavior, 63, S. 6-20.

Linville, P.W./Fischer, G.W. (1991): Attitudes and Social Cognition: Preferences for Separating or Combining Events, Journal of Personality and Social Psychology, 60, S. 5-23.

Loewenstein, G./Thaler, R.H. (1989): Anomalies: Intertemporal Choice, Journal of Economic Perspectives, 3, S. 181-193.

Loewenstein, G.F. (1992): The Fall and Rise of Psychological Explanations in the Economics of Intemporal Choice, in: Loewenstein, G./Elter, J. (Hrsg.), Choice over Time, New York, S. 3-34.

Loomes, G. (1988): Further Evidence of the Impact of Regret and Disapointment in Choice under Uncertainty, Econometrica, 55, S. 47-62.

Loomes, G./Sugden, R. (1982): Regret Theory: An Alternative Theory of Rational Choice under Uncertainty, The Economic Journal, 92, S. 805-824.

Loomes, G./Sugden, R. (1987): Testing for Regret and Disapointment in Choice under Uncertainty, Economic Jounal, 97, S. 118-129.

Maas, P./Weibler, J. (1990a): Wahrnehmungs- und Informationsverarbeitungsprozesse an der Börse, in: Maas, P./Weibler, J. (Hrsg.), Börse und Psychologie: Plädoyer für eine neue Perspektive, Köln, S. 72-101.

Maas, P./Weibler, J. (1990b): Kontrollveränderungs- und Stressreaktionen an der Börse, in: Maas, P./Weibler, J. (Hrsg.), Börse und Psychologie: Plädoyer für eine neue Perspektive, Köln, S. 190-202.

MacLean, P.D. (1977): The Triune Brain in Conflict, Psychotherapie and Psychosomatics, 28, S. 207-216

MacLean, P.D. (1978): A Mind of Three Minds: Educating the Triune Brain in: Education and the Brain, The Seventy-seventh Yearbook of the National Society for the Study of Education, Part II, S. 308-342.

MacLean, P.D. (1983): Brain Roots of the Will-to-Power, Zygon, 18, S. 359-374.

MacLean, P.D. (1985): Evolutionary Psychiatry & The Triune Brain, Psychological Medicine, 15, S. 219-222.

MacLean, P.D. (1990): The Triune Brain in Evolution: Role in Paleocerebral Functions, New York.

MacLean, P.D. (1993): Cerebral Evolution of Emotions, in: Lewis M./Haviland J. M. (Hrsg.) Handbook of Emotions, New York, S. 67-83.

Maital, S. (1986): What do People Bring to the Stock Market (Besides Money)? The Economic Psychology of Stock Market Behavior, in: Gilad, B. & Kaish, S. (Hrsg.), Handbook of Behavioral Economics, Vol. B, London, S. 273-307.

Mann, L. (1994): Sozialpsychologie, 10. Aufl., Weinheim.

March, J.G./Shapira, Z. (1987): Managerial Perspectives on Risk Taking, Management Science, 33, S. 1404-1417.

Markowitz, H.M. (1952): Portfolio (Selection), Journal of Finance, 7, S. 77-91.

Markowitz, H.M. (1959): Portfolio (Selection), Efficient Diversification of Investments, New York.

Medea, A./Thompson, K. (1974): Against Rape, New York.

Meyer, W.-U./Försterling, F. (1998): Die Attributionstheorie, in: Frey, D./Irle, M. (Hrsg.), Theorien der Sozialpsychologie, Bd. 1, Nachdruck der 2. Aufl., Bern, S. 175-216.

Miller, G.A. (1956): The Magical Number Seven, Plus or Minor Two: Some Limits on our Capacity for Processing Information, Psychological Review, 63, S. 81-97.

Miller, I.W./Norman, W.H. (1979): Learned Helplessness in Humans: A Review and Attribution Theory Model, Psychological Bulletin, 86, S. 93-118.

Murphy, John J. (1986): Technical Analysis of the Futures Markets, New York.

Neal, Larry, D. (1990): How the South Sea Bubble was Blown up and Burst, in: White, E.N. (hrsg.), Crashes and Panics, New York, S. 33-56.

Nisbett, R.E. (1976): Popular Induction: Information is not always Informative, in: Carrol, J.S./Payne, J.W. (Hrsg.), Cognition and Social Behavior, 2, S. 227-236.

Nwokoye, N.G. (1975): Subjective Judgements of Price: the Effect of Price Parameters on Adaption Levels, in: Mazze, E.M. (Hrsg.), Combined Proceedings of AMA, S. 545-548.

Oberlechner, T./Hocking S. (1997): Market Psychology and the Dynamics of Information, An Interdisciplinary View of the Foreign Exchange Market, Wien.

Oehler, A. (1992): "Anomalien", "Irrationalitäten" oder "Biases" der Erwartungsnutzentheorie und Ihre Relevanz für die Finanzmärkte, Zeitschrift für Bankrecht und Bankwirtschaft, 4, S. 97-124.

Oehler, A. (1998): Abnehmende oder zunehmende relative Risikoaversion?, Zeitschrift für Bankrecht und Bankwirtschaft, 10, S. 230-236.

Osnabrügge, G./Stahlberg, D./Frey, D. (1998): Die Theorie der kognizierten Kontrolle, in: Frey, D./Irle, M. (Hrsg.), Theorien der Sozialpsychologie, Bd. 3, Nachdruck der 1. Aufl., Bern, S. 127-174.

Perkins, C.C. Jr. (1968): An Analysis on the Concept of Reinforcement, Psychological Review, 75, S. 155-172.

Pratkanis, A.R./Farquhar, P.H./Silbert, S./Hearst, J. (1989): Decoys Produce Contrast Effects and alter Choice Probabilities, Santa Cruz.

Pyszczynski, T.A./Greenberg, J. (1987): Toward an integration of cognitive and motivational perspectives on social inference: A Biased Hypothesis-testing Model, in: L. Berkowitz (Hrsg.), Advances in Experimental Social Psychology, 20, San Diego.

Qualls, W.J./Puto, C.P. (1989): Organizational Climate and Decision Framing: An Integrated Approach to Analyzing Industrial Buying Decisions, Journal of Marketing Research, 26, S. 179-192.

Rapp, H.W. (1997): "Der tägliche Wahnsinn hat Methode" - Behavioral Finance: Paradigmenwechsel in der Kapitalmarktforschung. in: Jünemann B./Schellenberger D. (Hrsg.), Psychologie für Börsenprofis, Stuttgart.

Rescher, N. (1993): Rationalität. Eine philosophische Untersuchung über das Wesen und die Begründung der Vernunft, Würzburg.

Roelofsma, P.H.M.P./Keren, G. (1995): Framing and Time-inconsistent Preferences, in: Caverni, J.-P./Bar-Hillel, M./Hutton Baron M./Jungermann, H. (Hrsg.), Contribution to Decision Making, Amsterdam, S. 351-361.

Rothbaum, F./Weisz, J.R./Snyder, S.S. (1982): Changing the World and Changing the Self: A two-process Model of Perceived Control, Journal of Personality and Social Psychology, 42, S. 5-37.

Rotter, J.B. (1966): Generalized Expectations for Internal vs. External Control of Reinforcement, Psychological Monographs, 80, S. 1-28.

Samuelson, P. (1963), Risk and Uncertainty: A Fallacy of Large Numbers, Scientia, 78, S. 108-113.

Samuelson, W./ Zeckhauser, R. (1988): Status Quo Bias in Decision Making, Journal of Risk and Uncertainty, 1, S. 7-59.

Sauer, C./Müller, M. (1980): Die Theorie der gelernten Hilflosigkeit: Eine hilfreiche Theorie?, Zeitschrift für Sozialpsychologie, 11, S. 2-25.

Schulz, R./Aderman, D. (1973): Effect of Residential Change on Temporal Distance to Death of Terminal Cancer Patients, Journal of Death and Dying, 4, S. 157-162.

Schulz-Hardt, S./Frey, D./Lüthgens, C. (1996): Sorglosigkeit und Risikoakzeptanz, in: Wenninger, G./Graf Hoyos, C. (Hrsg.), Arbeits-, Gesundheits- und Umweltschutz, Heidelberg, S. 468-479.

Schwarz, N. (1982): Homo Heuristicus: Zur Psychologie des kognitiven Geizhalses, Zeitschrift für Sozialpsychologie, 13, S. 343-347.

Schwarz, N./Bohner, G. (1990): Stimmungseinflüsse auf Denken und Entscheiden, in: Maas, P./Weibler, J. (Hrsg.): Börse und Psychologie: Plädoyer für eine neue Perspektive, Köln, S. 162-189.

Seligman, M.E.P. (1975): Helplessness: On Depression, Development, and Death, San Francisco.

Sen, A. (1997): Choice, Welfare and Measurement, Oxford.

Sharpe, W.F. (1970): Theory and Capital Markets, New York.

Shefrin, H. M./Statman, M. (1984): Explaining Investor Preference for Cash Dividends, Journal of Financial Economics, 13, S. 253-282.

Shefrin, H./Statman, M. (1985): The Disposition to Sell Winners Too Early and Ride Losers Too Long: Theory and Evidence, Journal of Finance, 40, S. 777-792.

Simon, H.A. (1955): A Behavioral Model of Rational Choice, Quartely Journal of Economics, 69, S. 99-118.

Simon, H.A. (1997): Models of Bounded Rationality, Empirically Grounded Economic Reason, 3. Aufl., Cambridge.

Sklar, L.S./Anisman, H. (1981): Stress and Cancer, Psychological Bulletin, 89, S. 369-406.

Slovic, P./Griffin, D./Tversky, A. (1990): Compatibility effects in Judgement and Choice, in: Hogarth R. (Hrsg.), Insights in Decision Making: A Tribute to Hillel J. Einhorn, Chicago, S. 5-27.

Stahlberg, D./Osnabrügge, G./Frey, D. (1998): Die Theorie der kognizierten Kontrolle, in: Frey, D./Irle, M. (Hrsg.), Theorien der Sozialpsychologie, Bd. 3, Nachdruck der 1. Aufl., Bern, S. 79-124.

Stephan, E. (1999): Die Rolle von Urteilsheuristiken bei Finanzentscheidungen: Ankereffekte und kognitive Verfügbarkeit, in: Fischer L./Kutsch T./Stephan E. (Hrsg.) Finanzpsychologie, München.

Strack, F. (1998): Urteilsheuristiken, in: Frey D./Irle M. (Hrsg.), Theorien der Sozialpsychologie, Bd. 3, Nachdruck der 1. Aufl., Bern, S. 239-268.

Thaler, R.H. (1980): Toward a Positive Theory of Consumer Choice, Journal of Economic Behavior and Organization, 1, S. 39-60.

Thaler, R.H. (1985): Mental Accounting and Consumer Choice, Marketing Science, 4, S. 199-214.

Thaler, R.H./Johnson, E.J. (1990): Gambling with the House Money and Trying to Break Even: The Effects of Prior Outcomes on Risky Choice, Management Science, 36, S. 643-660.

Thaler, R.H. (1993): Advances in Behavioral Finance, New York.

Thaler, R.H. (1994): Quasi Rational Economics, New York.

Thompson, S.C. (1981): Will it hurt if I can control it? A Complex Answer to a Simple Question, Psychological Bulletin, 90, S. 89-101.

Tversky, A./Kahneman, D. (1974): Judgement under Uncertainty: Heuristics and Biases, Science, 185, S. 1124-1131.

Tversky, A./Kahneman, D. (1981): The Framing of Decisions and the Psychology of Choice, Science, 22, S. 453-458.

Tversky, A./Kahneman, D. (1983): Extensional versus Intuitive Reasoning: The Conjunction Fallacy in Probalility Judgement, Psychological Review, 90, S. 293-315.

Tversky, A./Kahneman, D. (1986): Rational Choice and the Framing of Decisions, Journal of Business, 59, S. 251-278.

Tversky, A./ Kahneman, D. (1991): Loss Aversion and Riskless Choice: A Reference Dependent Model, Quarterly Journal of Economics, 6, S.1039-1061.

Tversky, A./Kahneman, D. (1992): Advances in Prospect Theory, Journal of Risk and Uncertainty, 5, S. 297-323.

Tversky, A./Slovic, P./Kahneman, D. (1990): The Causes of Preference Reversal, American Economic Review, 80, S. 204-217.

Tversky, A./Thaler, R.H. (1990): Anomalies-Preference Reversals, Journal of Economics Perspectives, 4, S. 201-211.

Unser, M. (1999): Behavioral Finance am Aktienmarkt, Empirische Analysen zum Risikoverhalten individueller Anleger, Bad Soden.

Vroon, P. (1993): Drei Hirne im Kopf, Zürich.

von Nitzsch, R. (1998a): Entscheidungslehre, "Der Weg zu besseren Entscheidung", 3. Aufl., Aachen.

von Nitzsch, R. (1998b): Prospect Theory und Käuferverhalten, Die Betriebswirtschaft, 58, S. 621-634.

von Nitzsch, R./Friedrich C. (1999): Entscheidungen in Finanzmärkten, "Psychologische Grundlagen", Aachen.

Weber, M. (1989): Ambiguität in Finanz- und Kapitalmärkten, Zeitschrift für betriebswirtschaftliche Forschung, 41, S. 447-471.

Weber, M. (1993): Besitztumseffekte: eine theoretische und experimentelle Analyse, Die Betriebswirtschaft, 53, S. 479-490.

Weber, M./Camerer, C. (1998): The Disposition Effect in Securities Trading: An Experimental Analysis, Journal of Economic Behavior and Organization, 33, S. 167-184.

White, R.W. (1959): Motivation Reconsidered: The Concept of Competence, Psychological Review, 66, S. 297-333.

Wicklund, R.A./Brehm, J.W. (1976): Perspectives on Cognitive Dissonance, Erlbaum.

Wyer, R.S., Jr./Srull, T.K. (1980): The Processing of Social Stimulus Information. A Conceptual Integration, in: Hastie, R./Ostrom, T.M./Ebbesen, E.B./Wyer, R.S./ Hamilton, D./Carlston, D.E. (Hrsg.), Person Memory: The Cognitive Basis of Social Perception, Erlbaum.

Yaniv, I./Foster, D.P. (1997): Precision and Accuracy of Judgmental Estimation, Journal of Behavioral Decision Making, 10, S. 21-32.

Zimbardo, P.G. (1965): The Effect of Effort and Improvisation on Self-persuasion produced by Role-playing, Journal of Experimental Social Psychology, 1, S. 103-120.

Zimbardo, P.G. (1995): Psychologie, 6. Aufl., Berlin.

# Weitere Buchempfehlungen


Albin, P.S. (1998): Barriers and Bounds to Rationality: Essays on Economic Complexity and Dynamics in Interactive Systems, Princeton.

Belsky, G./Gilovich, T. (1999): Why Smart People Make Big Money Mistakes, New York.

Busch, F. (1999): Greife nie in ein fallendes Messer, Campus Verlag.

Dörner, D. (1989): The Logic of Failure: Why Things Go Wrong and what We Can Do to Make them Right, Metropolitan Books, New York. Dt. Übersetzung: Die Logik des Misslingens, Rowohlt Verlag.

Fischer, K. (1997): Tun oder Lassen? Die Rolle von framing-Prozessen für die Wahl von Handlungen oder Unterlassung in Entscheidungssituation, Frankfurt.

Fischer, L./ Wiswede, G. (1997): Grundlagen der Sozialpsychologie, München; Wien, Oldenbourg

Friedman, M./Rosenman, R.H. (1974): Type A Behavior and Your Heart, New York.

Geweke, J. (Hrsg.) (1992): Decision Making under Risk and Uncertainty, Dordrecht.

Gilovich, T. (1993): How we know what isn't so: The Fallibility of human Reason in Everyday Life, New York.

Goldstein, W.M./Hogarth, R.M. (1997): Research on Judgment and Decision Making: Currents, Connections and Controversies, Cambridge.

Green, L./Kagel, J.H.(Hrsg.) (1990): Advances in Behavioral Economics, 2. Aufl., Norwood.

Haugen, R.A. (1995): The New Finance: The Case Against Efficient Markets, New Jersey.

Haugen, R.A. (1997): Modern Investment Theory, 4. Aufl., New Jersey.

Hell, W./Fiedler, K./Gigerenzer, G. (1993): Kognitive Täuschungen, Heidelberg.

Izard, C.E. (1995): Die Emotionen des Menschen: Eine Einführung in die Grundlagen der Emotionspsychologie, 3. Aufl., Weinheim.

Janis, I.L. (1982): Groupthink: Psychological Studies of Policy Decisions and Fiascoes, Boston.

Kahneman, D./Slovic, P. (Hrsg.) (1982): Judgment under Uncertainty, New York.

Kaish, S./ Gilad, B. (Hrsg.) (1991): Handbook of Behavioral Economics, 2. Aufl.: Behavioral Environments, Greenwich.

Koppel, R./Abell, H. (1994): The Innergame of Trading: Modelling the Psychology of the Top Performing Traders, Chicago.

Loewenstein, G./ Elster, J. (Hrsg.) (1992): Choice over Time, New York.

Lüthi, A.F.J. (1993): Massenpsychologie im Devisenhandel, Swiss Banking School, Band 75, Bern.

Maital, S. (1982): Minds, Markets and Money, Psychological Foundations of Economic Behavior, New York.

Markowitsch, H.J. (Hrsg.) (1988): Information Processing by the Brain, Toronto.

Menkhoff, L. (1995): Spekulative Verhaltensweisen auf Devisenmärkten, Tübingen.

Nisbett R./Ross L. (1980): Human Inference: Strategies and Shortcomings of Social Judgment, New Jersey.

Pinner, W. (1997): Die verrückte Börse: Eine Einführung in die Börsenpsycholgie, Düsseldorf.

Plous, S. (1993): The Psychology of Judgement and Decision Making, New York.

Plummer, T. (1990): The Psychology of Technical Analysis, Chicago.

Restak, R.M. (1989): Geheimnisse des menschlichen Gehirns, Landsberg am Lech.

Roth, G. (1996): Das Gehirn und seine Wirklichkeit, 5. Aufl., Frankfurt am Main.

Russo, E.J./Schoemaker, P.J. (1990): The Ten Barriers to brilliant Decision-Making and how to Overcome them, New York.

Schachter, S./Gazzaniga, M.S. (Hrsg.) (1989): Extending Psychological Frontiers: Selected Works of Leon Festinger, New York.

Schulz-Hardt, Stefan (1997): Realitätsflucht in Entscheidungsprozessen: vom Groupthink zum Entscheidungsautismus, Bern.

Schwartz, H. (1998): Rationality Gone Awry?, Decision Making Inconsistent with Economic and Financial Theory, Westport.

Thaler, R. (1987): The Psychology of Choice and the Assumptions of Economics, Maryland.

White, E.N. (Hrsg.) (1990): Crashes and Panics: The Lessons from History, Dow Jones-Irwin, Homewood.

Wiswede, G. (1995): Einführung in die Wirtschaftspsychologie, München, Basel.

Wood, A.S. (Hrsg.) (1995): Behavioral Finance and Decision Theory in Investment Management.

Zimbardo, P.G./Gerrig, R..J. (1999): Psychologie, 7. Aufl., Berlin.

# Sach- und Personenregister